# दाम्पत्य जीवन के विचित्र पहलू

AF633395

राजेन्द्र पाण्डेय

प्रभाकर प्रकाशन

इस पुस्तक का प्रकाशन एवं विक्रय इस शर्त पर किया जा रहा है कि प्रकाशक की लिखित पूर्वानुमति के बिना इस पुस्तक या इसके किसी भी अंश को न तो पुनः प्रकाशित किया जा सकता है और न ही किसी भी अन्य प्रकार से, किसी भी रूप में इसका व्यावसायिक उपयोग किया जा सकता है। यदि कोई व्यक्ति ऐसा करता है तो उसके विरुद्ध क़ानूनी कार्रवाई की जा सकती है।

**ISBN: 978-93-93193-87-2**
**eISBN: 978-93-93193-88-9**

© **प्रकाशकाधीन**

**प्रकाशकः प्रभाकर प्रकाशन**
प्लॉट नं.-55, मेन मदर डेयरी रोड
पांडव नगर, ईस्ट दिल्ली-110092
**फोनः** 011-40395855
**व्हाट्स ऐपः** +91 8368220032
**ई-मेलः** sales@pharosbooks.in
**वेबसाइटः** www.prabhakarprakashan.com

**संस्करणः** 2022

**मुद्रक :** मणिपाल टेक्नोलॉजीज़ लिमिटेड, मणिपाल

**दाम्पत्य जीवन के विचित्र पहलू**
**राजेन्द्र पाण्डेय**

# प्राक्कथन

महात्मा गांधी ने कहा है कि 'पत्नी, पति की अर्द्धांगिनी और परम मित्र होती है। संसार में जिसका कोई सहायक नहीं होता है, उसका पत्नी जीवन-यात्रा में साथ देती है।' मनुस्मृति का कहना है कि 'सुयोग्य पति, पत्नी को सम्मान की अधिकारिणी बना देता है।'

मैरिड लाइफ़ यानी दाम्पत्य जीवन में तरह-तरह की घटनाएँ घटती रहती हैं और कभी-कभी तो ऐसी भी घटनाएँ घट जाती हैं, जो पति और पत्नी के जीवन को या तो स्वर्ग बना देती हैं या नरक बना देती हैं। विवाह हर व्यक्ति करना चाहता है, और इसको जीवन का सबसे हसीन और ज़रूरी संस्कार मानता है। लेकिन सभी विवाह हसीन और सुखद नहीं होते हैं क्योंकि जिन लोगों में धैर्य, संतोष और अच्छे विचार नहीं होते हैं, उनके विवाह की आयु अधिक लम्बी नहीं होती है, और यदि आयु लम्बी होती भी है तो पति और पत्नी दोनों का ही जीवन बड़ा ही कलहमय हो जाता है।

आजकल वैवाहिक जीवन घोर संकट के दौर से गुज़र रहा है क्योंकि आज के दम्पतियों में धैर्य का अभाव है, और सहनशक्ति तो उनमें बिलकुल ही नहीं है। विवाहित पुरुष जब सुन्दर और हसीन अपनी गर्लफ्रेंड से मिलता है, और उसके सामने यह कहता है कि मेरी तो अभी शादी ही नहीं हुई है तो बड़ा ही आश्चर्य होता है। इससे यह साफ़ हो जाता है कि वह अपनी पत्नी के प्रति बिलकुल भी ईमानदार नहीं है। यदि गर्लफ्रेंड उसके साथ विवाह करने के लिए 'हाँ' कर दे तो वह फ़ौरन ही तैयार हो जाएगा। आजकल पति और पत्नी ऐसा ही कर रहे हैं।

आश्चर्य तब होता है जब अविवाहित युवती नि:संकोच भाव से उस पुरुष के साथ विवाह करने के लिए तैयार हो जाती है, जो एक नहीं चार वह भी युवा बच्चों का पिता होता है। विवाह के लिए मेरे विचार से अब कोई उम्र निश्चित नहीं है और न ही यह बन्धन रह गया है कि विवाहित स्त्री और पुरुष दूसरी शादी नहीं करेंगे। इससे स्पष्ट हो जाता है कि लोगों में संवेदनहीनता बढ़ती जा रही है और संवेदनशीलता घटती जा रही है। जब एक चार बच्चों की माँ ने अपनी सौतन से कहा कि तुझे दया नहीं आई मुझपर और मेरे मासूम बच्चों पर कि, तूने मुझसे मेरे पति को छीन लिया? तो मुझे बड़ा ही बुरा लगा। यह घटना हमारे ही मुहल्ले की है। अभी भी मेरे कानों में उस मज़बूर और हारी हुई माँ के शब्द गूँज रहे हैं।

किसी दूसरे के अधिकार को बेरहमी और क्रूरता के साथ छीनना क्या इनसानियत है? क्या इस तरह से वैवाहिक जीवन का आनंद लिया जा सकता है? यह कोई खेल नहीं बल्कि एक पवित्र संस्कार है। अब यह संस्कार भी दूसरे संस्कारों की ही तरह संकट में है क्योंकि आज के आधुनिक सोच वाले युवक और युवतियाँ बिना विवाह के ही साथ-साथ रहने लगे हैं, जिसे 'लिव इन रिलेशनशिप' का नाम उन्होंने दिया है। इस रिश्ते में रहने वाले युवक और युवती दोनों ही स्वतंत्र होते हैं। वे जब चाहें चिड़ियों की तरह फुर्र से एक-दूसरे के जीवन से उड़ सकते हैं। यह जानवरों वाली संस्कृति मनुष्यों में भी विकसित होने लगी है। जंगलों में नर और मादा दोनों साथ-साथ तब तक ही रहते हैं जब तक उनकी आपस में बनती है या जब तक शरीर की भूख शांत नहीं होती है। शरीर की भूख शान्त होते ही और मतलब निकलते ही नर और मादा अपना-अपना रास्ता बदल लेते हैं, और फिर वे दोनों एक-दूसरे के साथ ऐसा व्यवहार करते हैं जैसे वे एक-दूसरे से कभी मिले ही नहीं या परिचित ही न हों।

'लिव इन रिलेशनशिप' पूरे विश्व में एक संस्कृति और परंपरा की तरह फैलता जा रहा है, और इसको बढ़ावा इसलिए मिल रहा है क्योंकि आज की पीढ़ी के लोगों को यही सहज और आनंददायक लग रहा है। विवाह एक ऐसी व्यवस्था है, जिसमें छोटी-से-छोटी बात की ज़िम्मेदारी लेनी पड़ती

है, दुःख-सुख में साथ देना पड़ता है, संतान उत्पन्न कर वंश में वृद्धि करनी पड़ती है, बीमार होने पर या दुर्घटनाग्रस्त हो जाने पर या घोर विपत्तियों के भी आ जाने पर एक-दूसरे के संग ही रहना पड़ता है। विवाह में कोई शर्त न होकर प्रेम होता है और यह प्रेम ही विवाह को दीर्घायु बनाता है, सफल बनाता है और शतायु भी बनाता है।

होरेस का कहना है कि–'मेरा मक़सद है कि मैं परिस्थितियों को अपने अनुकूल बना लूँ न कि स्वयं परिस्थितियों के अनुकूल बनूँ।' कहने का आशय यह है कि आप विवाह के अनुकूल बनने की बजाए विवाह को अपने अनुकूल बनाने का प्रयास करें।

विवाह आपके अनुकूल तभी बन सकता है जब आप दोनों में ही गहरा लगाव, गहरा प्यार और इसके साथ ही अवगुणों पर कम और गुणों पर नज़र ज़्यादा हो। आपने देखा होगा नब्बे प्रतिशत पति और पत्नी गुणों को पीछे कर अवगुणों को सामने कर अकसर ही झगड़ते रहते हैं, हाथापाई करते रहते हैं और ताने मारते रहते हैं, इससे वैवाहिक जीवन में कड़वाहट फैल जाती है, जो प्रेम और लगाव को दीमक की तरह चाट जाती है। अतः मेरी सलाह है कि कुछ भी हो किंतु वैवाहिक जीवन में कड़वाहट न फैलने दें।

सुप्रसिद्ध साहित्यकार जैनेन्द्र कुमार का कहना है कि 'पति-पत्नी का संबंध-केंद्र है और वह ध्रुव है, जिसके आधार पर परिवार की एकता और समाज की मर्यादाशीलता खड़ी है।' इसलिए मेरा कहना है कि विवाह को कायम रखने की पूरी ज़िम्मेदारी उसी पर ही होती है। वह जितना ही ज़्यादा चरित्रवान, बलवान, ईमानदार, सामर्थ्यवान, धनवान और कर्तव्यनिष्ठ होता है, पत्नी उतनी ही सफलता, लगाव और प्यार से उसका साथ देती है और उसके साथ ग़लती से भी विश्वासघात नहीं करती है। लेकिन यह कहना ग़लत न होगा कि पति पुरुष होता है और इस वजह से वह चारित्रिक रूप से पूर्णतः ईमानदार नहीं हो पाता है। ऐसा भी नहीं है कि सारे पुरुष इस मामले में बेईमान ही होते हैं। जो पुरुष अपने वैवाहिक जीवन के प्रति, अपनी पत्नी के प्रति, अपनी ज़िम्मेदारियों के प्रति निष्ठावान होते हैं, उनके वैवाहिक जीवन में बेजोड़ खुशियाँ, समृद्धि और ईमानदारी होती है।

वैवाहिक जीवन में पत्नी की भी काफ़ी महत्त्वपूर्ण भूमिका होती है। पत्नी के पास प्रेम होता है, त्याग होता है, धैर्य होता है और पौष्टिक तथा स्वादिष्ट भोजन बनाने का हुनर होता है। उसकी नाराज़गी पूरे परिवार को बीमार और शक्तिहीन बना डालती है। पत्नी को ख़ुश, स्वस्थ और सुन्दर बनाए रखने का काम पति का है। पति को पत्नी का प्रेम तभी मिल पाता है, जब वह पत्नी के प्रति निष्ठावान होने के साथ-साथ घरेलू कार्यों में भी पत्नी का हाथ बँटाता है। प्यार जताने का सबसे बेहतर, मार्मिक और रूह में उतर जाने वाला तरीका यह है कि पति, पत्नी की इच्छाओं-अनिच्छाओं, पसंद-नापसंद और ज़रूरतों पर विशेष रूप से ध्यान दे और सबसे बड़ी बात यह कि पत्नी के स्वाभिमान को न तो कभी चोट पहुँचाए, और कोई उसके स्वाभिमान को चोट पहुँचाए तो उसकी ज्यादती को बरदाश्त ही करे। अपने अधिकारों के लिए पति और पत्नी मिलकर लड़ें और बहू तथा बेटों के सामने ग़लती से भी आपस में न लड़ें और एक-दूसरे से सलाह-मशविरा करने के बाद ही निर्णय लें। विवाह किसी एक के बचाने से नहीं बचता है बल्कि दोनों के बचाने से बचता है।

**-राजेन्द्र पाण्डेय**

**( 9717662134 )**

# अनुक्रम

# 1. मैरिड लाइफ़ (होममेकर पति)

आज का जो माहौल है, उसमें इनसान जी तो रहा है लेकिन उसका वैवाहिक जीवन कितना सुखद, कितना हसीन और कितना कामयाब है, यह कहना बड़ा ही कठिन है। आपको पता है क्यों विवाह इतना संकट में है? पति और पत्नी दोनों ही नौकरी करते हैं। आप को तो पता ही है कि जब पति और पत्नी दोनों ही नौकरी करते हैं तो दोनों ही व्यस्त रहते हैं और दोनों के ही पास पलभर का भी समय नहीं होता है। पहले की तरह वैवाहिक जीवन सहज नहीं रह गया है। आज का जीवन बड़ा ही असहज हो गया है।

जब कोई अच्छा-सा लाइफ़ पार्टनर नहीं मिलता है, तो पूरी ज़िन्दगी रोना ही होता है। घुटना, तड़पना और अफ़सोस करना ही प्रारब्ध बन जाता है। विवाह में घुली कड़वाहट के दर्द का उल्लेख भी करना मुश्किल हो जाता है।

आरती घर में जैसे ही आई, देवेन को किचन में बर्तन माँजते हुए देखकर आश्चर्य में पड़ गई। विवाह के अभी कुछ ही दिन तो हुए थे। आरती ने किचन में जो देखा वह बहुत ही विचित्र घटना थी। देवेन जैसा पुरुष सिंक में सुबह के पड़े जूठे बर्तन को माँज कर बहुत ही करीने से रैक में रख रहा था। आरती थमती आवाज़ में बोली, 'सॉरी, दफ़्तर से निकलने में देर हो गई।'

'देर-सवेर तो होता ही रहता है। सॉरी माँगने की ज़रूरत नहीं है। अंदर आ जाओ। माँ यहाँ थी तो ये सब काम ख़ुद करती और मुझको छूने भी नहीं देती थी। आज उसको गाँव के लिए गाड़ी में बैठाकर आया, तो देखा सिंक में जूठे बर्तन हैं। फिर मैंने सोचा कि तुम दफ़्तर से पता नहीं कब तक आओगी।

माँ थी तो खाना बनाना, बर्तन माँजना, झाड़ू-पोंछा करना उसके लिए खेल था। अब हम दोनों मिलकर घर के काम करेंगे।' देवेन ने कहा।

*'मिलकर क्यों, मैं अकेली काफ़ी हूँ। घर के काम ही कितने होते हैं।' आरती ने कहा।*

*'हम दोनों मिलकर करेंगे तो इसमें हर्ज तो नहीं होगा।' देवेन ने बड़ी सहजता से कहा।*

आरती की आँखों में ख़ुशी नाच गई। वह बोली–'कोई हर्ज नहीं होगा। मैं नौकरी करती हूँ, ऑफ़िस से आने के बाद घर के भी काम करूँगी तो थक जाऊँगी, तुम्हारा यह सोचना तो अद्‌भुत सुखों की अनुभूति कराने वाला है। आजकल पति नौकरीशुदा पत्नियों के प्रति इतने संवेदनशील कहाँ होते हैं। मैं कितना भी तनाव लेकर घर आती हूँ। तुमको देखते ही तनाव छू-मंतर हो जाता है।' आरती यह कहते-कहते चुप हो गई। फिर उसने देवेन की कलाई पकड़कर धीरे से दबा दी।

*देवेन ने कहा–'मैं हूँ न, चिंता करने की कोई ज़रूरत नहीं है। तुम्हारी नौकरी मेरी नौकरी से अच्छी है। तुम्हारी सैलरी भी काफ़ी अच्छी है। मैं तुम्हारी सहायता नहीं करूँगा तो फिर तुम जॉब कैसे कर पाओगी?' देवेन के इतना कहते ही आरती को बड़ा ही आश्चर्य हुआ। उसने कभी सोचा भी नहीं था कि देवेन की सोच एक पति के रूप में पत्नी के लिए इतनी सहज, इतनी सकारात्मक तथा अच्छी होगी।*

*वह कहने लगी–'अरे! तुम क्या कह रहे हो? हम पति-पत्नी हैं। हम दोस्त भी हैं। अधिक या कम सैलरी पर हमारा रिश्ता कायम नहीं है। देवेन, तुम उन पुरुषों से तो बहुत अच्छे हो, जो लाखों में खेलते तो हैं, लेकिन पत्नी को इनसान नहीं मानते हैं।' तुम्हारी दृष्टि में मेरी और मेरे काम का मूल्य है, सुखद वैवाहिक जीवन के लिए यही अनुभूति तो आवश्यक है।'*

'ठीक है बाबा, अब फ्रेश तो हो लो। मैंने आज बहुत ही टेस्टी और हेल्दी खाना बनाया है। तुम खाना खाकर ख़ुश हो जाओगी।' देवेन ने हँसते-हँसते कहा तो आरती मुस्करा पड़ी।

यदि आपके वैवाहिक जीवन में उपरोक्त बातें हैं, आपका पति आपके काम को, आपके परिश्रम को, आपके विचार को, आपके निर्णय को और आपकी भावनाओं को महत्त्व देता है और घर के काम बिना किसी ईर्ष्या भाव के ख़ुशी से करता है तो यह वास्तव में ही विचित्र घटना है और यह घटना सुख और आनंद देने वाली है। आजकल जितनी जल्दी दोस्ती होती है, उतनी ही जल्दी प्यार हो जाता है, और इनसे भी जल्दी विवाह हो जाता है। विवाह से भी जल्दी तलाक हो जाता है। कहने का मतलब है कि विवाह टिकाऊ नहीं है। विवाह करना तो आसान है लेकिन उसको सही-सलामत लम्बे समय तक चलाना बहुत ही मुश्किल है। जहाँ तक मेरा अपना मानना है, विवाह उस स्थिति में ही कमज़ोर पड़कर टूट जाता है, जब पति और पत्नी में जिसको मदद की ज़रूरत है और उसको मदद नहीं मिलती है। पत्नी यदि नौकरी करती है और सुबह की निकली रात के दस बजे घर में प्रवेश करती है और पति रात के आठ बजे ही दफ़्तर से घर आ जाता है तो पति का फ़र्ज़ बनता है कि वह घरेलू काम जहाँ तक संभव हो पूरा करे। जब दोनों का ही घर आने का समय एक ही है तो दोनों घरेलू कार्य में रुचि लें। किसी एक पर घरेलू काम छोड़कर स्वयं बचने का प्रयास न करें क्योंकि यह व्यवहार एक या दो दिन ही चल सकेगा। आप रोज़ ही ऐसा व्यवहार करने लगेंगे तो निश्चित रूप से एक दिन बिगाड़ हो जाएगा।

आज एकल परिवारों की संख्या बहुत है और दिन-प्रतिदिन एकल परिवारों में वृद्धि भी होती जा रही है। इससे विवाह पर और भी अधिक संकट मँडराने लगा है। मैंने देखा है, पति और पत्नी जब संयुक्त परिवार का त्याग कर एकल परिवार बनाकर रहने लगते हैं तो शुरू-शुरू में तो सही लगता है, लेकिन धीरे-धीरे सही ग़लत में कब बदल जाता है, कुछ भी पता नहीं चलता है। भागदौड़ से भरी ज़िन्दगी उन्हें चिड़चिड़ा बना देती है और व्यस्तता उनको गुस्सैल बना देती है फिर छोटी-छोटी बात पर भी बहस होने लगती है, बात ज़्यादा तल्ख और कड़वी हो जाती है तो हाथापाई भी होने लगती है। इसलिए मेरी सलाह है कि आप पति हैं तो देवेन जैसा बनें और आप पत्नी हैं तो आरती की तरह बनें। देवेन और आरती की तरह बनना, वास्तव में ही दाम्पत्य जीवन में घटने वाली विचित्र घटना है।

सच तो यह है कि सुखद वैवाहिक जीवन का मंत्र यही है कि आप जगह-जगह पर सोचें-समझें, और शांति तथा आनंद के लिए समझौता करें। लेकिन आजकल के पति और पत्नी इस बात को कहाँ समझते हैं? उनको तो बात-बात पर अलग होने की धमकी देने आता है। मज़े की बात है कि वे अलग भी कहाँ रह पाते हैं। अलग होते ही किसी और के साथ प्यार की पींगें बढ़ाने लगते हैं। मेरी समझ में नहीं आता कि लोग तलाक देते और लेते ही क्यों हैं? एक शोध की रिपोर्ट को पढ़ने के बाद पता चलता है कि यदि दम्पति समझौता करें और अपनी सहनशक्ति को विकसित कर लें, तो अस्सी प्रतिशत लोगों में तलाक जैसी ख़तरनाक स्थिति कतई नहीं निर्मित हो सकेगी। अफ़सोस की बात यही है, कि सहनशक्ति का अभाव आज स्त्री और पुरुष दोनों में ही है।

मेरे विचार से आज ईगो प्रॉब्लम स्त्री और पुरुष दोनों में ही है। उन्हें तो स्वयं को अव्वल दिखने-दिखाने की होड़ ने अंधा बना दिया है। सबका मानना है कि पैसा ही जीवन को सुखद और कामयाब बनाता है। लेकिन यह नियम या यह सोच, हर व्यक्ति पर लागू नहीं होती है। यदि यही सही होता तो फिर सुशिक्षित और अच्छी सैलरी पाने वाले दम्पतियों में तलाक क्यों होता? पैसा जीवन को चलाने के लिए या ज़रूरतें पूरी करने के लिए चाहिए, किंतु यह कोई ज़रूरी नहीं कि वैवाहिक जीवन भी इससे सुखद हो, क्योंकि हरकतें जीवन को छूती हैं और बदलाव लाती हैं।

आरती एक कामकाजी स्त्री है। वह देवेन से ज़्यादा पैसा कमाती है। देवेन भी नौकरी करता है लेकिन उसकी सैलरी आरती की सैलरी से कम है। देवेन को इस बात की गहरी अनुभूति है, वह इस बात को लेकर भी गंभीर है। किचन के काम, घर को सहेज कर रखने का काम वह स्वयं करता है। वह आरती को कभी भी इसकी अनुभूति नहीं होने देता है। देवेन मानसिक तौर पर सुलझा हुआ व्यक्ति है। घमंड उसके मन में नहीं है और स्त्री-पुरुष में कोई भी भेदभाव उनके मन में नहीं है। आरती अधिक पैसा कमाती है, बढ़िया जॉब करती है, ज़्यादा पढ़ी-लिखी है या फिर उसका सामाजिक दायरा देवेन से ज़्यादा है आदि इसी तरह की बातों को लेकर देवेन के मन में कोई

कुंठा या आशंका नहीं है, ज़रा भी मन में ईर्ष्या या द्वेष भावना नहीं है। वह तो बस इतना जानता है कि आरती उसके जीवन का अभिन्न हिस्सा है। उसकी प्रगति, उसकी भी प्रगति है। उसकी इमेज, उसकी भी इमेज है। जो आरती का है, वह देवेन का भी है।

पति और पत्नी के मध्य जब इतने स्नेहिल भाव उत्पन्न हो जाते हैं तो ईर्ष्या पैदा नहीं हो पाती है। न तो पति-पत्नी की उन्नति से हताश होता है और न ही उसके बढ़ते सामाजिक दायरे से डरता है। डर और ईर्ष्या तो उस स्थिति में उत्पन्न होते हैं जब प्रेम का अभाव होता है। वह तो पत्नी को अपना एक विशेष हिस्सा मानता है। जब विचार, सोच, समझ शुद्ध होती है तब एक-दूसरे के लिए कुछ अच्छा करना खलता भी नहीं है। समय मिलने पर देवेन आरती के काम भी इसी भावना के कारण करने में संकोच नहीं करता है।

बहुत से लोग कहते हैं कि पत्नी का पेटीकोट तार पर डालकर सुखा रहे हो, तुम कैसे मर्द हो? इसमें कैसे मर्द होने की क्या बात है? भई, जब पत्नी, पति के कपड़े धोकर तार पर डाल सकती है तो पति उसके कपड़े धोकर तार पर सूखने के लिए क्यों नहीं डाल सकता? इसमें मान-अपमान की बात कहाँ से आ गई? जीवन की शुरुआत स्त्री और पुरुष मिलकर करते हैं तो दोनों की ही यह ज़िम्मेदारी बनती है कि विवाह को सफल और सुखद बनाएँ।

मनोवैज्ञानिकों का कहना है कि स्त्री वहाँ ही खुले मन से तनाव फ्री होकर रह पाती है, जहाँ उसको पता होता है कि उसके साथ जो पति के रूप में पुरुष है, वह सहयोगी प्रवृत्ति का है। वह उसकी प्रगति को देखकर हीन भावना का शिकार होने वाला नहीं है। यह सच है कि स्त्रियाँ दफ़्तर में काम करती हैं तो घर का तनाव भी उनके साथ होता है और जब दफ़्तर से घर आती हैं तब दफ़्तर का तनाव उनके साथ होता है क्योंकि वे कई प्रकार की बंदिशों और शर्तों को जीती हैं।

घर समय से पहुँचना है, देर होगी तो पति और सास के सवालों के जवाब देने पड़ सकते हैं, बच्चे जाने किस हाल में होंगे आदि बातें उन्हें किसी-न-किसी रूप में ज़रूर ही प्रभावित करती हैं। अधिकतर महिलाएँ घर के काम निपटाते-निपटाते दफ़्तर के लिए लेट हो जाती हैं जबकि पुरुषों को

इन सब झंझटों से कम ही गुज़रना पड़ता है। वे तो दफ़्तर से घर आते हैं तो बस लम्बी तानकर लेट जाते हैं और बैठे-बैठे ही अपनी ज़रूरतों के लिए फ़रमाइशें करते रहते हैं। जब सुबह दफ़्तर के लिए तैयार होते हैं तब भी घर के काम को कोई तवज्जो नहीं देते हैं। उन्हें तनाव केवल दफ़्तर के काम को लेकर होता है, किंतु एक कामकाजी महिला को दोनों ही स्तरों पर तनाव होता है। वह दफ़्तर और घर दोनों ही जगहों पर पूरा समय देने के चक्कर में दोहरा तनाव बरदाश्त करती है।

यदि पुरुष साथी देवेन जैसा संयोग से मिल जाता है तो वह पूरी आज़ादी के साथ सर्विस करती है और अपने कॅरियर को शिखर तक ले जाने की कोशिश भी करती है। ऐसे में घर को लेकर उसे कोई तनाव नहीं होता। आरती तो घर पर आकर दफ़्तर का तनाव भी भूल जाती है जब देवेन को देखती है ख़ुशी-ख़ुशी घर के छोटे-मोटे कार्य को करते हुए। हालाँकि देवेन भी दफ़्तर जाता है, लेकिन वह आरती के जॉब को ज़्यादा महत्त्व देता है। उसकी यह सोच है कि आरती तनाव फ्री रहकर ही अपने कॅरियर को और बेहतर बना सकती है और उसकी उन्नति उसके आत्मविश्वास को बढ़ाने के लिए आवश्यक है।

पति और पत्नी दोनों ही तभी अपने कॅरियर को सफल बना पाते हैं जब दोनों ही एक-दूसरे की मदद करते हैं। मदद न मिलने के अभाव में ही अधिकतर महिलाएँ सुशिक्षित होकर भी आत्मनिर्भर नहीं बन पाती हैं या पुरुष भी वह मुकाम हासिल नहीं कर पाते हैं, जिसके हकदार वे होते हैं। सुखद मैरिड लाइफ़ के लिए ख़ासकर पत्नी को घर के कार्यों के दबाव से दूर रखना ज़रूरी है। ऐसा करके ही पति उसका भावनात्मक सहयोग प्राप्त कर सकता है।

विवाह सलाहकार के दफ़्तर में पति पहुँचा। उसकी उम्र यह कोई 25-26 वर्ष थी। वह काफ़ी घबराया हुआ था और कुछ भी बोलने में संकोच कर रहा था। विवाह सलाहकार ने कहा-'क्या प्रॉब्लम है?'

*पति बोला-'मैं अपनी पत्नी से बहुत प्यार करता हूँ।'*

*'यह तो अच्छी बात है, पत्नी से प्यार तो करना ही चाहिए। यह सुखद जीवन के लिए बहुत ही आवश्यक है।' विवाह सलाहकार के इतना कहते*

ही पति झल्ला पड़ा–'सर, मेरी बात तो पूरी सुन लें। पत्नी से प्यार मैं करता हूँ, वह मुझसे प्यार नहीं करती है। वह मुझसे तलाक लेना चाहती है।'

विवाह सलाहकार ने कहा–'क्यों तलाक लेना चाहती हैं?'

पति कोई जवाब न देकर छत देखने लगा। विवाह सलाहकार ने कहा–'आपने तलाक का कारण बताया नहीं? बेहतर होता आप पत्नी को भी यहाँ ले आते। दोनों पक्ष आमने-सामने होते हैं तभी मामला क्या है स्पष्ट हो पाता है। आप तो केवल अपना पक्ष रख रहे हैं। पत्नी का पक्ष तो आपने रखा ही नहीं।'

पति अब निर्णय नहीं ले पा रहा था कि पत्नी का भी पक्ष पूरी ईमानदारी के साथ रखे या कोई बहाना कर दे।

विवाह सलाहकार की अनुभवी आँखों ने बड़ी सहजता से जान लिया कि यह व्यक्ति केवल अपनी बात रख रहा है और स्वयं को निर्दोष साबित कर, पत्नी को दोषी ठहराना चाह रहा है। विवाह सलाहकार ने कहा–'पत्नी तलाक क्यों माँग रही है? आप उसका भी पक्ष ईमानदारी के साथ रखेंगे तभी कोई बात बन सकती है। आप अपनी पत्नी का फोन नम्बर दीजिए, मैं बात कर लेता हूँ।' पति ने फोन नम्बर दे दिया।

विवाह सलाहकार ने नम्बर मिलाया। फिर उसने पत्नी से पूछा–'मैं एक विवाह सलाहकार हूँ और आपके पति मेरे दफ़्तर में बैठे हैं। आप फोन पर जवाब देना पसंद करेंगी?'

पत्नी जवाब देने के लिए तैयार हो गई।

विवाह सलाहकार ने कहा–'क्या आप अपने पति को तलाक देना चाहती हैं? क्या आपके पति आपसे प्यार नहीं करते? मैडम, यदि आपने सच-सच जवाब दिया तो मैं आप दोनों की समस्या को सुलझा सकता हूँ।'

पत्नी को हँसी आ गई। कुछ पल तक हँसी और जब हँस ली तो बोली–'सर, हाँ मैं अपने पति को तलाक देना चाहती हूँ। आप इसका कारण जानना चाहेंगे तो कान खोलकर सुन लें, मेरे पति का किसी अन्य स्त्री से शारीरिक संबंध है। फिर मैं कैसे इनके साथ रह सकती हूँ? यह सच है कि पति मुझसे प्यार करते हैं।'

विवाह सलाहकार ने कहा–'आप कहती हैं कि पति आपको चाहते हैं और आप यह भी कहती हैं कि पति का दूसरी स्त्री से संबंध भी है। मैं आपसे पूछता हूँ कि आपको कैसे पता कि आपके पति का दूसरी स्त्री के साथ संबंध है? क्या आपने अपनी आँखों से देखा है? विवाह सलाहकार के इतना पूछने पर पत्नी काफ़ी सहम गई और थमती-थमती आवाज़ में बोली–'नहीं, मैंने अपनी आँखों से तो नहीं देखा है?'

विवाह सलाहकार ने पूछा–'फिर किस आधार पर आपने इतना बड़ा लांछन अपने पति पर लगाया?'

*पत्नी बोली–'इनका एक दफ़्तर का दोस्त है विनोद, उसने फोन करके बताया था।' पत्नी के इतना कहने पर विवाह सलाहकार ने फोन काट दिया, फिर पति को देखते हुए कहा–'सर, आपके ऑफ़िस में विनोद नाम का कोई सहकर्मी है? क्या वह अविवाहित है? क्या वह आपकी पत्नी से कभी-कभार मिलता है?' एक साथ कई सवाल उसने कर दिए।*

*पति बोला–'हाँ, विनोद मेरा सहकर्मी ही नहीं बल्कि बहुत ही अच्छा मित्र भी है और हमारे घर पर हफ़्ते में एक बार तो आ ही जाता है।'*

*विवाह सलाहकार का शक विश्वास में बदल गया। उसने पूछा–'क्या आपकी पत्नी से उसकी बात होती है? वह आपकी पत्नी को पसंद करता है?'*

*पति के कान खड़े हो गए, फिर वह सिर खुजलाते हुए कुछ याद करने लगा, इसके बाद वह बोला–'सर हाँ, वह अकसर ही यह कहता है कि यार तुम बड़े नसीब वाले हो, इतनी हसीन पत्नी तुमको मिल गई।'*

विवाह सलाहकार ने कहा–'देखिए, सच्चाई यह है कि आपकी पत्नी को विनोद हथियाना चाहता है। विनोद ने ही आपकी पत्नी को बताया है कि आपका संबंध किसी दूसरी स्त्री के साथ है।' विवाह सलाहकार के इतना कहते ही पति सीट से सहसा ही उठ खड़ा हुआ। फिर वह बोला–'आपसे यह किसने कहा?'

'आपकी पत्नी ने कहा, मैं हवा में बात नहीं कर रहा हूँ। पहले तो शक था लेकिन अब पूरा यक़ीन हो गया है कि वह आपकी पत्नी को भ्रमित कर उससे विवाह करना चाहता है।' इतना कहकर विवाह सलाहकार ने दोबारा पत्नी को फोन मिलाया, फिर उससे कहा–'देखो मैडम, विनोद एक दिलफेंक

प्रवृत्ति का युवक है। आपसे अधिक आपके पति विनोद को जानते हैं। आपके पति का किसी भी स्त्री से कोई संबंध नहीं है। आप अपने पति पर यक़ीन करें। वह झूठ बोल रहा है। वह आप पर मुग्ध है। आप तलाक देने या लेने का विचार छोड़ दें। आप ऐसा नहीं करेंगी तो बाद में पछताएँगी।' इतना कहकर विवाह सलाहकार ने फोन काट दिया।

*पति बोला–'सर, ज़माना कैसा आ गया है। किसी को अपने घर ले जाकर अपनी पत्नी या अपने पति से मिलवाने का धर्म नहीं रह गया है। सर, क्या पत्नी अब तलाक नहीं माँगेगी?'*

*'मैं कैसे कहूँ? लेकिन अब तो मुझको पूरा यक़ीन है कि आपकी पत्नी सोच-विचार अवश्य ही कर रही होंगी। आप पत्नी को सोचने-विचारने का पूरा समय दीजिए। आप उससे बहस नहीं करेंगे और विनोद से भी कोई बात इस विषय पर नहीं करेंगे क्योंकि बहस करने से बात बिगड़ती ही है, बनती बहुत ही कम है। इसलिए मैं आपको चुप रहने की सलाह दे रहा हूँ।'*

एक चुप्पा हज़ारों पर भारी पड़ता है, यह बिलकुल ही सच है। विवाह सलाहकार ने चुप रहने की सलाह दी। महीने-दो-महीने बीत गए। इस बीच पत्नी ने तलाक से संबंधित कोई बात नहीं की और पति से बात भी नहीं की। पति ने भी कोई बातचीत करने की कोशिश नहीं की। वह बस ज़रूरत के सामान लाता रहा। तीन माह बीत गए तो एक शाम पत्नी ने ही कहा–'क्या मुझको माफ़ नहीं करोगे? मैं बहक गई थी। विनोद ने मुझको झूठ बोलकर तुम्हारे प्रति भड़का दिया था।'

*पति बोला–'तुमने विनोद पर विश्वास किया लेकिन मुझपर नहीं किया। मैं कैसे यक़ीन करूँ कि तुम भविष्य में मुझपर शक नहीं करोगी?' पति गुस्से में था।*

*पत्नी बोली–'गुस्सा थूक दो। मुझको ज़िन्दगी का अनुभव नहीं है, इसलिए विनोद की मंशा को समझ न सकी और तुम्हारे प्यार को महसूस न कर सकी।' पत्नी इतना कहते-कहते चुप हो गई।*

यह सच है कि ज़िन्दगी का तर्जुबा न होने पर आदमी अकसर ही बहकावे में आ जाता है और अपनी ज़िन्दगी को बरबाद कर बैठता है। विवाह सलाहकार

अपना दिमाग़ न चलाता और अच्छी तरह से तहक़ीक़ात न करता, तो इनका रिश्ता टूटना निश्चित था। आजकल इसी तरह कई विवाह सफल नहीं हो पा रहे हैं। जिस धूमधाम के साथ विवाह होता है, उस धूमधाम के साथ आजीवन वह बना नहीं रहता है। आज की तारीख में बीस प्रतिशत विवाह ग़लतफ़हमी की वजह से टूटते हैं, बीस प्रतिशत विवाह बदतमीजियों के वजह से टूटते हैं, बीस प्रतिशत विवाह अवैध संबंधों की वजह से टूटते हैं, बीस प्रतिशत विवाह विचार न मिलने या पसंद-नापसंद न मिलने की वजह से टूटते हैं।

एक साइकोलॉजिस्ट के क्लीनिक में बहुत ही अजीब-सा केस आया। उसके बीस सालों के प्रैक्टिस में यह पहला केस था, जिसने उसको सोचने पर मज़बूर कर दिया कि क्या इनसान इतना भी नीचे गिर सकता है? पति और पत्नी दोनों ही साइकोलॉजिस्ट से मिले, उन्हें कोई संतान नहीं थी।

पति बोला–'मैं इसको छोड़ना चाहता हूँ लेकिन यह इसके लिए तैयार ही नहीं है।'

पत्नी बोली–'मैं इनको छोड़ने के लिए इसलिए तैयार नहीं हूँ क्योंकि मैं किसी की नहीं बन सकती हूँ।'

साइकोलॉजिस्ट दोनों की बातें सुनने के बाद बोला–'यहाँ एक-दूसरे को छोड़ने का कोई ठोस कारण तो नहीं नज़र आ रहा है। आप दोनों के विवाह को कितने वर्ष हो गए हैं?'

पत्नी बोली–'यही कोई पन्द्रह साल हो गए हैं?'

साइकोलॉजिस्ट ने पत्नी को ध्यान से देखा, फिर पति को भी ध्यान से देखा, इसके बाद पत्नी से पूछा–'आप माँ नहीं बन सकती हैं। इसलिए आपका पति आपको छोड़ना चाहता है या और कोई कारण है?' साइकोलॉजिस्ट के पूछने पर पत्नी बोली–'हाँ, है न, मैं अपने मम्मी-पापा की इकलौती संतान हूँ। उनकी ज़मीन-जायदाद उनके निधन के बाद हम दोनों के नाम हो गई है। जब तक मम्मी-पापा जीवित रहे। मेरे पति ने मुझको छोड़ने की बात नहीं कही क्योंकि इनको अच्छी तरह से मालूम था कि मेरे साथ संबंध-विच्छेद करने पर लाखों की संपत्ति से भी हाथ धोना पड़ेगा। मुझे पता होता कि मम्मी-पापा की संपत्ति के लालच में आकर इस विवाह को मेरे पति झेल रहे हैं और

उनके मरते ही इनका व्यवहार बदल जाएगा, तो मैं ख़ुद इनसे तलाक लेकर किनारा कर जाती। सर, मेरे पति मेरी संपत्ति में से आधा हिस्सा लेकर मुझको छोड़ देना चाहते हैं। क्या यह मानवता और इनसानियत का तकाज़ा है? सर, मैं बहुत ही अकेली पड़ गई हूँ।'

साइकोलॉजिस्ट पत्नी की बात सुनकर आश्चर्यचकित रह गया। उसने पति की ओर देखते हुए कहा–'सात पग साथ-साथ चलने पर दोस्ती हो जाती है और आप तो अपनी पत्नी के साथ पन्द्रह वर्षों से रह रहे हैं और आप उसके ही माता-पिता की दौलत पर रईस की ज़िन्दगी जी रहे हैं। फिर कैसे आपने केवल इसलिए इनको छोड़ने का निर्णय ले लिया कि यह माँ नहीं बन सकतीं? माँ न बनना कोई अवगुण या कोई दोष नहीं है। आप इनको छोड़ना ही चाहते हैं तो इनके पिता की संपत्ति से अपना दख़ल हटा लीजिए। जब आप पत्नी को छोड़ना चाहते हैं तो इनके पिता की संपत्ति को भी छोड़ दीजिए।'

साइकोलॉजिस्ट के इतना कहते ही पति का चेहरा इतना-सा हो गया। वह साइकोलॉजिस्ट को गुस्से से घूरते हुए बोला–'आप तो समस्या को और उलझा रहे हैं। मैं पत्नी को छोड़ना चाहता हूँ। दहेज में मिली संपत्ति को नहीं।' पति के इतना कहते ही पत्नी बोल पड़ी–'हाँ, मैं तुमसे संबंध-विच्छेद इसी शर्त पर करूँगी कि तुम मेरे पापा की संपत्ति को छोड़ने के साथ-साथ उनकी दी हुई एक-एक चीज़ को बाइज़्ज़त मुझको वापस कर दो।' पत्नी के कड़ा होते ही पति ढीला पड़ गया।

साइकोलॉजिस्ट ने कहा–'कूल हो जाइए। मैं आपको कैसे समझाऊँ कि आजकल संतान होना या न होना तलाक लेने का आधार नहीं है क्योंकि आप दोनों अन्य दम्पतियों की तरह अनाथ बच्चे को गोद ले सकते हैं। यह तो बहुत ही परोपकार और पुण्य का काम है। अनाथ बच्चे को मम्मी-पापा मिल जाएँगे और मम्मी-पापा को बच्चा मिल जाएगा। दोनों की ही ज़रूरत पूरी हो जाएगी। आप दोनों बच्चा गोद ले लें।'

साइकोलॉजिस्ट के इतना समझाने पर पति बोला तो कुछ नहीं लेकिन अन्दर से इसके लिए राज़ी नहीं हुआ। पत्नी, पति की आदतों से परिचित थी। उसने कहा–'आप किसी अनाथ बच्चे को गोद लेना नहीं चाहते हैं, तो कोई

बात नहीं। आप मेरी पैतृक संपत्ति से अपना दख़ल हटा लीजिए। मैं अपना बाक़ी समय इस संपत्ति की मदद से गुज़ार लूँगी।'

'नहीं, तुम्हारे मम्मी-पापा ने मुझको दहेज दिया है। मैं वापस नहीं करूँगा।' पति के इतना कहने पर साइकोलॉजिस्ट को गुस्सा आ गया। वह तल्ख़ आवाज़ में बोला–'यह मामला किसी क्लीनिक में नहीं बल्कि किसी अदालत में जाना चाहिए।' इतना कहकर वह पत्नी से बोला–'आपका पति अच्छे स्वभाव का नहीं है। आप इसके साथ ढील न बरतें। ऐसे बेरहम, क्रूर और बर्बर व्यक्ति के पास तो अपना रोग भी नहीं छोड़ना चाहिए।' साइकोलॉजिस्ट के इतना कहने पर पत्नी के दिमाग़ से हताशा और निराशा के बादल छँटते चले गए, और वह अब मुक़दमा करने के बारे में सोचने लगी।

अदालत में आजकल पति और पत्नी बड़ी शान से जाते हैं। तलाक लेना तथा तलाक देना, दोनों ही शान की बात हो गई है। जिस उत्साह और जोश के साथ वे एक-दूसरे से प्रेम करते हैं, जीने-मरने की बात करते हैं और सात जन्मों तक पति-पत्नी बनकर रहने की बात करते हैं, उसी उत्साह और जोश के साथ भरी अदालत में एक-दूसरे की खाल भी उधेड़ते हैं।

आज के युवक और युवतियाँ दोनों ही विवाह के नाम से डर जाते हैं। विवाह वास्तव में ही एक अत्यंत ही ज़िम्मेदारी वाला संबंध है, इसके लिए तैयार होने से पहले अनेक बार सोचना अत्यंत ही आवश्यक है। विवाह को आजकल तलाक की पीड़ा बरदाश्त करनी ही पड़ती है। युवक और युवती ने 'लव बर्ड्स' की तरह लगातार दो सालों तक प्यार किया और जब विवाह हो गया, तो मात्र दो माह के भीतर ही तलाक हो गया। आप यह अवश्य ही जानना चाहेंगे कि प्यार करने वाले विवाह करते ही एक-दूसरे के जानी दुश्मन कैसे बन जाते हैं कि शीघ्र ही संबंध-विच्छेद हो जाता है। मेरी दृष्टि में मुख्य कारण यही हो सकता है कि ज़िम्मेदारियाँ बढ़ जाती हैं और इनको प्यार करने के अलावा अन्य किसी भी कार्य को करने की आदत और अनुभव दोनों में ही नहीं होते हैं। विवाह समय माँगता है। ज़िम्मेदारियों के साथ न्याय माँगता है और आर्थिक स्थिति को बिलकुल ही मज़बूत माँगता है। विवाह को सबसे अधिक कमज़ोर धनाभाव बनाता है। पैसा न होने पर पति-पत्नी

चाहकर भी 'लव बर्ड्स' की तरह नहीं रह सकते हैं। 'लव बर्ड्स' की तरह तो केवल प्रेमी-प्रेमिका ही रहते हैं क्योंकि उनकी एक-दूसरे के प्रति न तो कोई ज़िम्मेदारी होती है और न ही कोई कर्तव्य होता है। लेकिन विवाह में अधिकार भाव की प्रबलता होती है और कर्तव्यों का अभाव होता है।

पति चाहता है कि उसकी सेवा हो क्योंकि वह परमेश्वर के समान है। उसकी पूजा हो क्योंकि वह पति परमेश्वर है। करवाचौथ के व्रत वाले दिन पत्नी पति की आरती उतारती है, फूलों की माला पहनाती है और उसकी सलामती के लिए व्रत भी रखती है। पत्नी, पति की जायज़ और नाजायज़ बात माने लेकिन पत्नी की बातों को पति नहीं मानेगा। मैं तो केवल यह बताना चाहता हूँ कि पत्नी, पति के अधिकारों से बँधी होती है लेकिन पति उसके अधिकारों से मुक्त होता है। पति के प्रति पत्नी के न जाने कितने ही कर्तव्य हैं और पत्नी के प्रति पति का कोई कर्तव्य नहीं है? जब पत्नी अधिकारों की बात करने लगती है तो फिर पति नाराज़ हो जाता है। मेरे विचार से ज़्यादातर विवाह तब तक ही टिकाऊ होते हैं जब तक पत्नी चुपचाप पति की जी हज़ूरी करती जाती है। जब मुँह खोलती है और अपने अधिकारों की बात करने लगती है, इसके साथ ही कर्तव्यों को भी छिन्न-भिन्न कर याद दिलाने लगती है तो फिर संबंध-विच्छेद की बात पति करने लगता है।

स्त्री जब तक अशिक्षित थी तब तक तो वह चुपचाप रही और खामोशी के साथ सबकुछ सुनती और सहती रही। लेकिन जब शिक्षा का दामन उसने थाम लिया तो उसके भीतर का अँधेरा धीरे-धीरे छँट गया और वह ज्ञान के प्रकाश से प्रकाशित हो गई। फिर वह पत्नी के प्रति पति के क्या कर्तव्य होते हैं, इस पर खुलकर बात करने लगी और अपने अधिकारों को भी पहचानने लगी। आपको मालूम होना चाहिए कि जहाँ पर भी अधिकारों की बात होने लगती है, वहाँ पर टकराव होने लगता है। फिर तलाक के लिए आवाज़ उठने लगती है और चाहकर भी समझौता नहीं हो पाता है।

❑

# 2. मैरिड लाइफ़ (डिफरेंट लुक)

आपके सामने जब एक चीज़ बार-बार आने लगती है तो आप उससे ऊब जाते हैं, आपका मन उससे भागने लगता है, आप उससे जी चुराने लगते हैं और उससे आपको घृणा भी हो जाती है। एक ही फल, एक ही व्यंजन, एक ही ड्रेस, एक ही दिनचर्या आपके मूड को अवश्य ही प्रभावित करती है और आपको आपका ही जीवन बोझ-सा लगने लगता है। आप ज़िन्दगी से कटने और भागने लगते हैं।

मैं विशेष रूप से दाम्पत्य जीवन की विविधता पर इस अध्याय में बात करूँगा। मुझे लगता है कि किसी भी व्यक्ति का दाम्पत्य जीवन हसीन और आकर्षक नहीं होता है तो उसका अन्य जीवन भी सहज और सफल नहीं होता है। विशेषज्ञों का कहना है कि विविधता जहाँ पर होती है, वहीं पर खिंचाव होता है, वहीं पर लगाव होता है और वहीं पर ज़िन्दगी होती है। विविधता से हर किसी को गहरा लगाव होता है। प्रकृति पर भी पैनी नज़र आप डालेंगे तो पाएँगे कि वह स्वयं को पल-पल बदलती रहती है। प्रकृति से हमें यह सीख लेने की ज़रूरत है कि जीवन को जीवंत और मोहक बनाए रखने के लिए स्वयं को बदलते रहना आवश्यक है और स्वयं को मोहक अंदाज़ में रखना ज़रूरी है।

आप स्वयं को सबसे अलग लुक नहीं दे सकते हैं तो समझ लें आप स्वयं को प्रभावहीन बना रहे हैं। सबकुछ बदल रहा है तो फिर आप क्यों नहीं बदलेंगे? बहुत से लोग कहते हैं कि हम जैसे हैं, वैसे ही रहेंगे। हमें बदलने की ज़रूरत नहीं है। ऐसे लोगों का ही जीवन आनंददायक नहीं हो पाता है। बदलाव सृष्टि का नियम है और इस संसार में जो चीज़ बढ़ती नहीं

है, बदलती नहीं है तो उसे मरा हुआ घोषित कर दिया जाता है। यदि बच्चा बढ़ता नहीं है, एक ही स्थिति में रहता है तो उसको डॉक्टर ठीक नहीं मानता है। सुन्दर, स्वस्थ, मोहक वही चीज़ हो सकती है, जिसमें विविधता, नयापन और श्रेष्ठता के गुण भी होते हैं।

वैवाहिक जीवन में भी डिफरेंट लुक की ज़रूरत होती है। दाम्पत्य जीवन में विविधता का अभाव होने पर पार्टनर का मन नहीं लगता है। उसको विवाह से ऊब-सी होने लगती है। वह यह कहने लगता है कि मैं तो कुँआरा ही ठीक था। विवाह करके मैं तो पछता रहा हूँ। विवाह करने के बाद पछतावा उन्हें ही होता है, विवाह से उनका ही मन ऊब जाता है और विवाह उनको ही बोझ लगने लगता है, जो अपने वैवाहिक जीवन में विविधता को आने नहीं देते हैं।

एक विवाह सलाहकार के दफ़्तर में नव दम्पति पहुँचे और उन्होंने बताया कि–'विवाह को लोग इतना अच्छा मानते हैं और उसकी इतनी प्रशंसा करते हैं, हमें तो इसमें ऐसा कुछ भी विशेष नहीं नज़र आ रहा कि हम इसकी प्रशंसा करें।'

विवाह सलाहकार ने जवाब में कहा–'विवाह कोई खाने-पीने की चीज़ या खिलौना थोड़े ही है कि आपको मज़ा आएगा। यह तो एक संस्कार है और पूरी पवित्रता के साथ रहने की जीवन पद्धति भी है। विवाह करने के बाद ही आपको यौन-संबंध बनाकर संतान उत्पन्न करने की अनुमति समाज की तरफ से मिलती है। आप दोनों को विवाह इसलिए बोर कर रहा है क्योंकि विविधता का अभाव है। पति और पत्नी अपना लुक बदलते रहते हैं, आपस में हँसी-मज़ाक करते रहते हैं और एक-दूसरे के लिए सजते-सँवरते रहते हैं, तो फिर विवाह में आनंद की वृद्धि हो जाती है। आजकल किसी के पास भी समय नहीं है। समय मिलता भी है तो वह समय मोबाइल पर ख़र्च हो जाता है। लोग मोबाइल के लिए तो समय निकाल लेते हैं लेकिन विवाह को जीवित रखने के लिए समय नहीं निकाल पाते हैं। यह आश्चर्य की बात है न? आप ख़ुद निर्णय लीजिए। मैं तो बस इतना ही कहूँगा कि विविधता में ही जीवन है, उसको बनाकर चलें।

***उदाहरण प्रस्तुत है–***

*अर्पिता बेडरूम में आते ही हँस दी।*

हरि को उसका अचानक हँसना अजीब-सा लगा तो उसने छूटते ही सवाल कर दिया–'सहसा इस तरह हँसने की वजह?'

'बताऊँगी नहीं, अनुमान लगाते रहो।' इतना कहकर अर्पिता ड्रेसिंग टेबल के सामने आ खड़ी हुई। फिर बोली–'बुझो तो जानूँ, मैं क्यों हँसी।' यह कहते-कहते अर्पिता को दोबारा हँसी आ गई।

बिना बात और बिना वजह जब व्यक्ति हँसने या मुस्कराने लगता है तो इसका सीधा-सा अर्थ होता है कि वह बहुत ही अधिक प्रसन्न है और व्यक्ति को इस तरह की प्रसन्नता तभी प्राप्त होती है जब वह तनावमुक्त होता है तथा मानसिक और शारीरिक रूप से स्वस्थ होता है। इन सब सुखों की प्राप्ति उनको ही होती है, जिनका पारिवारिक और वैवाहिक जीवन बिलकुल ही ख़ुशहाल होता है।

हरि ने आकर पीछे से अर्पिता को पकड़ लिया–'तब तक नहीं छोड़ूँगा जब तक तुम मुस्कराने का कारण नहीं बताओगी।'

'अरे छोड़ो तो सही, बताती हूँ।' अर्पिता ने कहा।

'नहीं।' कहते हुए हरि ने उसे खींचकर पलंग पर बैठा दिया। अर्पिता हरि को मुग्ध आँखों से देखते हुए बोली–'तुमने आज बालों में कलर करवाया है, जिससे तुम्हारा लुक आकर्षक हो गया है। तुम उम्र से दस साल कम लग रहे हो। मेरा मुस्कराने का यही कारण था।'

'अरे उस सैलून वाले ने ज़बर्दस्ती बालों में कलर कर दिया।' हरि ने शरमाते-शरमाते कहा।

'हाँ तो ठीक किया न।' अर्पिता यह कहते-कहते हँस पड़ी।

'तो क्या मैं सचमुच रंगीन बालों में तुम्हें युवा दिखता हूँ?' हरि यह कहते-कहते हँसने लगा।

अर्पिता आँखें नचाते हुए बोली–'युवा तो तुम हो ही। बालों में सफ़ेदी आ जाने से अधिक उम्र के होने का आभास होता था। मेरी मानो तो मूँछें भी ज़रा छोटी करवा लो, फिर तुम्हारा लुक बिलकुल ही डिफरेंट हो जाएगा।' यह कहते-कहते अर्पिता लजा गई।

हरि ने कहा–'तुम्हारा लजाना भी कहीं कम मोहक और आकर्षक नहीं है। ऐसे ही मुझको चाहती रहो, लजाती रहो और मैं भी यूँ ही तुम्हारी पसंद पर खरा उतरता रहूँ। दाम्पत्य जीवन का यही तो आकर्षण है। इसी में सुकून है, सेक्स अपील है और ज़िन्दगी का अर्थ है, हरि ने बोलते-बोलते अर्पिता के हाथ को पकड़कर चूम लिया। अर्पिता एक सुखद अनुभूति के साथ हरि की बाँहों में सिमटती चली गई।

मिलन के पहले पति और पत्नी के बीच जो घटता है, वह महत्त्वपूर्ण होता है। मिलन तो बाद की बात है। मिलन के शुरू होने के पहले पति और पत्नी जो बातें करते हैं, जो बदलाव लाने की सलाह देते हैं या जो अच्छा या बुरा लगता है, उस पर प्रतिक्रिया करते हैं, शारीरिक मिलन के लिए आधार उन्हीं से बनता है। हर कार्य के लिए मज़बूत तथा बेहतर आधार की आवश्यकता होती है। आधार कमज़ोर होने पर कार्य में सफ़ाई नहीं आती है और कार्य पूरा होने के बाद सफल नहीं हो पाता है। मिलन का आधार पति और पत्नी के बीच का संबंध होता है। संबंध जितना ही अच्छा होता है, उतनी ही नज़दीकियाँ बढ़ती चली जाती हैं। उनमें जितनी ही ज़िन्दादिली और प्यार होता है, उतना ही मिलन के लिए मज़बूत आधार बनता है। सफल और बेहतर वैवाहिक जीवन के लिए मज़बूत आधार बनाएँ।

अर्पिता ने पहली बार हरि को कलरफुल बालों में देखा तो अचानक ही उसको हँसी आ गई। उसका अंग-प्रत्यंग जोश से भर गया। डिफरेंट लुक सुखद दाम्पत्य जीवन के लिए वैसे ही आवश्यक है, जैसे बेहतर स्वास्थ्य के लिए अच्छा और स्वस्थ भोजन। स्वयं को पल-पल बदलते रहें। बदलाव अच्छे के लिए हो तो इसमें झिझकना बुद्धिमानी नहीं। पति-पत्नी में हर पल कुछ न कुछ बदलाव चाहते हैं तो पत्नी भी पति को प्रतिदिन नये लुक में देखना पसंद करती है। जो पति समझदार होते हैं और जिनको युग का बोध होता है, वे तो ख़ुशी-ख़ुशी स्वयं को बदल डालते हैं। लेकिन जिनमें ईगो होता है या पति होने का दम्भ होता है, वे स्वयं को जल्दी बदल नहीं पाते हैं। ईगो, प्यार का शत्रु है। यह जान लें, आप स्वयं को अपने आपके लिए ही सँवारते हैं, अपने साथी के लिए भी स्वयं को आकर्षक और सुंदर बनाते हैं। अगर पत्नी आपमें किसी तरह का बदलाव चाहती है और इसके लिए टोकती रहती

है तो इसका बुरा न मानें। वैसे भी उसकी कोशिश यही रहती है कि आप सामने वाले को अच्छा दिखें। वह आपके आकर्षण में बँधा रहे, फिर भी उसके टोकने पर खीझना क्या ठीक है? जो संभव है, उसको तो आप कर ही सकते हैं। स्त्रियाँ इस मामले में पुरुषों से आगे होती हैं। वे सुन्दर दिखने के एक भी मौके को हाथ से जाने नहीं देती हैं। पुरुषों को उनसे यह सीख लेनी चाहिए। पति को क्या अच्छा लगता है, उसे क्या पसंद है, किस पोशाक में वह उसे सेक्सी दिखती है, इन सबकी ही परवाह पत्नी को बराबर होती है। पत्नी और कुछ अनदेखा कर देती है, लेकिन पति को उसकी क्या चीज़ लुभाती है, इसे वह भूल से भी नज़रअंदाज़ नहीं कर पाती है। यही जज़्बा पति में भी होना चाहिए। लेकिन अधिकतर पति इस मामले में अपनी ही चलाते हैं। इसका नतीजा यह होता है कि पत्नी न चाहते हुए भी पति के आकर्षण में बँध नहीं पाती है। पत्नी का पति के आकर्षण में न बँधना सीधे यौन-जीवन को प्रभावित करता है। शारीरिक मिलन भले ही होता है, लेकिन उसमें वह आनंद और परिपक्वता नहीं होती है। कोई भी कार्य आनंद के लिए होता है, जीवन में नयापन लाने के लिए होता है और जब अच्छा ही न हो या कोई आनंद ही न मिले, तो फिर उस कार्य को करने का क्या लाभ? प्यार का कभी भी ग़लत सोच के साथ प्रयोग न करें। यह हमेशा सकारात्मक संदेश के लिए होता है लेकिन जब आप साथी को अच्छे नहीं लगते हैं या लुभा नहीं पाते हैं तब शारीरिक मिलन ज़बर्दस्ती का सौदा बन जाता है।

आजकल इस तरह की समस्या पति और पत्नी के बीच अधिक है। पति को पत्नी पसंद है तो पत्नी को पति पसंद नहीं है। दोनों एक-दूसरे को अच्छे लगेंगे, तभी शारीरिक मिलन के लिए पूरे गर्मजोशी से पहल हो सकती है। एक खुले दिल से चाह रहा है और दूसरे को उसमें कुछ अच्छा दिख ही नहीं रहा है तो भला वे जिस्मानी तौर पर क़रीब कैसे आ सकते हैं। अर्पिता को हरि के सफ़ेद बाल अच्छे नहीं लगते थे। हरि को इससे कोई मतलब नहीं था। जब उसके बालों पर कलर चढ़ गया और अर्पिता उस पर मंत्रमुग्ध हो उठी, तब कहीं जाकर हरि को महसूस हुआ कि पत्नी को अच्छा लगना, उसका प्यार पाने के लिए कितना आवश्यक है और प्यार करने वाली पत्नी ही प्यार में पति का साथ दे पाती है, इसमें कोई शक नहीं है।

मनोचिकित्सकों का भी इस मामले में कहना है कि अच्छा लगना बहुत ही ज़रूरी है। अच्छी यदि नहीं लगेगी कोई भी बात या कोई भी चीज़ तो उसका कोई भी महत्त्व नहीं। महत्त्वपूर्ण वही चीज़ होती है, जो अच्छी होती है। सबसे अलग होती है और सबके हित में होती है।

**उदाहरण यहाँ प्रस्तुत है-**

*नीरज दो दिन से गीता से बात नहीं कर रहा था। गीता दिमाग़ी रूप से परेशान थी। उसने एक सीरियल देखा, जिसमें पति को ख़ुश करने के तरीके बताए गए थे। गीता को वे तरीके काफ़ी पसंद आए। उसने टी.वी. बन्द किया, फिर बेडरूम में झाड़ू और पोंछा लगाया और उसमें रखे सामान को यथास्थान करीने से रख दिया। फिर बेडरूम की उत्तरी दीवार पर हंसों के जोड़े को लटका दिया। पलंग की चादर बदल दी। फिर उस पर इत्र छिड़क दिया। इसके बाद गुलाब की पंखुड़ियाँ बिखेर दीं। बेडरूम में अस्त-व्यस्त पड़े सामान को झाड़-पोंछकर दूसरे कमरे में पहुँचा दिया। बेडरूम में जो चीज़ों की भीड़भाड़ थी, वह ख़त्म हो गई। मैं आपको बता दूँ कि लोगों की भीड़ हो या चीज़ों की भीड़ हो, संगीत की तेज़ ध्वनि हो या लोगों के बोलने की ध्वनि हो, वह शांति को अवश्य ही भंग करती है, इसलिए बेडरूम में तेज़ ध्वनि, लोगों की भीड़ तथा चीज़ों की भीड़भाड़ तो बिलकुल ही नहीं होनी चाहिए।*

गीता शाम होते ही ड्रेसिंग टेबल के पास आकर खड़ी हो गई। फिर स्वयं को निहारने लगी, बाल सँवारने लगी और आँखों में काजल लगाने लगी। सजना-सँवरना एक कला है और इस कला को जो स्त्री और पुरुष अच्छी तरह से जानते हैं, वे इसकी मदद से अपने दाम्पत्य जीवन को एक नया अंदाज़ देने में ज़रा-सा भी संकोच नहीं करते हैं।

नीरज रात के आठ बजे घर पहुँचा। वह बेडरूम में जैसे ही घुसा, आश्चर्य से चारों तरफ देखने लगा। फिर मुस्करा कर बोला-'क्या बात है, गीता, आज तो बेडरूम का माहौल बड़ा ही रोमांटिक है। सुकून है, शांति है और आनंद है।' इतना बोलकर उसने गीता को ध्यान से जैसे ही देखा आश्चर्य का ठिकाना न रहा। गीता में भी आज काफ़ी बदलाव आ गया था। उसकी

ड्रेस, केश-विन्यास, हाव-भाव सबकुछ बदले हुए थे और आँखों को भा रहे थे। फिर क्या था, नीरज चलकर उसके नज़दीक आया और उसकी कमर में अपनी बाँहें डालते हुए बोला–'आज तो यहाँ रोमांस की बारिश हो रही है। तुम उसमें भीग कर और अधिक निखर आई हो।'

गीता, नीरज के मुँह से अपनी तारीफ़ सुनकर ख़ुशी के मारे बाग़-बाग़ हो गई। ख़ुशी से उसका मन झूम उठा। आप इसी तरह से अपने जीवन में सबसे अलग बदलाव लाते रहेंगे तो आपके जीवन में एकरसता का संचार कभी नहीं होगा। अपनी ड्रेस, काम करने का अपना तरीका, सजने-सँवरने का अंदाज़, खान-पान की शैली, दिनचर्या में नयापन लाते रहें और जीवन को खुशियों से समृद्ध करते रहें।

एक बहुत बड़ा उद्योगपति अपने पारिवारिक जीवन से दुखी और अशांत होकर एक महात्मा के आश्रम में आ गया। महात्मा उस समय अपने शिष्यों के साथ नीति वचन का पाठ कर रहा था। उद्योगपति भी खड़ा होकर नीति वचन का पाठ ध्यान से सुनने लगा लेकिन उसके भीतर उथल-पुथल मची हुई थी। उसका ध्यान बार-बार भटक रहा था। वह अपने ध्यान को एक जगह पर केंद्रित नहीं कर पा रहा था।

अनुभवी और पैनी नज़रों से सबके चेहरों को पढ़ने वाले महात्मा ने जब उद्योगपति को गौर से देखा तो तुरंत ही समझ गया कि यह व्यक्ति मानसिक रूप से परेशान और दुखी है। नीति वचन का पाठ ख़त्म होने के बाद महात्मा ने उद्योगपति की ओर देखते हुए कहा–'आप बहुत परेशान हैं। आपका कारोबार किस चीज़ का है?' 'हमारी फैक्टरी में स्टील के बर्तन बनते हैं। भगवन्, पैसे की कोई कमी नहीं है। ईश्वर ने सबकुछ दिया है।' उद्योगपति इतना कहने के बाद चुप हो गया।

'तो फिर आप परेशान क्यों हैं?' महात्मा ने मुस्कराते हुए पूछा, क्योंकि उसे पता था कि उद्योगपति परेशान क्यों है लेकिन वह उसके मुँह से सुनना चाहता था।

उद्योगपति बोला–'भगवन्, पत्नी सुलक्षणा नहीं मिली है। कलह-क्लेश करती रहती है। मुझे डर है कि बच्चे भी इस तरह के तनावपूर्ण माहौल में रहकर उसकी तरह ही न बन जाएँ।'

महात्मा ने कहा–'तब आप समृद्ध कहाँ हैं? जब पत्नी ही सुलक्षणा नहीं है तो फिर आपसे बड़ा निर्धन दूसरा कोई भी नहीं है क्योंकि वैवाहिक जीवन समृद्ध, पति और पत्नी के प्यार की वजह से होता है और वही आपके पास नहीं है।'

*'भगवन्, मैं ऐसा क्या करूँ कि पत्नी कुलक्षणा से सुलक्षणा बन जाए?' उद्योगपति के इतना पूछने पर महात्मा ने जवाब देने के बदले सवाल कर दिया–'आप इस आश्रम में हैं और हमारे सामने हैं। सच बोलेंगे तो समस्या सुलझ सकती है। क्या आप एक चरित्रवान व्यक्ति हैं? क्या आप कोई भी नशा नहीं करते हैं? क्या आप पत्नी की बातों को ध्यान से सुनते हैं? क्या आप पत्नी के साथ बैठकर खाना खाते हैं? क्या आप पत्नी की पसंद-नापसंद का ध्यान रखते हैं? क्या आप समय से घर आने का प्रयास करते हैं? उपरोक्त सवालों में ही आपके सुखद जीवन का रहस्य है।' महात्मा ने तो सवालों की बारिश कर दी।*

उद्योगपति का चेहरा पीला पड़ गया। वह बोला–'भगवन्, मैं कोई नशा नहीं करता हूँ। हाँ, मैं एक चरित्रवान व्यक्ति नहीं हूँ, जिससे पत्नी से प्रेम भी नहीं कर पाता हूँ। पत्नी की पसंद-नापसंद का ध्यान भी नहीं रखता हूँ। पत्नी की बातें इस कान से सुनकर उस कान से निकाल देता हूँ और मैं समय से घर आ नहीं पाता हूँ।'

महात्मा ने कहा–'तो फिर पत्नी कुलक्षणा कैसे हो गई? दोषी तो आप हैं। आप पत्नी और बच्चे दोनों के दोषी ही नहीं अपराधी भी हैं क्योंकि आप एक चरित्रहीन पुरुष हैं। क्या आपने दूसरी पत्नी रखी है?'

महात्मा के पूछने पर उद्योगपति ने 'हाँ' में सिर हिलाया। महात्मा ने उसको समझाते हुए कहा–'आपकी पत्नी एक सुलक्षणा स्त्री है तभी तो आप जैसे एक चरित्रहीन पुरुष को पति के रूप में स्वीकार कर रखी है। आपके प्रति उसके मन में जो रोष है वह केवल इसलिए है कि आप उसके हिस्से का प्यार किसी अन्य स्त्री को दे रहे हैं। आप अपने चरित्र में सुधार लाकर घर के माहौल को अच्छा बना सकते हैं, पत्नी को तनावमुक्त कर एक सुलक्षणा स्त्री बना सकते हैं और बच्चों का भविष्य ख़राब होने से बचा सकते हैं।' महात्मा के चुप होते ही उद्योगपति उसके पाँव पर गिर पड़ा।

उसका रोम-रोम ख़ुशी के मारे पुलकित हो उठा। महात्मा ने उसको उठाते हुए कहा–'किसी भी समस्या को आदमी स्वयं उत्पन्न करता है और ज़िम्मेदार वही होता है। मैं यह नहीं कहता कि आपकी पत्नी बिलकुल ही निर्दोष है। वह भी ग़लत होगी क्योंकि पति दूसरी स्त्री में रुचि यदि लेता है तो दो ही स्थितियाँ होती हैं–पति जन्म से ही चरित्रहीन होगा या फिर पत्नी से उसको प्यार मिलता ही नहीं होगा। वह कलही और झगड़ालू होगी। आपकी पत्नी कैसी भी हो, आप स्वयं को निर्दोष रखें, चरित्रवान बनें और पत्नी में दोष और अवगुणों को न ढूँढ़कर केवल उससे प्यार करें।' महात्मा ने समझाया। वह उद्योगपति महात्मा को नमस्ते कर आश्रम के गेट की ओर बढ़ गया। आज वह वास्तव में ही स्वयं को समृद्ध और भाग्यवान महसूस कर रहा था।

विशेषज्ञों का भी कहना है कि व्यक्ति को कभी भी किसी घटना, दुर्घटना, यश-अपयश और अच्छे-बुरे के लिए दूसरों को ज़िम्मेदार न ठहरा कर स्वयं को ज़िम्मेदार ठहराना चाहिए। बहुत से ऐसे लोग होते हैं, जो अच्छा होने पर स्वयं उसका श्रेय लेते हैं और बुरा होने पर स्वयं उसका श्रेय नहीं लेते हैं। दाम्पत्य जीवन में सबसे पहले यह ज़रूरी है कि पति और पत्नी दोनों ही एक-दूसरे के प्रति ईमानदार रहें। ईमानदार नहीं रहेंगे तो फिर बात कभी भी बिगड़ सकती है। मैंने अनेक लोगों को देखा है, जिनका दाम्पत्य जीवन खुशहाल नहीं है, वे अकसर ही यह शिकायत करते हुए मिल जाते हैं कि पति बहुत ही बुरा है या पत्नी बहुत ही झगड़ालू है।

यह एक बार भी कोई नहीं कहता है कि वह कैसा है। यही तो दिक्कत है। जो मिलता है स्वयं को निर्दोष बताता है और अपने साथ वाले को दोषी बताता है। आप स्वयं के अन्दर झाँक कर देखें। आप कितना सही हैं, इसका आकलन करें। दाम्पत्य जीवन में यह बहुत ही महत्त्व रखता है कि आप एक-दूसरे का कितना ध्यान रखते हैं और उसके लिए किस हद तक अपने आपको आकर्षक, मोहक तथा सुविधाजनक बना सकते हैं।

❑

# 3. मैरिड लाइफ़ (दूसरी औरत का आकर्षण)

आकर्षण बहुत बड़ी चीज़ है। पूरी दुनिया के स्त्री-पुरुष आकर्षण ही तो हर चीज़ में देखते हैं। सब कहते हैं कि लुक आकर्षक नहीं है तो कुछ भी नहीं है। पुराने ज़माने से ही यह देखने को मिलता रहा है कि अपनी पत्नी में आकर्षण नहीं है तो पति दूसरी स्त्री में वही चीज़ ढूँढ़ने लगता है, फिर उसका दीवाना बन जाता है और पत्नी को हाशिए पर छोड़ देता है। आधुनिक समय में तो पहले की तुलना में अधिक दूसरी स्त्रियों के प्रति खिंचाव पुरुषों के मन में उत्पन्न हो गया है। स्थिति बहुत ही ख़राब है। आज की यह सबसे बड़ी समस्या है कि पिता अपनी युवा लड़की की शादी किसके साथ करे? क्योंकि यह पता लगाना मुश्किल है कि जिस लड़के से विवाह तय हो रहा है, उसका किसी से अफेयर चल रहा है या नहीं?

अभिभावक के दबाव में आकर कई लड़के-लड़कियाँ विवाह कर भी लेते हैं तो विवाह के बाद यह पता चलते ही विवाह टूट जाता है कि लड़की या लड़का में से एक का किसी के साथ अफेयर है। यह अफेयर का चक्कर अत्यंत ही ख़तरनाक है और तलाक की वजह अकसर ही बनता है। अवैध संबंधों को लेकर रोज़ ही संबंध-विच्छेद आज हो रहे हैं। दूसरी औरत के आकर्षण से अपने पति को जो स्त्रियाँ बचाने में कामयाब होती हैं, वे वास्तव में ही प्रशंसनीय हैं, लेकिन यह भी सच है कि दूसरी स्त्री के आकर्षण में जो पुरुष एक बार पड़ जाता है, फिर उसको समझाना बहुत ही मुश्किल हो जाता है। अनुभवी लोगों का कहना है कि यदि पत्नी स्वयं में आकर्षण उत्पन्न कर

ले तो फिर पति को दूसरी स्त्री के आकर्षण से बचा सकती है। अधिकतर स्त्रियाँ शादी के साल-दो-साल के बाद ही स्वयं को बुढ़िया मानने लगती हैं। इससे भी बड़ी बात यह है कि एक-दो बच्चा होने के बाद स्वयं को दूसरे कामों में लगा लेती हैं और पति को नज़रअंदाज़ करने लगती हैं। उसे कोई भाव नहीं देती हैं। फिर ऐसे में पति दूसरी स्त्री के आकर्षण में बँधता चला जाता है और इस हद तक बँध जाता है कि उसको इस बात का भी ज्ञान नहीं रह जाता है कि उसका घर है, बीवी है और बच्चे भी हैं, जो उसका इंतज़ार कर रहे हैं। मैं यदि कहूँ कि पति को पत्नी ही दूसरी स्त्री की तरफ देखने के लिए मज़बूर करती है तो कोई ग़लत नहीं होगा।

आजकल लड़की को या लड़के को पसंद करने के लिए अभिभावक जाते हैं तो यह सवाल ज़रूर ही करते हैं कि आपके बेटा या बेटी का किसी के साथ अफेयर तो नहीं है न? यदि है तो अभी बता देना। शादी के बाद हो-हल्ला करने से कहीं अच्छा है कि आप पहले ही बता दें ताकि बाद में ऐसी-वैसी समस्या किसी को भी न हो। रोज़ ही अख़बारों में ऐसी एक-दो ख़बरें प्रकाशित होती हैं कि दूल्हा बनठन कर घोड़ी पर जैसे ही बैठा, लड़की वालों का फोन आ गया कि बारात लेकर मत आना, लड़की किसी अन्य से प्यार करती है या लड़का किसी अन्य लड़की से प्यार करता है। यह छोटी-सी ख़बर विवाह होने से पहले ही विवाह को तोड़ डालती है। आप कल्पना कर सकते हैं, घोड़ी पर बनठन कर बैठे दूल्हे से यदि कहा जाए कि दुल्हन का किसी और लड़के के साथ अफेयर है तो उसे कितना बुरा लगेगा। इसी तरह से दुल्हन की पोशाक में बैठी लड़की से अचानक कहा जाए कि दूल्हा का किसी अन्य लड़की के साथ अफेयर है, बारात नहीं आएगी तो उसे कितना ख़राब लगेगा। यह तो कल्पना करने वाली या महसूस करने वाली बात है। उस समय की पीड़ा को वही बता सकता है, जो भुक्तभोगी होगा। दूसरा व्यक्ति तो केवल दूर खड़ा तमाशा देख सकता है।

विशेषज्ञों और अनुभवी लोगों का कहना है कि दूसरी स्त्री के आकर्षण में लगभग सभी पुरुष उलझते हैं। जो बुद्धिमान होते हैं, वे किसी-न-किसी के अनुभवों और शिक्षाओं से प्रेरित होकर सँभल जाते हैं और जो बुद्धिमान

नहीं होते हैं, वे केवल अपनी इच्छाओं का ध्यान रखते हैं। दूसरों के अनुभवों से कोई लेना-देना नहीं होता। वे जब सबकुछ बरबाद हो जाता है तब अपने अनुभवों से सबक लेते हैं। बरबाद होने के बाद सँभले तो क्या सँभले? सँभलना है तो बरबाद होने से पहले ही सँभल जाएँ।

**उदाहरण प्रस्तुत है**-

हेमा बेडरूम में आई तो उसका चेहरा एकदम से सफ़ेद पड़ गया। आँखें खुली-की-खुली रह गईं। नौकरानी बचने की कोशिश कर रही थी और जतिन उसको पकड़ने की हर संभव कोशिश में था। हेमा से यह दृश्य जब देखा न गया तो वह सहसा ही चीख पड़ी-'अब बस भी करो। बेशर्मी की भी हद होती है।' हेमा की आवाज़ कानों में पड़ते ही जतिन ठिठकर खड़ा हो गया और नौकरानी आँखों में आँसू लिए बोली-'मैडम, आपके पति इनसान हैं या दरिन्दा? मुझे ऐसे लोगों के बीच रहकर काम नहीं करना है। न जाने आप कैसे इन्हें बरदाश्त करती हैं।' इतना कहकर नौकरानी चली गई। वह स्वयं को काफ़ी अपमानित महसूस कर रही थी।

अब बेडरूम में हेमा तथा जतिन बस दो ही व्यक्ति थे और दोनों ही आमने-सामने थे। जतिन निगाहों से देखते हुए बोला-'यह नौकरानी बड़ी ही बदचलन है। मेरे साथ ज़ोर-ज़बर्दस्ती कर रही थी। तुम न आती तो जाने क्या करती।'

'मैं तुम्हारी पत्नी हूँ, तुम्हें बहुत ही क़रीब से जानती हूँ। आज मैं यहाँ नहीं आई होती तो जाने तुम उसके साथ क्या करते।' यह कहते-कहते हेमा का चेहरा गुस्से से लाल हो गया। वह बोली-'तो तुम उसके साथ बलात्कार करना चाहते थे? मैं जानना चाहती हूँ उसमें ऐसी क्या चीज़ है, जो मुझमें नहीं है? मैं तुमसे इतना प्यार करती हूँ। इतना सज-सँवरकर रहती हूँ। तुम्हारी पसंद की ड्रेस पहनती हूँ, फिर भी तुमने कभी इतनी गर्मजोशी से मेरे साथ बरताव तो कभी नहीं किया। मुझको देखते ही तुम तो एकदम से ही ठंडे पड़ जाते हो। छिः मुझे शरम आ रही है तुम पर, नौकरानी तक को भी तुमने नहीं छोड़ा।' हेमा यह कहते-कहते आँसू पोंछने लगी।

'मामले को किसी भी तरह से सँभाल लो। मैं फिर कभी ऐसी हरकत नहीं करूँगा। मुझसे ग़लती हो गई।' यह कहकर जतिन हेमा के क़रीब आ गया और उससे बार-बार माफ़ी माँगने लगा।

हेमा वहाँ से चुपचाप नौकरानी के घर आ गई और उसे अलग ले जाकर बोली–'जतिन से तो अब ग़लती हो गई है। मैं उनकी ओर से माफ़ी माँगती हूँ। यह बात अदालत तक मत ले जाना। इससे हम दोनों की ही बदनामी होगी।'

नौकरानी आश्चर्य से आँखें फाड़ती हुई बोली–'मैडम, आप उस जानवर पति के लिए मुझसे माफ़ी माँग रही हैं?'

हेमा शरमसार होते हुए बोली–'पत्नी हूँ। जतिन ने न जाने कैसे इतनी बड़ी ग़लती कर दी। वह कैसा भी है, लेकिन है तो मेरा पति। मेरी जगह पर तुम होती तो क्या करतीं?' नौकरानी ने कोई जवाब नहीं दिया। हेमा वहाँ से सीधे घर आ गई।

हेमा एक औरत है, पत्नी है, माँ है, बहू है, बहन है, बेटी है और उसकी पहचान इन सब रिश्तों से ही है, लेकिन उसका वजूद पत्नी के रूप में ही है। भला वह अपने वजूद को कैसे कुचल सकती है। जतिन ने नौकरानी के साथ बलात्कार करने की कोशिश की, यह दर्द तो उसके दिल में ताउम्र रहेगा। लेकिन यह दर्द रिश्ते की गरिमा से तो बड़ा नहीं है। पति से संबंध-विच्छेद करने का मतलब बच्चों से उनके पिता का छिन जाना। जतिन की पत्नी होने के अधिकार से वंचित हो जाना। सास-ससुर की नज़रों से गिर जाना कि यह कैसी पत्नी है, अपने पति को सँभाल न सकी। वह बहक गया तो वह भी बहक गई।

कहने का तात्पर्य है कि दोषी पुरुष के दोष को कोई नहीं देखता है। सब औरत को ही कोसते हैं कि जाने-अनजाने में पति फिसल ही गया और उसने माफ़ी माँग ली, तो हो-हल्ला करने की क्या ज़रूरत थी? खानदान का नाम बदनाम कर दिया। अब देखिए, बलात्कार पति करता है और पत्नी आवाज़ बुलंद करती है तो खानदान को बदनाम करने का दोष उस पर मढ़ दिया जाता है। उससे यह अपेक्षा की जाती है कि वह पति की ग़लती को नज़रअंदाज़ कर प्रेमपूर्वक रहे। हेमा को सब पता है, तभी तो वह छूटते ही नौकरानी के घर चली गई और उससे मामले को यहीं पर दबा देने का आग्रह किया।

जतिन की ग़लती के लिए शरमसार हेमा को होना पड़ा। जतिन ने तो माफ़ी माँग कर छुट्टी कर ली और नहीं तो ऊपर से स्वयं को यह कहकर निर्दोष भी साबित कर दिया कि नौकरानी ही उसके साथ ज़ोर-ज़बर्दस्ती कर रही थी। पुरुषों की ऐसी हरकतें दाम्पत्य जीवन के लिए सुखद नहीं हैं, पत्नी तो कई रिश्तों की मर्यादा से बँधी होती है, वह मन-ही-मन रो-धोकर शांत हो जाती है लेकिन क्या पति के लिए उसके मन में वह इज़्ज़त या वह प्यार भरा जज़्बा रह जाता है? पति भी क्या ऐसी हरकत के बाद पूरे आत्मविश्वास के साथ पत्नी से बात कर पाता है?

ये कुछ ऐसे सवाल हैं, जो दाम्पत्य जीवन को शीतयुद्ध में तब्दील कर देते हैं, जहाँ रिश्ते किए नहीं बल्कि ढोए जाते हैं। ऐसे मामलों में अधिकतर पत्नियाँ इसलिए चुप रह जाती हैं क्योंकि वे यह नहीं चाहतीं कि बच्चों के मन में अपने पिता की जो छवि है, वह धूमिल पड़ जाए। फिर वह भी उनकी आदर्श माँ नहीं रह जाएगी। पति ने तो ग़लती कर दी है, अब उसने भी कोई एक्शन ले लिया तो फिर पति के साथ-साथ उसका भी वजूद हिल जाएगा। वह ऐसे पति की पत्नी बनकर रह जाएगी, जो एक चरित्रहीन व्यक्ति है। कोई भी स्त्री ऐसा नहीं चाहती कि उसके पति को समाज में एक चरित्रहीन व्यक्ति की नज़र से देखा जाए।

स्त्री की इस भावना की कद्र जाने क्यों पुरुष नहीं करते हैं और पत्नी में वह सब उन्हें जाने क्यों नज़र नहीं आता, जो दूसरी औरतों में वे देखते हैं। यह उनके मन का भ्रम होता है या यूँ कहें कि पुरुषगत स्वभाव के कारण वे ऐसा करते हैं। उन्हें अपने इस जन्मजात स्वभाव के खोल से बाहर आने की ज़रूरत है।

हेमा ने कितने अच्छे सवाल किए कि नौकरानी में ऐसी क्या चीज़ है, जो मुझमें नहीं है? रोज़ ड्रेस मैं बदलती हूँ, तुमसे प्यार करती हूँ, फिर भी तुमने ऐसा करने की कोशिश क्यों की? जतिन के पास कोई जवाब हो तब तो दे। वह तो केवल उसके दिमाग़ का फितूर था। इस दिमाग़ी फितूर से बाहर आने की ज़रूरत है यदि आप स्मार्ट दाम्पत्य की कामना करते हैं। पत्नी ही एक ऐसी शख़्स है, जो मुसीबत की हर घड़ी में आपके साथ दिख सकती है, चाहे वह नाराज़गी भाव के साथ आपके कंधों से कंधा मिलाकर

खड़ी हो या मज़बूरीवश खड़ी हो लेकिन आपको सहारा वही दे सकती है, इसमें कोई शक नहीं है। ऐसे कितने ही उदाहरण हैं, जो हमें यह सीख देते हैं कि पति पत्नी की हर ग़लती को दिल से कभी माफ़ नहीं कर पाता है क्योंकि वह रिश्तों से पत्नी की तरह जुड़ा हुआ नहीं होता है। आप बच्चों से, परिवार से, माता-पिता की प्रतिष्ठा से जब जुड़ जाएँगे तब शायद ही आप ऐसा कोई घृणित कार्य कर सकें। ऐसे कुकृत्य तभी होते हैं, जब व्यक्ति को समाज या परिवार की कोई परवाह नहीं होती और उसकी सोच बिलकुल ही आत्म-केंद्रित हो जाती है। जबकि स्त्री कभी भी आत्म-केंद्रित नहीं होती है। वह सबके बारे में सोचती है। आप स्त्री बनकर सोचें न ज़रा, फिर आप जतिन नहीं बन सकेंगे अवसर मिलने पर भी।

एक विवाह सलाहकार के दफ़्तर में 35-46 वर्षीय व्यक्ति आया। विवाह सलाहकार ने आने का कारण पूछा। उस व्यक्ति ने कहा-'सर, मैं क़ानूनी रूप से कोई भी निर्णय लेने से पहले आपसे कुछ जानना चाहता हूँ ताकि अपने आप पर बाद में मुझे पछतावा न हो।'

विवाह सलाहकार ने कहा-'पूछिए, क्या पूछना है?'

वह व्यक्ति बोला-'मैं पत्नी को छोड़ना चाहता हूँ।'

विवाह सलाहकार ने पूछा-'विवाह को कितने साल हो गए हैं? बच्चे कितने हैं और वे कितने बड़े हैं?'

उस व्यक्ति ने बताया-'हमारे विवाह को दस साल होने वाले हैं और हमारे दो बच्चे हैं। एक छः साल का है और दूसरा चार साल का है।

विवाह सलाहकार ने कहा-'आप तलाक लेना क्यों चाहते हैं?' वह व्यक्ति सिर खुजलाने लगा। बहुत सोचने के बाद उसने कहा-'सर, पत्नी का व्यवहार मेरे प्रति ठीक नहीं है।'

विवाह सलाहकार ने कहा-'आपका व्यवहार क्या पत्नी के प्रति सही है? देखिए, जब भी कभी आपको लगने लगे कि पत्नी का व्यवहार आपके प्रति ठीक नहीं है तो आप यह सोचने लगें कि क्या पत्नी के प्रति आपका व्यवहार ठीक है? आप दो बच्चे के पिता हैं, आपकी शादी को दस साल हो गए हैं, और बच्चे भी आपको पहचानने लगे हैं। आप पत्नी से संबंध-विच्छेद कर,

क्यों अनैतिक कार्य करना चाहते हैं? आप एकांत में बैठकर सोचें कि क्या आप अपने मासूम और अबोध बच्चों के बिना चैन से रह पाएँगे? जिस पत्नी की आदत पड़ गई है, क्या आप उसके बिना जी सकेंगे?' विवाह सलाहकार ने समझाया फिर आगे उसने एक बात और कही—'मैं कोई वकील नहीं कि फ़ीस के लिए ग़लत सलाह दूँगा। मैं तो विवाह सलाहकार हूँ। मेरे पास तो जो भी आता है, उसको सही सलाह ही देता हूँ। आप केवल स्वयं का भला न सोचकर बच्चों का भी भला सोचें। पत्नी ग़लत है तो कहीं-न-कहीं थोड़ा ही सही, ग़लत आप भी हैं, ऐसा भी सोचें। स्वयं को निर्दोष न मानें क्योंकि मनुष्य को अपनी ग़लतियाँ दिखती नहीं हैं और दूसरों की ग़लतियाँ दिखती हैं। अपनी ग़लती को देखें।' विवाह सलाहकार इतना कहकर चुप हो गया।

वह व्यक्ति चुपचाप घर आ गया। उसकी समझ में अब नहीं आ रहा था कि वह क्या निर्णय ले और यह भी वह निश्चित नहीं कर पा रहा था कि पत्नी दोषी है कि वह दोषी है? फिर वह बैठकर सोचने लगा—'जब विवाह के बाद पत्नी दुल्हन बनकर घर आई थी तब तो बहुत ही सीधी, भोली और शांत प्रकृति वाली थी। पहला बच्चा हुआ तब उसके स्वभाव में कुछ-कुछ रूखापन शामिल हो गया। दूसरा बच्चा हुआ तो वह और भी अधिक चिड़चिड़ी हो गई। मैंने कई बार ऐसा महसूस किया कि वह घरेलू कार्यों में मुझे भी शामिल करना चाहती है, लेकिन मैंने कभी उसकी मदद नहीं की केवल एक हुक्म चलाने वाला कठोर और मतलबी पति ही बनकर रह गया। वह निश्चित रूप से निर्दोष है। वह ज़रूरत से ज़्यादा ज़िम्मेदारियों को ओढ़ने के कारण चिड़चिड़ी बन गई है। यदि मैंने उसकी ज़िम्मेदारियों को पूरा करने में उसकी दस-पन्द्रह प्रतिशत भी मदद की होती, तो उसका व्यवहार मेरे प्रति तल्ख़ और कठोर नहीं बना होता। वह निर्दोष है। मैं उससे माफ़ी माँगूगा। उसके सिर पर जो ज़िम्मेदारियों का दबाव है, उसको पूरा करने में उसकी मदद करूँगा।' इतना सोचते-सोचते वह व्यक्ति ख़ुशी के मारे झूम पड़ा क्योंकि उसने ज़िन्दगी को क़रीब से जान लिया था।

वह व्यक्ति चलकर पत्नी के पास आया और हाथ जोड़कर विनम्र स्वर में बोला—'डार्लिंग, मैंने अपने हिस्से की ज़िम्मेदारियों को भी तुम पर ही थोप दिया। तुम्हारी कभी परवाह नहीं की। मुझे हो सके तो माफ़ कर देना।' उस व्यक्ति के इतना कहते ही पत्नी उसके पास आ गई और उसका हाथ पकड़कर कहने

लगी–'पति और पत्नी के बीच कोई माफ़ी नहीं होती। तुमने वास्तविकता को समझा और महसूस किया, और अपनी ग़लती को स्वीकार करने के साथ-साथ घरेलू कार्यों में अपनी भागीदारी भी निभाने की बात कह दी। यह मेरे लिए बहुत बड़ी उपलब्धि है।' पत्नी पहले की तरह ही सहज और सुलभ उस व्यक्ति के लिए बन गई। झुकना, मानना, स्वीकार करना, समझौता करना, समर्पण करना, न्योछावर करना आदि शब्दों को तो आपने सुना ही होगा? इन सारे शब्दों का भाव लगभग एक जैसा ही है। आप इन शब्दों की गरिमा को समझें। इन शब्दों को दिल से समझें और इनका भी इस्तेमाल करने की आदत डालें। बहुत से ऐसे लोग हैं, जो उपरोक्त शब्दों का इस्तेमाल अपने जीवन में ग़लती से भी नहीं करते हैं लेकिन आप अवश्य ही करें। इन शब्दों का महत्त्व सुखद जीवन के लिए अत्यंत ही आवश्यक है। ज़िद न करें, अपनी ही बात को ऊपर न रखें और यह कभी न सोचें कि आपकी ही बात सही है और सामने वाले की बात ग़लत है। जीवन के उतार-चढ़ाव को समझें और यह भी समझें कि जीवन में कुछ भी एक जैसा नहीं रहता है। जीवन में बदलाव आता रहता है और यह स्वाभाविक है। आप नहीं चाहेंगे, फिर भी बदलाव अपने आप ही हो जाएगा। यह आप सहज ही रूप से स्वीकार कर लें कि जब प्रकृति स्थिर नहीं रहती है तो फिर आप एक समान और स्थिर कैसे रह सकते हैं?

उदाहरण प्रस्तुत है ताकि आप जीवन से समझौता आसानी से कर सकें। समझौता का दूसरा नाम ही जीवन है। आप समझौता नहीं करते हैं तो जीवन को ढंग से जी भी नहीं पाते हैं, और जीवित रहते भी हैं तो जीवन का वास्तविक आनंद ले नहीं पाते हैं।

*साइकोलॉजिस्ट के क्लीनिक में एक 20-25 वर्षीय स्त्री पहुँची। वह काफ़ी स्मार्ट, ख़ूबसूरत, हसीन और आकर्षक थी। साइकोलॉजिस्ट ने उसको गौर से देखा, फिर उससे पूछा–'क्या प्रॉब्लम है?'*

*वह स्त्री बोली–'पति, पता नहीं क्यों मुझको देखते ही गुस्सा हो जाते हैं और मुझसे बात भी बहुत ही कम करते हैं। मैं ऐसा क्या करूँ कि वह मुझको देखकर गुस्सा न करें, मुझसे सामान्य व्यवहार करें और प्यार से बात करें?'*

साइकोलॉजिस्ट ने कहा–'आप मेरे सवालों का सच-सच जवाब देंगी तो आपकी समस्या स्वतः ही हल हो जाएगी।' वह स्त्री परेशान और दुखी थी। भला सत्य को छिपाकर अपने दुःख को और ज़्यादा कैसे बढ़ा सकती थी। उसने स्पष्ट शब्दों में बताया–'सर, मुझको सच को छिपाना ही होता तो मैं आपके पास आती ही नहीं। मैं तो यह सोचकर परेशान हूँ कि ऐसी स्थिति बनी रही तो तलाक भी हो सकता है। मैं तलाक नहीं चाहती, हमारे दो बच्चे हैं। तलाक के बाद बच्चों का भविष्य अँधेरे में खो जाएगा।'

*'आप क्या अपने पति के केवल अवगुणों पर ही नज़र रखती हैं और समय-असमय उनके अवगुणों को उनको याद दिलाकर उनकी बेइज़्ज़ती करती रहती हैं? जो सच हो वही बताने का कष्ट करें।' साइकोलॉजिस्ट ने कहा।*

वह स्त्री सच बोलने में संकोच कर रही थी। यह कहना आसान है कि जो सच है वही मैं बोलूँगा, लेकिन जब सच बोलना पड़ता है तब जीभ हिलती नहीं है। बहुत कोशिश और साहस करना पड़ता है। झूठ बोलना मेरे विचार से आसान है, लेकिन सच बोलना बहुत ही कठिन है। गाली देना आसान है लेकिन किसी की प्रशंसा करना कठिन है। इसकी वजह यह है कि मनुष्य निंदा करने में जितनी रुचि लेता है, उतनी रुचि किसी की प्रशंसा करने में नहीं लेता है। मनुष्य का स्वभाव ही ऐसा है, वह अपने मुख से किसी अन्य की प्रशंसा, ईर्ष्या या द्वेषवश नहीं कर पाता है।

*फिर भी थमती आवाज़ में वह स्त्री बोली–'सर, कैसे बताऊँ और कहाँ से शुरू करूँ, मेरी समझ में कुछ भी नहीं आता। हाँ, मैं पति के केवल अवगुणों का ही ज़िक्र करती हूँ। कभी भी मैंने उनके गुणों पर नज़र नहीं डाली। उनकी अच्छाइयों को कभी नहीं सराहा लेकिन बुराइयों के लिए ख़ूब गालियाँ दीं।'*

साइकोलॉजिस्ट बोला–'मेरे विचार से झगड़े का कारण आपका पति के प्रति होने वाला दुर्व्यवहार है। उनके अवगुणों को गिनाना भी है और गुणों को छिपाना भी अनबन का कारण है। आप उनको प्रसन्न रखना चाहती हैं तो उनके अवगुणों को न देखें, बल्कि गुणों को देखें। कोई भी व्यक्ति कितना भी कठोर क्यों न हो, और कितना भी ग़लत क्यों न हो या कितना भी अव्यावहारिक क्यों न हो, उसमें भी गुण होते हैं। जहाँ पर अवगुण होते हैं, वहीं पर गुण

भी होते हैं, इस नियम को आप जानें। बुरे व्यक्ति में अच्छाई भी होती है और अच्छे व्यक्ति में भी बुराई होती है। आप पति के केवल अवगुणों को ही देखती रहती हैं, जिससे आप उन्हें टोकती रहती हैं। आप किसी को भी देखने का अपना नजरिया बदलें।' साइकोलॉजिस्ट ने समझाया।

वह महिला इतना तो अवश्य ही समझ गई कि किसी व्यक्ति को प्रसन्न रखना है तो उसके गुणों पर ध्यान देना ज़रूरी है। अवगुणों का उल्लेख करना किसी भी दृष्टि से सही नहीं हो सकता है। साइकोलॉजिस्ट का यह कहना बिलकुल ही सही है कि किसी को अपने पक्ष में करना है, प्रसन्न रखना है और अपने वश में रखना है, तो उसके अवगुणों के साथ समझौता करना भी आवश्यक है और गुणों की प्रशंसा करना भी ज़रूरी है।

एक विवाह सलाहकार से पति ने पूछा–'विवाह को आनंददायक तथा सफल कैसे बनाया जा सकता है?'

विवाह सलाहकार ने जवाब में कहा–'गुणों और अवगुणों के साथ एक–दूसरे को जब पति और पत्नी स्वीकार कर लेते हैं तो विवाह स्वतः ही हसीन और आनंददायक बन जाता है। यदि पति समझौता करने वाला हो और पत्नी बात को खींचकर लम्बा करने वाली हो तो फिर विवाह ज़्यादा दिन तक नहीं चल पाता है। उसका टूटना निश्चित है।'

यह सहज ही रूप से नज़र आ रहा है कि समझौता करने वाले लोग जहाँ भी रहते हैं, वहाँ पर शांति बहाल होने में देर नहीं लगती है और जहाँ समझौता करने वाले लोग नहीं रहते हैं, वहाँ अशांति बहाल होने में देर नहीं लगती है। अशांति को बहाल होने से रोकना है और शांति को बहाल करना है। अपने घर को बचाना है, अपने आपको बचाना है और दूसरी स्त्री के आकर्षण से अपने पति को बचाने के लिए ख़ुद को जवाँ, आकर्षक और सुन्दर बनाकर रखना है।

एक महिला मनोचिकित्सक से मिली। उस महिला की उम्र यही कोई 25–30 के लगभग थी। उस महिला ने मनोचिकित्सक से कहा–'मेरे पति मुझमें कोई रुचि नहीं लेते हैं और मेरी सहेली में काफ़ी रुचि लेते हैं। वैसे मेरी सहेली उनको कोई भाव नहीं देती है। मैं तो अपनी उस सहेली से काफ़ी सुन्दर हूँ?

मनोचिकित्सक ने उस महिला को ध्यान से देखा फिर कहा–'आपमें साफ़–सफ़ाई की कमी है। आप के दाँत पीले हैं। अपके बाल गंदे हैं, ठीक से

धुले नहीं हैं। आपकी ड्रेस भी कोई ख़ास नहीं है। आप अपने दाँत साफ़ रखें, अच्छी तरह से स्नान करें, जो आप पर जँचे वही ड्रेस पहनें और उनको साफ़ रखें। अपने बाल हफ़्ते में दो बार धोएँ तथा केश-विन्यास में आकर्षक बदलाव लाती रहें। आपको कुदरत ने आकर्षक और ख़ूबसूरत व्यक्तित्व तो दिया है लेकिन आपने उसकी कद्र नहीं की है। मेरी सलाह है कि आप पहले स्वयं को आकर्षक, मोहक और स्मार्ट बनाएँ। फिर देखिए, कैसे आपके पति आपके दीवाने बन जाते हैं।' मनोचिकित्सक इतना कहकर दूसरे मरीज को देखने लगा।

वह महिला घर आ गई। उसने वैसा ही किया जैसा मनोचिकित्सक ने कहा था। पति उसके ख़ूबसूरत और चुम्बकीय सौंदर्य का दीवाना वास्तव में ही हो गया।

वैवाहिक जीवन में स्वच्छता का विशेष रूप से महत्त्व है। पत्नी अपने दाँत ठीक से साफ़ करती है, समय से स्नान करती है, साफ़-सुथरे और व्यक्तित्व के अनुकूल सुन्दर ड्रेस पहनती है और अपने बालों को मोहक अंदाज़ देती रहती है, इसके साथ ही अपने चेहरे को सँवारती-निखारती रहती है तो वह कुदरती रूप से कम सुन्दर होती है, फिर भी पति को बहुत ही भाती है और समय-समय पर वह पति को अपने व्यक्तित्व के आकर्षण में बाँधती रहती है।

एक विवाह सलाहकार के दफ़्तर में लगभग बाइस वर्षीय युवती पहुँची। वह काफ़ी दुखी और त्रस्त लग रही थी। विवाह सलाहकार ने सवाल कर दिया–'मैडम, आप अपनी समस्या बताएँ।'

*'सर, मैं अपने पति को तलाक देना चाहती हूँ लेकिन इसके लिए साहस नहीं कर पा रही हूँ।' वह युवती बोली।*

*विवाह सलाहकार ने कहा–'क्यों तलाक देना चाहती हैं? आपको देखकर तो लगता है कि आपकी शादी को यही कोई दो-तीन साल हुए होंगे।'*

वह युवती बोली–'हाँ, शादी को दो साल ही अभी हुए हैं। मैं भी तलाक के पक्ष में नहीं हूँ क्योंकि विवाह को सम्पन्न कराने में मेरे मम्मी-पापा के लाखों रुपए लगे हुए हैं। मैं विवाह के दो साल के अन्दर ही तलाक लेकर मायके में जाकर बैठ जाऊँ तो वे तो ज़िंदा ही मर जायेंगे।' युवती इतना कहते-कहते चुप हो गई। उसकी आँखें भर आई थीं।

'फिर आप तलाक क्यों देना चाहती हैं?' विवाह सलाहकार के पूछने पर वह युवती संकोच करते हुए बोली–'मेरे पति गुटका फाँकते हैं। सिगरेट पीते हैं और शराब का शौक भी रखते हैं। मुझे गुटका की दुर्गंध से एलर्जी है। सिगरेट का धुआँ मेरे सिर में दर्द कर देता है और शराब की महक तो मेरा जी ही ख़राब कर देती है। मुझे नहीं लगता कि मैं ताउम्र ऐसे पुरुष के साथ राज़ी-ख़ुशी से रह सकूँगी। तलाक लेने का कारण यही है।' वह युवती इतना कहते-कहते हाँफने लगी। विवाह सलाहकार बोला–'आपकी उँगली या शरीर के किसी भी भाग में जख़्म हो जाता है तो क्या आप उसे काटकर फेंक देती हैं या उसका इलाज करवाती हैं?' विवाह सलाहकार के पूछने पर वह युवती बोली–'शरीर का कोई भी अंग अनुपयोगी नहीं सभी उपयोगी हैं। उसको काटने की बजाए मैं इलाज करवाना पसंद करूँगी।' युवती के इतना कहने पर विवाह सलाहकार बोला–'तो फिर पति को आप तलाक देना क्यों चाहती हैं? वह नशा करता है तो उसको समझाएँ। बीमार व्यक्ति का इलाज करवाएँगी या उसको उसके हाल पर छोड़कर आगे बढ़ जाएँगी? क्या यह मानवता के खिलाफ नहीं है? पति कोई चीज़ तो नहीं होता है। वह भी जीवन का अभिन्न हिस्सा ही होता है। मेरी तो सलाह है कि आप उसको समझाएँ।'

युवती बोली–'सर, उसको एक नशा की लत नहीं है। वह सिगरेट भी पीता है, शराब भी पीता है और गुटका भी तो खाता है। आप ही बताएँ इतने सारे नशे को एक झटके में भला कैसे छुड़ाया जा सकता है? सर, कहने और करने में बड़ा ही फ़र्क़ होता है।'

*विवाह सलाहकार बोला–'कोशिश करने पर, संयम रखने पर, धैर्य धारण करने पर और विश्वास रखने पर व्यक्ति किसी भी मुसीबत से आसानी से निकल सकता है। आपको आसान तलाक देना ही लगता है तो कान खोलकर सुन लें, तलाक के बाद एक स्त्री का जीवन अछूत व्यक्ति की तरह हो जाता है। हर कोई आप पर शक करता है। उसके साथ शारीरिक संबंध बनाना तो हर कोई चाहता है लेकिन पत्नी के रूप में उसे कोई भी स्वीकार करना नहीं चाहता है। आप तलाक देना चाहती हैं तो दे सकती हैं, लेकिन आगे का जीवन आपका बहुत ही कठिन हो सकता है।'*

'सर, तो मैं क्या करूँ?' युवती यह कहते-कहते झल्ला पड़ी। उसका मूड ऑफ हो गया। विवाह सलाहकार ने कहा–'मैडम, मेरी तो यही सलाह है कि आप पति को तलाक देने का विचार छोड़कर उसको समझाने का प्रयास करें क्योंकि इस बात की क्या गारंटी है कि दूसरा पुरुष कैसा होगा? कहीं इससे भी ज़्यादा ख़राब मिल जाएगा तो आप क्या करेंगी? उसको भी तलाक देंगी? तलाक न देकर आदतों में बदलाव लाने का प्रयास करें। यही सकारात्मक प्रयास है।' विवाह सलाहकार ने समझाया।

विवाह सलाहकार ने सही कहा कि कितने पुरुषों को तलाक दिया जाएगा। ऐसे तो ज़िन्दगी ही तलाक देने में ख़त्म हो जाएगी। ज़िन्दगी को जीने में मज़ा है, ज़िन्दगी को ढोने में तनिक भी मज़ा नहीं है। जिससे जुड़ें, उसको छोड़ने या धोखा देने की बात न करें। किसी को पाना, किसी को चाहना, किसी को स्वीकार करना आसान है, लेकिन निभाना कठिन है।

'आई लव यू' कहना आसान है लेकिन वास्तव में प्यार करना बहुत ही कठिन है। प्रेमी कहते हैं कि तुम नहीं मिलोगी तो जान दे दूँगा, लेकिन मैं पूछता हूँ कि न मिलने पर कितने प्रेमी जान देते हैं? एक भी प्रेमी, प्रेमिका की याद में जान नहीं देता है। ये सब कहने की बातें हैं, कि तुम मेरी ज़िन्दगी हो। तुमसे ही मेरा जीवन शुरू होता है। तुम्हारे बिना जीवन अधूरा है। तुम कहो तो जान दे दूँ। तुम में मेरा मन बसता है। तुम नहीं तो कुछ भी नहीं। तुमसे ही मेरी सुबह और तुमसे ही मेरी शाम होती है। इन बातों में मैं विश्वास नहीं करता हूँ। मैं तो वही कहता हूँ, जो संभव हो, उस प्यार का क्या करना जिसकी याद में या जिससे बिछुड़ कर व्यक्ति मौत को गले से लगा ले। प्यार तो वह है, जो जीवन को समृद्ध, मूल्यवान और महत्त्वपूर्ण बनाता है।

अपने जीवन को, अपने वस्त्रों को, अपने विचारों को और अपने आपको आप जब तक सकारात्मक मोड़ न देंगे; तब तक आप का दाम्पत्य जीवन समृद्ध, सम्पन्न, खुशहाल और मूल्यवान नहीं होने वाला है। आप अपने दाम्पत्य जीवन को आकर्षक बनाएँ।

❑

# 4. मैरिड लाइफ़ ( समर्पण )

विवाह को सफल और कामयाब यदि कोई चीज़ बनाती है तो वह केवल समर्पण है। आप यदि अपने जीवनसाथी के प्रति समर्पित नहीं हैं तो विवाह का वास्तविक आनंद आपको शायद ही कभी मिलने वाला है। आजकल लोग प्यार के दावे भी ख़ूब करते हैं, मित्रता के भी दावे ख़ूब करते हैं और विवाह में तरह-तरह के नाटक भी ख़ूब करते हैं, लेकिन विवाह कितना टिकाऊ है और कितना खुशहाल है, इसका दावा वे नहीं कर पाते हैं। 'लव बर्ड्स' की तरह रहने वाले स्त्री-पुरुष को देखकर तो यही लगता है कि यह संबंध कभी भी टूटने वाला नहीं है लेकिन आश्चर्य का ठिकाना तब नहीं रहता जब मिट्टी की दीवार की तरह भुरभुरा कर विवाह ढह जाता है अर्थात् संबंध-विच्छेद हो जाता है।

मैं यदि कहूँ कि यह तलाक लेने-देने का दौर है तो कोई ग़लत नहीं होगा। वास्तव में ही आजकल जितनी जल्दी विवाह होता है, उतनी ही जल्दी टूट भी जाता है। विवाह के टूटने के एक नहीं अनेक कारण हैं। कोई विवाह अनमेल होने के कारण टूट जाता है, कोई विवाह धनाभाव के कारण टूट जाता है, कोई विवाह नशाखोरी के कारण टूट जाता है, कोई विवाह कलह-क्लेश के कारण टूट जाता है, कोई विवाह आवारागर्दी के कारण टूट जाता है, कोई विवाह विचार न मिलने के कारण टूट जाता है, कोई विवाह पसंद-नापसंद न मिलने के कारण टूट जाता है और कोई विवाह अपने मन का न होने के कारण टूट जाता है। कहने का मतलब है कि आज के आधुनिक दौर में पहले की अपेक्षा काफ़ी ज़रूरतें बढ़ गई हैं। मैं आपको बता दूँ कि जब ज़रूरतें हद

से ज़्यादा बढ़ जाती हैं तब मन में असंतोष उत्पन्न करती हैं क्योंकि हद से ज़्यादा ज़रूरतों की पूर्ति कोई भी व्यक्ति नहीं कर पाता है।

पहले के लोग एक-दूसरे से दिली रूप से जुड़े हुए थे। जब व्यक्ति किसी के साथ दिल से जुड़ा होता है तो उसको उसकी चिंता होती है। उसके प्रति वह हमेशा संवेदनशील बना रहता है। तब कोई भी डिमांड करते समय वह यह अवश्य ही देखता है कि फलाँ आदमी के पास धन है कि नहीं या समय है कि नहीं या उसका मूड ठीक है कि नहीं? आज की तारीख में कोई इतनी चिंता किसी की नहीं करता है। उसे बीस हज़ार का मोबाइल चाहिए तो चाहिए। सामने वाला मरे या जिए या चोरी करे या डकैती करे, उसे बस मोबाइल से मतलब है। जब केवल मोबाइल से मतलब है तो फिर ऐसे में कोई किसी की परवाह क्यों करे? संवेदनशीलता तो उनके बीच रहेगी नहीं। जीवन लेन-देन पर टिका है। पत्नी यदि पति की परवाह करती है, उस पर दया करती है, उसके दर्द को समझती है, पति से प्यार करती है, उसकी ज़रूरतों का ध्यान रखती है, उसकी पसंद-नापसंद की चिंता करती है और उसके प्रति संवेदनशील है तो फिर पति उसके साथ दुर्व्यवहार कैसे कर सकता है?

विशेषज्ञों का कहना है कि जब पत्नी और पति में से कोई भी एक स्वार्थी, मतलबी और निष्ठुर होता है तो ऐसे में विवाह की नींव कमज़ोर पड़ जाती है। इतनी कमज़ोर पड़ जाती है कि आप चाहकर भी विवाह को बचा नहीं पाते हैं। आज रोज़ विवाह होता है और तलाक भी रोज़ होता है और दिन-प्रतिदिन बढ़ रहे तलाक के मामले बता रहे हैं कि लोगों में कितना असंतोष है। असंतुष्ट लोग ही संबंध-विच्छेद की वकालत करते हैं।

विवाह को तलाक की वेदी पर चढ़ाने की बजाए, आपस में प्रेम, विश्वास, समर्पण, त्याग आदि अच्छे भाव उत्पन्न कर आसानी के साथ बचाया जा सकता है। किसी भी चीज़ को या किसी भी संबंध को तोड़ना तो आसान है लेकिन उसको निभाना बहुत ही कठिन है। असहयोगात्मक रवैया आज के स्त्री और पुरुष एक-दूसरे के प्रति किसी-न-किसी रूप में अपनाते हैं तो फिर संवेदनहीनता धीरे-धीरे स्वतः ही संबंधों में लता की तरह पसरती चली जाती है और जब संवेदनहीनता अपनी जगह बना लेती है तो पति और पत्नी

एक–दूसरे के प्रति निर्दयी, क्रूर और बर्बर बन जाते हैं। मैं तो रोज़ ही ऐसे दो–तीन समाचार पढ़ता हूँ कि पत्नी ने पति को जहर देकर मार दिया, पति ने बच्चों सहित पत्नी की हत्या कर दी, पत्नी ने नशे से धुत्त पति को छत से धक्का दे दिया, पत्नी ने अपने प्रेमी से मिलकर पति की हत्या कर दी। आप भी ऐसे समाचार अवश्य ही पढ़ते होंगे। यह सोचने वाली बात है कि पति और पत्नी, जो अग्नि के फेरे लेकर एक–दूसरे के साथ जीने–मरने की कसमें खाते हैं, वे एक–दूसरे के प्रति इतने कठोर और संवेदनहीन कैसे बन जाते हैं कि कत्ल करना इतना सहज और आसान हो जाता है?

मनोचिकित्सकों का कहना है कि कोई किसी की हत्या तभी कर पाता है जब उसके प्रति वह बिलकुल संवेदनहीन तथा कठोर हो जाता है। यह समझने की ज़रूरत है कि दोनों पक्षों के समक्ष विवाह करने वाले स्त्री और पुरुष बीतते समय के साथ एक–दूसरे के कट्टर और जानी दुश्मन कैसे हो जाते हैं कि मरने और मारने पर उतारू हो जाते हैं? मेरा जहाँ तक मानना है कि ऐसे हालात एक दिन में नहीं बल्कि वर्षों बाद बनते हैं और मुख्य कारण स्वाभिमान को ठेस पहुँचाना ही है। मनोविज्ञान कहता है कि किसी व्यक्ति को आदर मिलता है, मान–सम्मान का ध्यान रखा जाता है और उसके स्वाभिमान को महत्त्व दिया जाता है तो वह कभी भी क्रूर, निष्ठुर, हैवान तथा जल्लाद किसी के भी प्रति बन नहीं पाता है।

यह सत्य है कि आज की पीढ़ी के पास नैतिक ज्ञान का अभाव है। इतना ज़्यादा अभाव है कि वे किसी के भी मान–सम्मान को ठेस पहुँचा देती है। एक महात्मा के पास एक युवक पहुँचा, वह बोला–'बाबा, क्या तुम्हारे पास कोई ऐसा फॉर्मूला नहीं है, जिससे मेरी प्रेमिका मेरी दीवानी हो जाए?' युवक की बात सुनकर महात्मा बोला–'किसी भी व्यक्ति को सबसे अधिक प्रभावित नैतिक ज्ञान करता है क्योंकि जो भी व्यक्ति नैतिक रूप से समृद्ध होते हैं वे सामने वालों के मान–सम्मान का पर्याप्त ध्यान रखते हैं। मैं एक महात्मा हूँ और 'तुम' लगाकर मुझसे बात आप कर रहे हैं। आपमें नैतिकता का अभाव है तभी तो आप ऐसा व्यवहार कर रहे हैं। आप अपनी प्रेमिका को अपमानित नहीं करेंगे, बराबरी का दर्जा देंगे और उसकी इज़्ज़त करेंगे तो आपकी प्रेमिका स्वाभाविक रूप से आपकी हो जाएगी।'

महात्मा को मालूम है कि मधुरता और व्यवहार कुशलता का दामन थाम कर व्यक्ति किसी को भी अपना बना सकता है। जो मधुर नहीं है, व्यवहार कुशल नहीं है, नैतिक ज्ञान से समृद्ध नहीं है और जिसको इनसानियत से लगाव नहीं है, भला वह दूसरों को अपनी तरफ कैसे खींच सकता है और लड़कियाँ तो उसी युवक को पसंद करती हैं, जो उनको समझते हैं और उनकी भावनाओं को समझने के साथ-साथ उनको बराबरी का दर्जा देते हैं। लड़का या लड़की में भेदभाव करने वाले युवक को लड़कियाँ जल्दी पसंद नहीं कर पाती हैं। मैं आपको यह बता दूँ कि आज के समय में भी लड़का और लड़की में अन्तर किया जाता है। यह ग़लत है। आप अपनी लड़की को, अपनी बहन को और अपनी पत्नी को बराबरी का दर्जा दें। उससे सलाह करें, उसकी सलाह को सुनें और उसके निर्णय को भी महत्त्व दें। यह कभी न कहें कि तुम स्त्री हो और तुम्हें ग़लत और सही का ज्ञान थोड़े ही है।

विवाह का आकर्षण समर्पण है, इसमें कोई शक बिलकुल ही नहीं है। आपके लिए उदाहरण प्रस्तुत है-

'मिठाई आपने खाई और कुल्ला नहीं किया? क्यों नहीं कुल्ला किया?' इतना बोलकर सुजाता ने जग से पानी निकाला और कहा-'लो पानी कुल्ला कर लो। इसके बाद सोओ।' इतना कहते हुए सुजाता विमल के पास में ही बैठ गई। विमल कुल्ला करने के बाद मुस्कराया, इसके बाद बोला-'रियल में यार, तुम एक समर्पित पत्नी हो। निःस्वार्थ भाव से मुझको चाहती हो और बदले में मैं तुम्हें कुछ भी तो नहीं दे पाता हूँ।'

*'तुम भी तो कोई कम नहीं हो। मुझसे बेहद प्यार करते हो और प्यार में इतना खो जाते हो कि मेरा तन-मन मुस्करा पड़ता है। तुम मेरी ज़रूरतों का भी इतना ध्यान रखते हो। मुझे इससे ज़्यादा और क्या चाहिए?' सुजाता को संतोष है। जब मन में किसी के प्रति समर्पण हो तो कोई शिकायत करने का सवाल ही नहीं पैदा होता है। सुजाता के लिए पति की चाहत ही सबसे बड़ी पूँजी है।*

विशेषज्ञों का भी मानना है कि प्यार में समर्पण भाव जब उत्पन्न हो जाता है तब जीवनसाथी से कोई भी लेन-देन की बात नहीं होती है। आज

के समय में समर्पण भाव का ही तो अभाव है और तलाक के अनेक मुख्य कारणों में से एक यह भी मुख्य कारण है। मन में जब समर्पण भाव उत्पन्न हो जाता है तो साथी के दु:ख-सुख का ही ध्यान आठों पहर होता है। सुजाता को केवल इसी बात की चिंता है कि मिठाई खाने के बाद विमल ने कुल्ला किया कि नहीं? ऐसे विचार जब साथी के प्रति पत्नी के मन में होते हैं तो पति उसका दीवाना हो जाता है। फिर पत्नी में कोई भी कमी नज़र नहीं आती है। पति हर पल यही सोचता रहता है कि वह ऐसा क्या करे कि पत्नी को कोई तकलीफ़ न हो। वह और भी ज़्यादा प्यार करे। अनुभवी लोगों का कहना है कि यदि मैरिड लाइफ़ में कोई चीज़ महत्त्व रखती है और एक-दूसरों को क़रीब लाने वाली होती है तो वह समर्पण ही है। समर्पण का महत्त्व तो मेरे विचार से हर कार्यक्षेत्र में है। जहाँ पर समर्पण नहीं है, वहाँ कुछ भी नहीं है। केवल शून्य है। आप कोई भी कार्य आसानी से पूरा कर सकते हैं यदि आपमें समर्पण की भावना है।

एक दार्शनिक से उसका दोस्त शादी के छः माह के बाद मिला। दार्शनिक अपने मित्र को देखकर बहुत ही ख़ुश हो गया। उसकी बड़ी आव-भगत की, फिर उसने उससे पूछा–'सब कुशल-मंगल तो है? शादी के बाद आज मिलने आए हो। शादी क्या हो गई अपने मित्र को ही भुला दिया। कहो, घर-गृहस्थी का हाल?'

*'सब ठीक ही है।' भारी मन से जब दोस्त ने कहा तो दार्शनिक ने उसके कंधे पर हाथ रखकर कहा–'क्या बात है? सब ठीक-ठाक है न?'*

'पत्नी की रुचि घर-गृहस्थी में बहुत ही कम है। मुझसे भी उसके संबंध कोई विशेष उम्दा नहीं हैं?'

*दार्शनिक ने कहा–'मेरी सलाह है कि तुम पत्नी के कार्यों में और पत्नी में रुचि लेना शुरू कर दो। पत्नी के प्रति समर्पण भावना मन में उत्पन्न करो।'*

इसको भी जान लें कि प्यार समर्पण के बिना खिलता नहीं है और फूलता-फलता भी नहीं है। समर्पण ही प्यार की ख़ुशबू है और इस सुगंध की वजह से ही पति-पत्नी के दिलों में सेक्स के भाव पैदा होते हैं। समर्पण भाव साथी के प्रति एकदिन में पैदा नहीं होता है। इसके लिए पूरी ज़िन्दगी भी कम

पड़ जाती है और यदि पत्नी कुशल होती है तो छोटी-छोटी बातों को महत्त्व देकर पति की अच्छी पत्नी बन जाती है। सुजाता ने कुल्ला करने के लिए पानी देकर यह महसूस करवा दिया कि वह विमल का बहुत ध्यान रखती है और उसे उसकी कितनी चिंता है। चिंता करना, परवाह करना, ज़रूरतें पूरी करना और सुविधा-असुविधा का ध्यान रखना क्या है, समर्पण ही तो है। बिना समर्पण भाव के साथी के लिए मन में ऐसे जज़्बात जन्म ले ही नहीं सकते।

सुजाता पूरी तरह से विमल के प्रति समर्पित है। इस समर्पण का सबसे बड़ा लाभ यह है कि पति भी पत्नी की परवाह करने लगता है। उसके दुखों में अपनी हिस्सेदारी निभाने लगता है। जब दोनों एक-दूसरे के दुखों से मतलब रखने लगते हैं तब सेक्स-जीवन बहुत ही सहज, आनंददायक और मन को शांति देने वाला हो जाता है। आज यही तो सबसे बड़ी समस्या है कि समर्पण भाव का अभाव है। न तो पति की सेवा निःस्वार्थ भाव से होती है और न ही पत्नी के प्यार में ऐसा कोई भाव होता है। दोनों ही अवसरवादी और मतलबी हो गए हैं। मतलब पूरा होते ही दोनों अपने-अपने तरीके से जीना शुरू कर देते हैं, जो अकसर ही तलाक का कारण बन जाता है।

पति और पत्नी के संबंध को प्रगाढ़ बनाने के लिए इस रिश्ते में पारदर्शिता का होना भी अति आवश्यक है। रिश्ते में जब पारदर्शिता होती है तो शीघ्र गाँठ नहीं पड़ती है। पारदर्शिता के साथ ही यह समझ भी होनी चाहिए कि हम दो जिस्म लेकिन एक जान हैं। जब तक एक-दूसरे के साथ मिक्स नहीं होंगे तब तक संबंधों में गर्माहट नहीं आ सकती। रिश्ते में गर्माहट, पारदर्शिता, साफ़गोई, ईमानदारी आदि भाव होते हैं तो एक-दूसरे के प्रति समर्पण भाव स्वतः ही जाग जाते हैं।

समर्पण का भाव जब मन में जाग उठता है तब साथी की हर अदा, हर बात, हर हरकत बेमानी नहीं लगती है और स्वाभाविक रूप से उसके प्रति प्यार मन-मस्तिष्क में हिलोरें मारता रहता है। आज प्यार नहीं, प्यार का दिखावा है। सेक्स नहीं, सेक्स का केवल अहसास मात्र है क्योंकि सेक्स या प्यार मन से नहीं तन से होता है। तुम मेरी ज़रूरत पूरी कर रहे हो तो मैं भी तुम्हारी ज़रूरत पूरी कर देती हूँ, ऐसी सोच बन गई है। ज़रूरतों की शर्त पर बिजनेस

तो हो सकता है, लेकिन संबंध नहीं बनाए जा सकते हैं। यदि इस तरह से संबंध बन भी गए तो कितने दिन तक बने रहेंगे कोई गारंटी नहीं। कभी भी टूट सकते हैं या तलाक तक पहुँच सकते हैं। सुखद यौन-जीवन के लिए बिना शर्तों वाला प्यार चाहिए, जिसमें केवल एक-दूसरे पर मर मिटने का जज़्बा हो। ऐसे दम्पति गिनती के ही हैं। अधिकतर दम्पति अवसरवादी हैं, मौका परस्त हैं तभी तो आर्थिक हालात ठीक होने के बावजूद वैवाहिक जीवन सुखद नहीं है। आजकल अधिकतर दम्पति ऐसे भी हैं, जिनका यौन-जीवन ठीक नहीं है। यह स्थिति इसलिए बनी हुई है क्योंकि आपस में विश्वास नहीं है, आस्था नहीं है, समझ नहीं है। ये चीज़ें न होने पर चाहकर भी आनंददायक हालात कभी बन नहीं पाते हैं। विवाह या दाम्पत्य का आकर्षण सच्चाई यह है कि समर्पण है और समर्पण का यहाँ पर एक भावार्थ है सेक्स। यदि सेक्स-जीवन में संतुलन नहीं है तो मन में एक-दूसरे के प्रति भूल से भी कभी समर्पण भाव जन्म ले नहीं पाते हैं।

समर्पण क्या है, यह समझना आवश्यक है। समर्पण का अर्थ साथी के लिए किन्हीं भी हालातों में जीना है। दुःख हो तब भी और सुख हो तब भी। आजकल पति और पत्नी दुखों के साथी कहाँ हैं? उन्हें तो बस शरीर चाहिए, भले ही साथी दैहिक या मानसिक रूप से कितना भी परेशान क्यों न हो। इसकी ख़बर रखने की फुर्सत किसी को भी नहीं है। पति और पत्नी अपने-अपने लिए जीने लगे हैं और इस प्रवृत्ति से सबसे अधिक नुकसान दाम्पत्य जीवन का ही हुआ है।

एक शोध के अनुसार व्यक्ति के प्यार करने की तकनीक में बदलाव आ गया है। इसकी अवधि बस शादी के साल-दो-साल तक ही है। प्यार से मन भरा या हटा नहीं कि पसंद-नापसंद की बात होने लगती है। पत्नी बूढ़ी कहकर त्याग दी जाती है और पति भी निष्ठुर, स्वार्थी कहकर अलग कर दिया जाता है। यह सब संबंधों में समर्पण के न होने के कारण होता है। यदि समर्पण के भाव मन में होते हैं तो जैसे-जैसे उम्र बढ़ती जाती है, शारीरिक संबंधों में भी आनंद की वृद्धि होती जाती है, प्यार प्रगाढ़ होता जाता है। छोटी-छोटी घटनाओं और हल्की-फुल्की बातों को भी महत्त्व दीजिए क्योंकि इससे आपस

का प्यार बढ़ता है और यौन-संबंध जब भी बनते हैं, उनमें दिखावा नहीं होता है बल्कि प्रगाढ़ता और घनिष्ठता होती है। सुजाता विमल के प्रति पूरी तरह से समर्पित है और विमल भी उसके प्यार में पागल है। प्यार में पागल बनकर ही यौन-जीवन को समझा जा सकता है। कहने को तो सभी दम्पति शारीरिक संबंध बनाते हैं, लेकिन क्या उनमें प्यार की असली चमक भी होती है? प्यार में चमक चाहिए तो समर्पण भाव मन में पैदा करें।

वैसे भी किसी भी चीज़ को पाने के लिए उसके प्रति समर्पित होना आवश्यक है। आप यह चाहें कि बिना किसी तालमेल और बिना किसी संघर्ष के आपको अपना लक्ष्य प्राप्त हो जाएगा, तो मुश्किल है क्योंकि संघर्ष, मेहनत लगन और प्रयास, ये चारों हर काम में दक्ष बनाते हैं। भगवान को ख़ुश करने के लिए, उनकी अनुकंपा प्राप्त करने के लिए भगवान की वैयक्तिक भावना से आराधना करना अति आवश्यक है। भक्त भगवान के प्रति स्वयं को पूरी तरह से समर्पित कर देता है और उसके समर्पण में आस्था, लगन और विश्वास होता है, तब कहीं जाकर भगवान की अनुकंपा बरसती है। यही भाव हर रिश्ते को प्रगाढ़ और मज़बूत बनाने के लिए व्यक्ति को उत्पन्न करना पड़ता है। जो लोग भावहीन और आस्थाहीन होते हैं, उनका रिश्ता किसी के भी साथ जल्दी नहीं बनता है।

विवाह में प्यार और रोमांस की बात तो सभी स्त्री और पुरुष करते हैं, लेकिन सेवा भाव की बात कोई नहीं करता है। जबकि सच्चाई यह है कि विवाह को मज़बूती प्रदान करने के लिए सेवा भाव से अच्छा और कामयाब और कोई भी उपाय नहीं है। सेवा भाव यदि आपमें नहीं है तो आप अपने साथ वालों की अनुकंपा और प्यार जल्दी प्राप्त नहीं कर सकते हैं। एक छोटा बच्चा आपके दफ़्तर से घर आने पर दरवाज़ा दौड़कर खोलता है, गिलास में पानी ले आता है और आपके हाथ से बैग लेकर सोफे पर रख देता है तो निश्चित रूप से उसके प्रति आपके मन में कुछ भी हो जाने पर भी श्रद्धा और आशीर्वाद होता ही होता है। यही तो संबंध को मज़बूती प्रदान करता है।

कहने का आशय है कि पत्नी कामकाजी हैं और आप भी कामकाजी हैं तो दोनों को ही एक-दूसरे के बारे में सोचना आवश्यक है। यदि पत्नी सुबह

जल्दी जाती है और रात को भी देर से घर आती है, और पुरुष सुबह दफ़्तर जल्दी नहीं जाता है और शाम को जल्दी ही घर वापस आ जाता है तो उसे किचन के काम तो कर ही लेना चाहिए। पत्नी के आने का इंतज़ार नहीं करना चाहिए। अकसर कामकाजी दम्पतियों में झगड़े घरेलू कार्यों को लेकर होते हैं। झगड़े ही तो मतभेद पैदा कर अलगाव की स्थिति उत्पन्न करते हैं।

पत्नी कामकाजी नहीं है तो उसको सारे घरेलू कार्यों की ज़िम्मेदारी अपने हाथ में ले लेनी चाहिए ताकि व्यस्त पति को ज़िम्मेदारियों का सामना न करना पड़े। यह नोट कर लें, वजन के ऊपर वजन रखने पर क्रोध और तनाव की ही उत्पत्ति होती है। इसके अतिरिक्त दूसरी कोई भी चीज़ उत्पन्न नहीं होती है। मेरी सलाह इस मामले में है कि पति और पत्नी दोनों ही मिल-जुलकर काम करें। हर काम हर किसी के लिए होता है। यह काम औरत के लिए है और यह काम पुरुष के लिए है, ऐसा सोचना ग़लत है।

❑

# 5. मैरिड लाइफ़ ( क्षमा करना )

ग़लती करके क्षमा माँगना और क्षमा करना दोनों ही सुखद जीवन के लिए ज़रूरी है और सुख, आनंद तथा खुशहाली में वृद्धि इन दोनों ही गुणों से होती है। आप ग़लतियाँ करने के बाद उसको स्वीकार नहीं करते हैं और क्षमा भी नहीं माँगते हैं तो फिर आपके वैवाहिक जीवन में सुख, समृद्धि और खुशहाली कभी भी बहाल नहीं हो सकेगी।

बहुत से लोग क्षमा माँगने पर मुँह फेर कर आगे बढ़ जाते हैं। क्षमा माँगने वाले को क्षमा न करना और ग़लती मानने वाले को धन्यवाद न देना, व्यक्ति को ग़लती करने के लिए बढ़ावा देना है। ग़लती सबसे ही होती है। ग़लती करने वालों को सहज ही रूप से हलके-फुल्के माहौल में क्षमा कर दिया जाता है तो फिर क्षमा करने वाला ग़लती करने वालों की नज़र में महान व्यक्ति बन जाता है। आपने अनेक लोगों को यह कहते हुए सुना होगा कि उसका हृदय बड़ा ही उदार है, ग़लतियों के लिए क्षमा माँगने पर सहज ही भाव से क्षमा कर देता है और ऐसे लोगों का भी अभाव नहीं है, जो ग़लती करते हैं तो अगले ही पल क्षमा भी माँग लेते हैं।

अधिकतर अनुभवी और सुविख्यात विवाह सलाहकारों का कहना है कि आधुनिक दौर में तलाकशुदा स्त्री और पुरुषों की संख्या दिन-प्रतिदिन इसलिए बढ़ रही है क्योंकि पति और पत्नी में से कोई भी स्वयं को झुकाने के लिए तैयार नहीं है। दोनों ही ख़ुद को उन्नीस नहीं, बल्कि बीस मानते हैं। जब दोनों ही बीस होंगे तो फिर टकराव होगा ही और टकराव के बाद अलगाव भी

होगा। यह बहुत ज़रूरी है कि विवाह को सफल बनाने के लिए ग़लत होने पर माफ़ी माँगी जाए और माफ़ी माँगने पर माफ़ कर दिया जाए। अपनी बात को समझाने के लिए एक उदाहरण प्रस्तुत है–

सविता की उम्र विवाह की हो गई थी। उसके पापा उसके लिए कई जगह लड़का देख चुके थे, लेकिन बात कहीं बन नहीं पा रही थी। उन्हीं दिनों उसके पापा राघव ने उसकी मम्मी अमृता को बताया कि मेरे एक मित्र अपने बेटे से हमारी बेटी सविता का रिश्ता करना चाहते हैं। लड़का किसी सरकारी महकमे में अच्छी पोस्ट पर है। अमृता बोली–'लड़के को तो तुमने देखा ही होगा। उसकी चाल-चलन का भी तुम्हें पता होगा। हाँ, क्यों नहीं कह देते।'

'हाँ, कह दिया है। एक-दो दिन में वे लोग हमारी बेटी को देखने आने वाले हैं।' राघव इतना कहकर मुस्करा पड़े और सविता शरमाकर कमरे में चली गई।

दो दिन के बाद वे लोग सविता को देखने के लिए आ गए। चाय-नाश्ता करने के बाद लड़के के साथ उसे ड्रॉइंग रूम में छोड़ दिया गया। लड़का सविता के सामने बैठा था। सविता ने संकोच करते हुए कहा–'आप तो लड़कियों की तरह लजा रहे हैं।'

लड़का उसके इतना कहते ही पसीने से नहा गया और बड़ी मुश्किल से बोला–'मुझे शादी से बहुत डर लगता है।'

'क्यों डर लगता है? क्या आप शादी करना नहीं चाहते?' सविता के यह पूछने पर लड़का बोला–'डरता हूँ कि कहीं मुझे समझने वाली पत्नी नहीं मिली तो जीवन कितना नीरस बन जाएगा।'

'विश्वास कीजिए, मैं बहुत ही संवेदनशील और सहृदय लड़की हूँ। आपको मुझसे कोई शिकायत नहीं होगी।' सविता ने कहा।

लड़का बोला–'देखने से तो तुम बहुत ही अच्छी लड़की लग रही हो। मुझे सुन्दर नहीं, स्वभाव की अच्छी लड़की पसंद है।'

'स्वभाव का पता एक-दो मिनट या एक-दो दिन की मुलाकात से नहीं चलता है। इसके लिए तो साथ-साथ रहना पड़ता है। शादी इसके लिए बेहतर

उपाय है।' सविता के इतना कहने पर लड़का मुस्करा पड़ा–'किसी को जानने-समझने के लिए एक-दो मिनट ही काफ़ी होता है। तुम एक अच्छी लड़की हो। तुमसे मिलकर मुझे लगने लगा है कि आगे की ज़िन्दगी आसान और हसीन हो जाएगी।' लड़का यह बोलते-बोलते सामान्य हो गया। वह अब काफ़ी ख़ुश था यह सोचकर कि लड़की स्वभाव की अच्छी है और उसका मन बहुत ही सुन्दर है। सविता भी उसके साथ स्वयं को अच्छा महसूस कर रही थी। विवाह के पहले जो मुलाकात होती है, वह लड़का और लड़की को जानने-समझने के लिए ही होती है।

सविता लड़के के साथ ड्रॉइंग रूम से हँसते हुए बाहर आई तो लड़के की मम्मी ने कहा–'बेटा, बहू को अंगूठी पहना दो। तुम्हें तो लड़की पसंद आ गई है न?'

'हाँ मम्मा, लड़की इतनी अच्छी और इतनी कूल है कि पहली मुलाकात में ही दोस्ती हो गई।' लड़के ने कहा। सगाई की रस्म उसी दिन पूरी हो गई। लेन-देन भी जो होना था, वह भी हो गया।

पाँच महीने के भीतर ही शादी भी हो गई। सविता आख़िर नीतेन की दुल्हन बन ही गई। नीतेन अभी भी सविता को देखकर अचानक ही डर जाते और अजीब-सी हरकतें करने लगते। सविता ने इस संबंध में सास से बात की–'नीतेन मुझे देखकर अपसेट क्यों हो जाते हैं, माँ जी? क्या ये बचपन से ऐसे ही हैं?'

'नहीं बहू, नीतेन की यह हालत दो-चार सालों से ही है। मैंने कारण जानने की बहुत कोशिश की लेकिन उसने कभी कुछ बताया ही नहीं। तुम उसके साथ रहती हो। उसके मन को टटोल सकती हो। ज़रा उसके मन में झाँककर देखो न, शायद कोई सुराग मिल जाए।' सास यह कहते-कहते काफ़ी परेशान हो गई, फिर आगे बोली–'बहू, तुम उसकी पत्नी हो। नीतेन को तुम्हारी मदद और प्यार की ज़रूरत है। तुम्हारे प्यार की गरमी से शायद उसके मन की गाँठ खुल जाए और वह मन की बात बता दे।

'माँ जी, नीतेन अपने दिल तक मुझको पहुँचने ही नहीं दे रहे हैं।' सविता इतना कहकर बेडरूम में चली गई। उसको अब बिलकुल ही चैन नहीं था।

न जाने नीतेन किस दर्द के साथ जी रहे थे कि उस दर्द को सविता के साथ भी शेयर नहीं करना चाहते थे।

नीतेन रात के आठ बजे घर आए तो सविता ने उनके हाथ से बैग लेते हुए कहा—'आज का दिन कैसा रहा? खाना लगाऊँ?'

'खा लूँगा, जल्दी क्या है।' नीतेन ने बड़े ही टूटे मन से कहा।

सविता बोली—'तो आप संवेदनशील और सहृदय पत्नी इसीलिए चाहते थे कि वह आपकी निराशा, हताशा और उदासी को बरदाश्त करती रहे? आप हनीमून पर गए तब भी आपमें कोई उत्साह, उमंग, जोश, ख़ुशी मैंने नहीं देखी। सुहाग सेज पर भी डरे-सहमे मिले। आपके साथ तो मुझे लगा ही नहीं कि मैं एक दुल्हन हूँ या आप एक दूल्हा हैं। हम एक प्रौढ़ दम्पति इस उम्र में ही बनकर रह गए हैं। बताइए न, आपको क्या परेशानी है? आपको क्या गम है? आप क्यों खींचे-खींचे से रहते हैं?'

*नीतेन धम्म से सोफे पर बैठते हुए बोले—'अपना दर्द मैं तुम्हारे साथ शेयर नहीं कर पा रहा यह सोचकर कि कहीं तुम मुझे छोड़कर चली न जाओ।' यह बोलते-बोलते नीतेन की आँखें भर आईं। उसकी धड़कन बढ़ गई। सविता बोली—'मैं एक खुशहाल मैरिड लाइफ़ जीना चाहती हूँ। इसमें कोई रुकावट, कोई हताशा, कोई निराशा और कोई दूरी नहीं चाहती। मैं आपकी पत्नी हूँ और पत्नी का मतलब होता है पति का आधा अंग। आपकी ग़लती, भूल, कमी, इन सबमें ही मेरी भी बराबर की हिस्सेदारी है।'*

नीतेन थमती आवाज़ में बोले—'विवाह से पहले की मेरी ग़लतियों की भी तुम हिस्सेदार हो?' नीतेन ने जानना चाहा।

'विवाह से पहले आपने ऐसी क्या ग़लती की थी, जिसका काला साया आपका पीछा कर रहा है? मैं शादी से पहले की और विवाह के बाद की, आपकी दोनों ही ग़लतियों को माफ़ करने के लिए तैयार हूँ। लेकिन आप बताइए तो सही।' सविता ने विश्वास दिलाया कि वह उसका पूरा साथ देगी।

नीतेन सिर झुकाकर कहने लगा—'मैं एक लड़की से प्यार करता था। वह मुझसे ख़ूब प्रेम करती थी। प्यार की धुन में हम दोनों इतना बह गए कि जाने कब हम होश खो बैठे और हमसे वह ग़लती हो गई, जो नहीं होनी चाहिए

थी। वह गर्भवती है, यह बात मुझसे उसने बताई नहीं और बच्चा जनने के बाद उसने आत्महत्या कर ली। वह अपराधबोध मेरा पीछा कर रहा है। मैं आत्मग्लानि के कारण सामान्य जीवन जी नहीं पा रहा हूँ।'

सविता के चेहरे पर इस बात को लेकर थोड़ी शिकन तो आई, लेकिन अगले पल ही वह सँभल भी गई। वह बोली–'आप क्या नहीं चाहते हैं कि हमारी रातों की नींद वापस आ जाए, हमारी शादी में खुशियाँ फिर से लौट आएँ?' सविता यह बोलते-बोलते उनके बहुत क़रीब आ गई। नीतेन शरमसार होते हुए बोले–'वह बच्चा एक अनाथालय में पल रहा है।'

'अनाथालय में क्यों पल रहा है?' सविता का स्वर बोलते-बोलते ऊँचा हो गया–'वह बच्चा आपका नहीं, बल्कि हमारा है। मुझे उस बच्चे के पास ले चलें। मैं उसे अपनाना चाहती हूँ। आपने जो ग़लती की है, अब मैं भी उसमें शामिल हूँ। बच्चे को हम अपना नाम दें यही हमारा प्रायश्चित है।'

नीतेन तो यही चाहता था, लेकिन डर और संकोच के कारण अन्दर-ही-अन्दर घुट रहे थे। नीतेन सविता के गले से लगकर प्यार करने लगा। उसकी समझ में नहीं आ रहा था कि वह सविता की महानता और उदारता का वर्णन किन शब्दों में करे। सविता ने पलक झपकते ही उसकी सालों की पीड़ा को नष्ट कर दिया था। इतना प्यार तो नीतेन ने अभी तक सविता को किया ही नहीं था।

बच्चे को अगले दिन जाकर वे दोनों ले आए। नीतेन बिलकुल बदल गए। इसी डर ने उन्हें उससे दूर रखा हुआ था कि पत्नी ने बच्चे को स्वीकार नहीं किया तो बच्चे का क्या होगा? उस दिन उन दोनों को ही रातभर नींद नहीं आई क्योंकि उनके विवाह में आज खुशियाँ-ही-खुशियाँ भर गई थीं। नीतेन का डर समाप्त हो गया था और उस मासूम को उन दोनों के नाम मिल गए थे।

सविता ने जो सही समझा, उसे किया। आपको यदि सविता का फैसला पसंद आया हो, तो ऐसे में आप भी यही निर्णय लें क्योंकि यह निर्णय बिलकुल ही सकारात्मक है। ग़लती तो सबसे ही होती है। ऐसा कौन-सा व्यक्ति है, जिससे ग़लती न हुई हो? मेरी नज़र में तो कोई भी ऐसा व्यक्ति नहीं है। सविता ने नीतेन को न केवल क्षमा किया बल्कि उस बच्चे को अनाथालय से घर लाकर नीतेन के दर्द को भी दूर कर दिया और उस बच्चे को अपनी संतान के रूप में स्वीकार कर, नीतेन की अतिप्रिय पत्नी भी बन गई।

नफ़रत करने में ज़िन्दगी नहीं है, बल्कि इसमें तो केवल नफ़रत ही है, जो व्यक्ति को अँधेरे की ओर ही ले जाता है। क्षमा करके एक छोटा आदमी भी बहुत बड़ा और महान बन जाता है। यदि सविता की सोच नकारात्मक होती और वह यह जानकर कि नीतेन का विवाह के पहले से ही किसी लड़की से अवैध संबंध था और उसने आत्महत्या कर ली थी और उसका बच्चा अनाथालय में है, तो वह निश्चित रूप से नीतेन से संबंध-विच्छेद कर लेती। फिर उसका जीवन एक तलाकशुदा स्त्री के रूप में अत्यंत ही कठिन हो जाता। आज भी भारतीय समाज में एक विधवा तलाकशुदा महिला का जीवन अत्यंत ही दर्द से भरा हुआ है। सविता की सोच सकारात्मक थी, जिससे उसने नकारात्मक सोचा ही नहीं। उसने विध्वंस के बारे में नहीं बल्कि निर्माण के बारे में निर्णय लिया। उसने बच्चे को अपना लिया, उसकी यशोदा माँ बन गई और नीतेन को तनाव मुक्त कर उनके दिल की मल्लिका बन गई। जिसको जीने आता है, जो व्यवहार कुशल होता है और जो दूसरों के हित में निर्णय लेता है, उसका जीवन निश्चित रूप से सुखी और समृद्ध होता है।

एक महात्मा भागवत की कथा सुना रहे थे। हज़ारों की भीड़ थी, जिसमें स्त्री, पुरुष, बच्चे, युवा, बूढ़े आदि शामिल थे। चारों तरफ रौनक-ही-रौनक थी क्योंकि भागवत की पवित्र कथा जो हो रही थी। जब कथा समाप्त हो गई और वह महात्मा विश्राम स्थान पर पहुँचे, तो एक 25-26 वर्षीया युवा स्त्री उनके पास हाथ जोड़कर खड़ी हो गई। महात्मा ने कहा–'बेटी, यह मेरा आराम का समय है। जो भी कुछ कहना है, जल्दी कहो।'

*वह युवती बोली–'स्वामी जी, मेरी शादी को दो साल होने वाले हैं। मैं लगभग चार माह से पति से अलग मायके में रह रही हूँ। मेरा जीवन बड़ा ही नीरस और तनावयुक्त हो गया है।' वह महात्मा बोले–'मैं तो जन्म से ही ब्रह्मचारी हूँ। एक गृहस्थी थोड़े ही हूँ कि तुम्हारी समस्या का सही हल बता सकता हूँ।'*

वह युवती बोली–'मैंने साइकोलॉजिस्ट से भी सलाह ले ली है और विवाह सलाहकार से भी बात कर ली है। कोई भी मेरी समस्या को सुलझा न सका।

मैंने आपका बहुत नाम सुना है, आप उन मामलों को भी सुलझा देते हैं, जो सुलझने वाले नहीं होते हैं।'

उस महात्मा ने कहा–'पूछो, क्या पूछना है?'

'हे भगवन्, मैं अपने पति से चार माह से अलग हूँ।' युवती के इतना कहते ही वह महात्मा बोला–'पति से उसकी अनुमति के बिना अलग रहना ग़लत है। पति से अलग क्यों रह रही हो?'

युवती ने स्पष्ट शब्दों में कहा–'वह मुझसे प्यार नहीं करता है। कभी भी 'आई लव यू' नहीं करता है। जब वह मुझसे प्यार ही नहीं करता है या मेरी इज़्ज़त ही नहीं करता है तो फिर मैं उसके साथ क्यों रहूँ?'

महात्मा ने कहा–'तुमको कैसे पता कि तुम्हारा पति तुमको प्यार नहीं करता है? देखो, 'आई लव यू' कहने से यह साबित नहीं हो जाता है कि कोई तुमसे प्यार करता है। प्यार को व्यक्त करने के कई तरीके होते हैं। तुम्हारा पति तुम्हारे दर्द को महसूस करता है और दर्द को दूर करने का उपाय ढूँढ़ता है, बीमार होने पर तुरंत ही डॉक्टर को दिखाता है, बुखार होने पर माथे पर ठंडी पट्टी रखता है, दवा लिया या नहीं, इसकी पूछताछ करता रहता है और खाना खाने से पहले पूछता है कि तुमने खाना खाया या नहीं तो यह प्यार ही तो है। 'आई लव यू' बोलकर पति तुम्हारी कोई परवाह ही न करे तो भला इसका क्या लाभ? बेटी! अब तुम बताओ, तुम्हारा पति तुमसे प्यार करता है या नहीं?' महात्मा ने जिस तरह से समझाया वह युवती बिलकुल संतुष्ट हो गई, तृप्त हो गई और शांत हो गई। वह अगले पल ही महात्मा के पाँव पर गिर पड़ी।

महात्मा ने कहा–'बेटी! तुम्हारा पति तुम्हारे दर्द को महसूस करता है, तुम्हारी सेहत का ध्यान रखता है, तुम्हारी ज़रूरतों को पूरा करता है और तुमको हमेशा ख़ुश रखने का प्रयत्न करता है, तो यही तो प्यार है।' महात्मा के इतना कहते ही वह युवती बोल पड़ी–'स्वामी जी, मैं धन्य हो गई। आपसे मैं नहीं मिलती तो शायद मैं न तो प्यार को समझ पाती और न ही अपने विवाह को बचा पाती। मैं अब जा रही हूँ अपने उस पति के पास, जो अनेक रूपों में मुझसे अटूट प्रेम करता है और मेरी सलामती के लिए दिन-रात ईश्वर से प्रार्थना करता है।' वह युवती इतना कहते-कहते मुस्करा पड़ी और आश्रम से तेज़-तेज़

क़दमों से बाहर निकल गई। वह शीघ्र-से-शीघ्र घर पहुँचकर पति से क्षमा माँगना चाहती थी ताकि उसको अपराध के काले साए से यथाशीघ्र मुक्ति मिल सके। वह युवती सड़क पर आई और बस का इंतज़ार न कर ई-रिक्शा पकड़कर शीघ्र ही घर आ गई लेकिन पति से मुलाकात नहीं हो सकी। वह दफ़्तर के लिए निकल गया था। सास ने पूछा–'कहाँ गई थी बहू? मयंक तुझे ढूँढ़ रहा था। तू नहीं मिली तो मुझे यह पर्स दे गया।'

*'माँ जी, इस पर्स में क्या है?' युवती ने सवाल कर दिया।*

'इस पर्स में कुल दो हज़ार रुपए हैं। मयंक कह रहा था कि परसों 'करवाचौथ' का व्रत है। मम्मी, राधा की पसंद की साड़ी ख़रीद लाना। मैं तो अब करवाचौथ के दिन ही शाम के वक़्त आऊँगा। मैं ऑफ़िस के ज़रूरी काम से शहर से बाहर जा रहा हूँ।' सास ने इतना कहकर पर्स राधा की तरफ बढ़ाया तो राधा ने लेने से मना करते हुए कहा–'माँ जी, आप ही अपने पास रखें। अपनी पसंद की साड़ी आप ही लेती आना।' राधा के इतना कहने पर सास ने सवाल किया–'मैं साड़ी ला तो दूँगी, लेकिन रंग तो बता दे।'

'गुलाबी कलर मयंक को और मुझको भी पसंद है। आप गुलाबी साड़ी ही ख़रीद कर लाइएगा।' राधा यह कहते-कहते चुप हो गयी।

राधा मयंक से मिलकर माफ़ी न माँग सकी, यह दर्द उसको अन्दर-ही-अन्दर मथे जा रहा था। उसका दर्द क्षण-प्रतिक्षण बढ़ता ही जा रहा था। जब कोई भी व्यक्ति अपनी ग़लती या भूल को अच्छी तरह से महसूस कर लेता है तब वह यही चाहता है कि कैसे उससे संबंधित व्यक्ति से यथाशीघ्र मिलकर क्षमा माँग ले। क्षमा माँग लेने से मन में उपजा अपराधबोध समाप्त हो जाता है। अपराधबोध की पीड़ा गीली लकड़ी की तरह पल-पल सुलगती रहती है और व्यक्ति को बेचैन किए रहती है। राधा की भी स्थिति कुछ ऐसी ही थी। वह मन-ही-मन बहुत ही लज्जित और दुखी भी थी।

उसकी सास ने जब राधा को ध्यान से देखा तो वह चलकर उसके पास आ गई और अपनी अनुभवी और पैनी निगाहों से अपलक उसका चेहरा निहारने लगी। राधा ने टोक दिया-'माँ जी, आप मुझको इस तरह से क्यों देख रही हैं?'

'बड़ी देर से देख रही हूँ कि तू बहुत ही ज़्यादा अंदर से और बाहर से भी बेचैन और बेताब है। क्या बात है? बहू, तू अपनी समस्या मेरे साथ शेयर करेगी तो तुझे निश्चित रूप से मेरे अनुभवों का लाभ मिलेगा।' सास इतना कहकर जाने लगीं तो राधा ने उनका हाथ थाम लिया, फिर वह कहने लगी–'माँ जी, मेरा जबसे विवाह हुआ है मैं यही समझती रही और मयंक के साथ दुर्व्यवहार भी करती रही कि वह मुझसे प्रेम नहीं करते हैं, लेकिन अब धीरे-धीरे मैं जान गई हूँ कि प्यार जताने के लिए मुँह से 'आई लव यू' बोलना आवश्यक नहीं है। पति, पत्नी की ज़रूरतों का, उसकी सेहत का, उसके खान-पान का और उसकी सुविधा-असुविधा का पर्याप्त ध्यान रखता है तो यह भी तो पत्नी के प्रति उसका प्यार और लगाव ही है। माँ जी, मैं जब तक मयंक से मिलकर उनसे माफ़ी नहीं माँग लूँगी तब तक मुझको चैन नहीं मिलेगा।' राधा के इतना कहने पर सास मंद-मंद मुस्करा पड़ी, फिर मन-ही-मन बुदबुदा पड़ी–'चलो बहू, ने यह समझ तो लिया कि 'आई लव यू' कहने से कहीं बेहतर किसी की परवाह करना, उसके स्वाभिमान की रक्षा करना, उसकी सेहत का ध्यान रखना, उसकी इच्छाओं का ध्यान रखना और उसकी ज़रूरतों को पूरा करना है, और सच्चे अर्थों में यही प्यार है।' सास अभी और सोचती, तभी राधा ने टोक दिया–'माँ जी, आप किन ख़्यालों में डूब गईं?'

'कुछ नहीं बहू, मैं तो यही सोचकर आज प्रसन्न हूँ कि तूने मयंक के अन्तर्मन में उपजे प्यार को कम-से-कम पढ़ तो लिया। अब तुम दोनों की मैरिड लाइफ़ सँवर जाएगी और आपस में मतभेद और मनभेद नहीं होंगे। इनसे ही तो विवाह की मिठास ख़त्म होकर कड़वाहट का जन्म हो जाता है। यह वास्तव में बहुत ख़ुशी की बात है।' सास इतना कहकर दूसरे किसी काम में लग गई।

राधा को अभी भी मयंक का इंतज़ार था। वह उससे माफ़ी माँगकर उसकी नज़र में अच्छी बनना जो चाहती थी। पति ऑफ़िस का काम पूरा करने के बाद वापस घर आया तो राधा ने लपक कर उसका ब्रीफकेश अपने हाथ में ले लिया। फिर पानी का गिलास लेकर आ गई। मयंक ने जब पानी पी लिया तब वह चाय लेकर आ गई। चाय पीने के बाद नाश्ता आ गया।

मयंक को बड़ा ही आश्चर्य हुआ कि राधा में अचानक इतना बड़ा परिवर्तन कैसे हो गया? यह तो बहुत ही शुभ संकेत है। इतना सोचते ही मयंक बोल पड़ा–'राधा, आज तुम बड़ा ही प्यार जता रही हो। ऐसा प्यार तुम रोज़ ही करोगी तो मैं अपना हज़ारों जन्म तुम पर न्योछावर कर दूँगा। राधा, यही तो प्यार व्यक्त करने का सबसे सर्वोत्तम तरीका है। 'आई लव यू' कहने से मन में प्यार नहीं पैदा होता है लेकिन सेवा करने से, ज़रूरतें पूरी करने से और देखभाल करने से मन में स्वाभाविक रूप से प्यार उपजता है, जो हृदय के गहराइयों तक पहुँच जाता है।' इतना कहते-कहते मयंक हँसने लगा।

राधा की आँखें भीग आईं। राधा बोली–'मुझको माफ़ कर दो। मैंने कभी तुम्हारे प्यार को देखा ही नहीं, महसूस किया भी नहीं। मैंने अब समझ लिया कि प्यार सिर्फ़ बोलने से नहीं बल्कि करने से बढ़ता है। मयंक, तुमने मुझको माफ़ कर दिया न?'

'हाँ, माफ़ कर दिया।' मयंक ने कहा। माफ़ करने से, ग़लती स्वीकार करने से और ज़रूरतें पूरी करने से विवाह को मज़बूती मिलती है और तलाक की नौबत नहीं आती है।

❑

# 6. मैरिड लाइफ़ ( बेडरूम )

मैरिड लाइफ़ में बेडरूम का अत्यंत ही महत्त्व है और यह वैवाहिक जीवन के लिए अत्यंत ही आवश्यक है। इसके बिना पति और पत्नी वैवाहिक जीवन की शुरुआत कर ही नहीं सकते हैं। रहने का घर न हो तो फिर वैवाहिक जीवन का आनंद ही ठंडा पड़ जाता है।

रवीना एक अत्यंत ही अमीर परिवार की लड़की थी। काफ़ी पढ़ी-लिखी थी। वह एक लड़के से प्यार करती थी। लड़का उसकी तरह ही सुन्दर, स्मार्ट और काफ़ी होनहार था। रवीना के पिता जब रवीना के लिए लड़का ढूँढ़ने लगे तब रवीना ने संकोच करते हुए कहा–'पापा, मैं एक लड़के से प्यार करती हूँ। मैं उसी से शादी करूँगी।'

पिता ने कहा–'बेटी, तुम्हें क्या उस लड़के के बारे में कोई ज्ञान है? उसकी पारिवारिक स्थिति कैसी है और उसके मम्मी-पापा क्या करते हैं, क्या तुम्हें मालूम है?' पापा के इतना कहते ही रवीना गुस्सा हो गई और ऊँची आवाज़ में कहने लगी–'पापा, मुझको लड़के से शादी करनी है। उसके मम्मी-पापा क्या करते हैं, उसकी पारिवारिक स्थिति कैसी है, इन सबका मुझे क्या करना है। मुझको तो केवल नवीन से मतलब है। वह मेरे साथ पढ़ता है, स्मार्ट है, सुन्दर है, बस इतना ही काफ़ी है। पापा! इस मामले को उलझाने की कोशिश न करो, नहीं तो मैं भागकर विवाह कर लूँगी।' रवीना इतना कहते-कहते गुस्से से लाल-पीली हो गई।

रवीना की माँ बग़ल में ही खड़ी थीं। वह बीच में ही बोल पड़ीं–'बेटी, शादी लड़की की पूरे परिवार से होती है। लड़की के जीवन में परिवार के हर

व्यक्ति का महत्त्व होता है और पारिवारिक स्थिति का भी प्रभाव लड़की पर होता है।' रवीना की माँ इतना कहकर चुप हो गई तो रवीना माँ को घूरते हुए बोली–'मम्मी, हमारे प्यार के रास्ते में रोड़े मत अटकाओ। मुझे केवल नवीन से मतलब है और वह बिलकुल ही परफेक्ट है।'

पिता तो पिता ही होता है। उसकी यह दिली तमन्ना होती है कि लड़की को घर-वर दोनों ही इतने अच्छे और समृद्ध मिलें कि उसके जीवन में कभी ग़रीबी की छाया तक भी न आ सके लेकिन पिता की इस भावना को बच्चे कहाँ समझते हैं। उन्हें तो ऐसी स्थिति में पिता के हर शब्द कँटीले तार की तरह चुभते हुए लगते हैं। पिता ने अंतिम बार समझाने की इच्छा से कहा–'रवीना, तुमको कैसे पता कि नवीन एक परफेक्ट लड़का है? क्या तुमने पता किया है कि उसके माता-पिता किराये के मकान में रहते हैं या उनका अपना मकान है? बेटी! आज की जो स्थिति है, आज जो महँगाई है और आज जो मतलबी लोग हैं, इन सबको देखते हुए यह ज़रूरी हो जाता है कि विवाह करने में जल्दबाजी न की जाए। लड़के के पास अपना मकान न होगा तो फिर जीवन बहुत ही कठिन हो जाएगा क्योंकि वैवाहिक जीवन में एक घर की बहुत बड़ी भूमिका होती है। विवाह की सफलता के लिए यह ज़रूरी है।' उसके पापा इतना कहकर चुप हो गए।

प्यार का भूत समझाने से भला उतरता है कि उतरेगा। रवीना के सिर पर तो नवीन के प्यार का नशा छाया हुआ था। नवीन और रवीना ने सबको अंगूठा दिखाते हुए कोर्ट मैरिज कर ली। मम्मी और पापा को भी अपनी इस शादी में शामिल नहीं किया। मैं आपको एक अति महत्त्वपूर्ण बात बता दूँ कि हर माता-पिता की यह हार्दिक इच्छा होती है कि अपनी संतान की शादी वे अपनी पसंद और इच्छा से करें- नाचें, गुनगुनाएँ और सबके साथ विवाह की खुशियाँ बाँटें। रवीना के मम्मी-पापा की इच्छा, इच्छा ही बनकर रह गई। उसके पापा यह सोचकर चुप हो गए कि जो दूसरों के अनुभवों से सीख लेना नहीं चाहता, उसको ठोकर लगने पर स्वयं के अनुभवों से सीख अवश्य ही मिलती है।

रवीना की माँ ने जब कहा कि क्यों न उन दोनों को शूट-मर्डर करवा दें। न रहेगा बाँस न बजेगी बाँसुरी तो रवीना के पापा ने उसको समझाया–'यह

ग़लत है। हमें क़ानून को हाथ में लेने का कोई अधिकार नहीं है। वे सयाने हैं। उनको अपने तरीके से जीने का पूरा हक़ है। हम अभिभावक होने के नाते केवल उन्हें समझा सकते हैं। हमने ख़ूब समझाया। जब बच्चे स्वयं को समझदार समझने लगें तो माता-पिता को चुप हो जाना चाहिए। समय हर समस्या का हल होता है।' रवीना के पापा ने किसी भी तरह से रवीना की मम्मी को समझाकर शांत कर दिया।

शादी के ठीक दो माह के अंदर ही रवीना अपने पापा को फोन करने लगी। उसके पापा ने फोन नहीं उठाया। जब कई बार फोन उसने किया तब पिता का दिल चुपचाप बैठा न रह सका। उन्होंने लपक कर फोन उठा लिया। रवीना बोलने लगी–'पापा! नवीन के मम्मी-पापा किराए के मकान में रहते हैं। उनकी आर्थिक स्थिति भी इतनी ठीक नहीं है कि तीन या चार कमरों वाला मकान किराए पर ले लें। पापा मेरा जीवन तो जीते जी नरक बन गया है। मैंने जोश में आकर नवीन से शादी कर ली। उसके पास तो एक छोटा-सा बेडरूम भी नहीं है, जिसमें हम चैन और सुकून की नींद ले सकें। मैं जबसे नवीन से विवाह कर उसके किराए के कमरे में आई हूँ, चैन की नींद नहीं ले पाई हूँ। मैं तो सुख की नींद के बिना पागल हो गई हूँ। मुझे आज महसूस हो रहा है कि एक पिता अपनी बेटी के लिए समृद्ध और सम्पन्न घर-वर क्यों खोजता है। पापा, मैं आ रही हूँ; मुझको माफ़ कर देना।' रवीना इतना कहते-कहते रो पड़ी। पिता मना नहीं कर सका। वह तो पिता है। बेटी को भला घर वापस आने से कैसे मना कर सकता है। बच्चे ग़लती करते हैं, तो इसका मतलब यह नहीं कि माफ़ी माँगने पर उन्हें माफ़ न किया जाए। रवीना अब अपने अनुभवों से सबक लेकर पिता के घर लौट रही थी।

अनुभवी और भुक्तभोगियों का कहना बिलकुल ही सही है कि घर-वर देखकर ही बेटी की शादी करनी चाहिए और पानी छानकर पीना चाहिए। प्यार करने वाले न तो घर को देखते हैं और न ही वर यानी लड़के को ही देखते हैं। उनको तो ख़ूबसूरती से मतलब होता है। स्वभाव लड़का या लड़की का कैसा है, यह कौन देखता है। ये सब चीज़ें, वे लोग देखते हैं, जो अभिभावक होते हैं। युवा लोग तो बस प्यार करना जानते हैं, विवाह करना जानते हैं और तलाक देना तथा लेना जानते हैं लेकिन विवाह को निभाना नहीं जानते हैं। रवीना ने नवीन

के व्यक्तित्व से प्यार किया, उसकी ख़ूबसूरती से प्यार किया लेकिन उसके स्वभाव, उसके मम्मी-पापा और पारिवारिक स्थिति से कोई मतलब नहीं रखा। यह उसी का परिणाम है कि रवीना का विवाह से जल्दी ही मोहभंग हो गया।

वैवाहिक जीवन में घर और वर का ही महत्त्व होता है। विवाह के बाद दुल्हन की यह हार्दिक इच्छा होती है कि दुल्हन की तरह सजा हुआ घर हो, जिसमें फूलों और इत्र से महकता हुआ बेडरूम हो और उसमें वह अपने साजन के साथ हो। रवीना ने जिस जोश और उमंग के साथ विवाह नवीन के साथ किया, बेडरूम के अभाव में उसका वह जोश ठंडा पड़ गया। यह कहना ग़लत न होगा कि नव दम्पतियों को सबसे अधिक ज़रूरत जिस चीज़ की पड़ती है, वह एक ख़ूबसूरत बेडरूम है। बेडरूम सुखद दाम्पत्य के लिए बहुत ही ज़रूरी है। आज की सबसे बड़ी समस्या एक मकान है। मकान जिसके पास नहीं है, उसके जीवन में स्थिरता रहती ही नहीं है।

*मैंने कई ऐसे विवाहों को टूटते देखा है, जिनके पास अपना मकान नहीं था। आज के नव दम्पतियों में इतना धैर्य नहीं है, समझौता करने की क्षमता नहीं है तभी तो ज़रा-सी भी असुविधा तलाक तक पहुँचा देती है।*

बेडरूम का दाम्पत्य जीवन में कितना महत्त्व है, आपको इस उदाहरण से सहज रूप में पता चल जाएगा।

*'मालती, आई लव यू।' अक्षय बेडरूम में आते ही बोला तो मालती आश्चर्य से देखते हुए बोली–'जानूँ, इतना प्यार किसलिए?' मालती इतना कहते-कहते खड़ी हो गई। वह समझ नहीं पा रही थी कि अचानक अक्षय में इतना बेहतर बदलाव कैसे आ गया? कोई उतना प्यार न करे और अचानक प्यार करने लगे तो आश्चर्य होगा ही।*

*अक्षय ने कहा–'अब यह भी बताना होगा?'*

*'क्यों नहीं, बताना तो होगा ही। प्यार तो तुमने कभी इतनी गहराई से किया ही नहीं। आज इतना प्यार मुझपर क्यों आ रहा है, कारण तो बताना ही पड़ेगा।' मालती ने यह कहते-कहते हँस दिया। यह उन दोनों के बीच की बात थी। पति और पत्नी का संबंध ही ऐसा होता है कि वे एक-दूसरे को कुछ भी कहते रहते हैं। अक्षय ने कहा–'वजह बहुत ही छोटी-सी है।*

*तुमने आज बेडरूम की चीज़ों को करीने से सजाकर जो रखा है। बेडरूम में कहीं भी भीड़भाड़ नहीं है। व्यवस्थित कमरा बताता है कि पत्नी अपने पति की पसंद-नापसंद और उसकी बातों पर भी ध्यान देती है।' यह कहते-कहते अक्षय मालती के नज़दीक आ गया और उसकी नाक को छूते हुए आगे बोला–'तुममें कुछ ऐसी खूबियाँ हैं, जिनका कायल मैं हूँ।' यह कहते हुए अक्षय उसके बाल उँगलियों से सँवारने लगा। मालती भाव विभोर हो गई–'मुझमें ऐसी क्या खूबियाँ हैं, जो तुम्हें पता है और मुझे नहीं?'*

*'मैं तुम्हारा आशिक जो हूँ। आशिक को ही अपनी प्रियतमा की खूबियों का बोध होता है बेडरूम में बस चन्द ख़ूबसूरत तथा रोमांटिक मूड की तसवीरें हैं। यह सब तुम्हारी पसंद की ही तो देन है। बेडरूम में पति की पसंद और नापसंद का ध्यान रखना, रोमांटिक चीज़ें करीने से रखना और पति के होने पर हर पल ख़ुश रहना, ये सब खूबियाँ ही तो हैं।'*

*'तुम कितने अच्छे हो, तुम मुझे, मेरे वर्क और मेरी पसंद को इतना मान देते हो। यह तो मेरा काम है। मैं कोई एक्स्ट्रा काम नहीं करती हूँ।' मालती ने यह कहते हुए अक्षय के हाथ को चूम लिया।*

*अक्षय ने भी उसके हाथ को पकड़कर चूम लिया। इस चूमने और चुमाने के खेल में प्यार दोगुना हो गया। सेक्स एकदम से अलग चीज़ है। यह कब, कैसे और किस रूप में उभरकर सामने आ जाए, कुछ कहा नहीं जा सकता। पत्नी के कौन-सा कार्य या कौन-सा व्यवहार पति के दिल को छू जाए और उसका दिल पत्नी पर आ जाये, यह भी निश्चित नहीं है। पत्नी के कार्य, हरकतें, व्यवहार और अदाएँ सबकुछ में ही सेक्स का प्रतिबिम्ब प्रतिबिम्बित होता है। पत्नी की क्या चीज़ या कौन-सी अदा या कौन-सा कार्य पति के अनुकूल है या उसे सूट करता है इस पर ही सेक्स टिका हुआ होता है।*

मालती और अक्षय में पहले से ही प्यार था। यह सामान्य प्यार ख़ास तब बन गया जब मालती ने बेडरूम की फालतू चीज़ों को बाहर निकालकर सुन्दर और रोमांटिक चीज़ों को यथास्थान रख दिया। अक्षय बेडरूम में भीड़भाड़ को पसंद नहीं करता है, यह बात मालती को तब पता चली जब प्यार के लिए बढ़ रहे अक्षय के हाथ अचानक ही कुर्सी से जा टकराए और एक

झटके में ही हज़ार रुपए की सीनरी फ़र्श पर गिरकर टूट गई। चीज़ नुकसान होने के दुःख ने मालती के मन से यौन-उत्तेजना को मिटा दिया। उसने हाथ पीछे की ओर खींच लिए। चतुर मालती को यह समझते देर न लगी कि बेडरूम में चीज़ों की भीड़भाड़ से सेक्स-जीवन प्रभावित होता है। रोमांस के पल विकसित होने से पहले ही नष्ट हो जाते हैं और उसने अगले दिन ही अनावश्यक चीज़ें बेडरूम से बाहर निकाल दीं और ज़रूरत की चीज़ों को ही बेडरूम में रखा। मालती की यह अदा अक्षय को अच्छी ही नहीं लगी बल्कि बहुत ही अच्छी लगी।

बेडरूम में क्या चीज़ पति को या पत्नी को चुभती है, परेशान करती है या सेक्स को बाधित करती है, इसका ध्यान बहुत ही कम पति-पत्नी रखते हैं। यह सच है कि बेडरूम में बिखरी पड़ी चीज़ें उत्तेजना की अवस्था में असुविधा का कारण बन जाती हैं। बेडरूम हल्का-फुल्का सजा हुआ ही सेक्सी लगता है और थोड़ी-बहुत रोमांटिक सीनरी ही पति और पत्नी के मन में प्यार जगाती है।

पति यदि बेडरूम में टी.वी. देखना पसंद नहीं करता है और बार-बार एकांत के पलों में टी.वी. के प्रोग्राम देखने से मना करता है तो पत्नी को इस तरफ अवश्य ही ध्यान देना चाहिए। पत्नी को चाहिए कि वह एकांत के पलों में केवल पति की सुनें, उसमें रुचि ले और हल्की-फुल्की छेड़छाड़ भी करे। इससे पति का मूड बनता है। वह पत्नी से न चाहते हुए भी जुड़ने की कोशिश करता है और यह कोशिश ही सेक्स को जीवंत बनाती है। लेकिन आजकल पत्नी पति को इतना महत्त्व देती ही कहाँ है?

पति बेडरूम में पत्नी से मिलने के लिए व्याकुल है। पत्नी धारावाहिक देखने में बिजी है और इस पर पति टोकता है तो पत्नी खरा-सा जवाब दे देती है कि तुम सो जाओ न। मैं इस धारावाहिक को पूरा देखने के बाद ही बिस्तर पर आऊँगी, तो पत्नी की ये अदाएँ पति के मूड को ख़राब करती हैं। आजकल किसी के भी पास कोई चीज़ नहीं है तो वह है–'समय'। पति पत्नी का इंतज़ार न कर गुस्से से भरा सो जाता है और यहीं से उनके बीच मनमुटाव का जन्म हो जाता है। जीवनसाथी की बात या सलाह को अनसुना कर देना या सिर्फ़ अपनी इच्छा की परवाह करना सेक्स-संबंधों को तो बिगाड़ता ही है, साथ ही विवाद का कारण भी बन जाता है। मालती उन

पत्नियों में से नहीं है, जो बेडरूम में केवल अपनी सुविधा-असुविधा की ही परवाह करती हैं। मालती तो पल-पल अक्षय के लिए जीती है। जो चीज़ अक्षय को असुविधाजनक लगती है, मालती तुरंत ही उसे हमेशा के लिए हटा देती है और उसकी यही अदा अक्षय को उसका दीवाना बनाए रखती है। मालती की तरह सौम्य, सभ्य, कोमल और विवेकवान पत्नी बनने के लिए आवश्यक है कि आप करें वही जो पति को सूट करे। आप ऐसा करेंगी तो वह भी आपके अनुकूल ही आचरण करने की कोशिश करेगा। ऐसी कोशिश सोच और पहल से स्वतः ही सेक्स-जीवन सुखद बन जाता है।

विवाह सलाहकारों का भी कहना है कि व्यक्ति के जीवन में स्थायित्व का बड़ा ही महत्त्व है। व्यक्ति को जब पता होता है कि रहने के लिए छोटा-सा ही सही एक आशियाना है और कमाने के लिए एक काम भी है तो उसका जीवन बहुत ही आसान हो जाता है। उसके दिमाग़ पर से किसी भी तरह का तनाव भी छँट जाता है। स्त्री और पुरुष के वैवाहिक जीवन में स्थायित्व तभी मिलता है जब करने के लिए काम होता है, रहने के लिए घर होता है। आज शहरों में रहने वाले साठ से सत्तर प्रतिशत लोगों के पास रहने के लिए अपना घर नहीं है। जब उनके पास घर नहीं है तो उनकी कमाई का पचास प्रतिशत धन किराये में चला जाता है। महँगाई किस तरह से पल-पल आकाश बेल की तरह बढ़ रही है, यह तो आपको पता ही है, ऐसे में पति और पत्नी के कमाने के बाद धन का अभाव हो जाता है, फिर तनाव, क्रोध, हताशा, निराशा और नकारात्मक भाव स्वतः पैदा होने लगते हैं। इसके बाद आपस में बहस शुरू हो जाती है और बहस को झगड़े के रूप में बदलने में कोई ज़्यादा समय नहीं लगता है। मेरा कहने का एक मात्र मक़सद यह है कि धनाभाव होने पर दाम्पत्य में उथल-पुथल मचना स्वाभाविक है। अपना आशियाना होने पर धनाभाव की मार भी व्यक्ति बरदाश्त कर ही लेता है। आशियाना और दाम्पत्य जीवन का आपस में गहरा तालमेल है। सुखद दाम्पत्य जीवन की कल्पना बिना घर के, की ही नहीं जा सकती है।

❑

# 7. मैरिड लाइफ़ ( संवेदना )

मैरिड लाइफ़ में संवेदना का अभाव हो जाता है तो फिर विवाह अपना अर्थ खो देता है। पति और पत्नी में बनती नहीं है। वे एक-दूसरे के प्रति कठोर, क्रूर और बर्बर बन जाते हैं। वे एक-दूसरे से बेवजह ही ईर्ष्या करते रहते हैं और अकारण ही आपस में लड़ते-झगड़ते रहते हैं। संवेदना का अभाव होने पर पति और पत्नी का ही रिश्ता ख़राब नहीं होता है, अन्य रिश्ता भी ख़राब हो जाता है। इसलिए विद्वानों का कहना है कि अपना व्यवहार बिलकुल ही सही रखें और दूसरों के साथ प्रेमपूर्वक बातचीत करें।

एक विवाह सलाहकार के दफ़्तर में पत्नी पहुँची। उसकी उम्र यही कोई बाइस की थी। उसने विवाह सलाहकार से कहा–'सर, पति से मेरी बनती नहीं है।'

'क्यों नहीं बनती? क्या आप उनसे प्रेम नहीं करती हैं? क्या वे आपसे प्रेम नहीं करते हैं?' विवाह सलाहकार ने पूछा।

पत्नी बोली–'वह मुझसे प्रेम करते हैं। मैं भी उनसे प्रेम करती हूँ। लेकिन हमारी आपस में बनती नहीं है। हम किसी भी मुद्दे पर बात करते हैं तो झगड़ा हो जाता है।' विवाह सलाहकार ने कहा–'आज की सबसे बड़ी समस्या यही है कि पति और पत्नी में बनती ही नहीं है। प्यार तो वे दोनों एक-दूसरे से ख़ूब करते हैं लेकिन किसी बात या किसी मुद्दे पर वे एक नहीं हो पाते हैं। इसका वैवाहिक जीवन पर नकारात्मक प्रभाव पड़ता है और परिवार की उन्नति भी रुक जाती है। जब आपस में बातचीत ही सफलतापूर्वक नहीं हो सकेगी तो घर की कोई भी समस्या सुलझ नहीं पाएगी। यह अच्छी बात नहीं है।'

'सर, हम आपस में ख़ूब प्यार करते हैं और जब किसी विषय पर निर्णय लेना होता है तो लड़ पड़ते हैं। इस समस्या का कारण क्या है? इसका सही समाधान क्या है?' पत्नी ने जानना चाहा।

*विवाह सलाहकार ने कहा—'ऐसे मामले महीने में पन्द्रह-बीस तो आ ही जाते हैं और यह इतनी बड़ी समस्या है कि पति-पत्नी में तलाक तक भी हो जाता है। मतभेद दाम्पत्य के लिए बहुत ही ख़तरनाक होता है। तलाक, जो आजकल धड़ल्ले से हो रहे हैं, मतभेद भी इसके लिए ज़िम्मेदार होता है। मेरी सलाह है कि आप एक-दूसरे के प्रति संवेदनशील बनें। एक-दूसरे के सच्चे हमदर्द बनें। एक-दूसरे के दर्द को समझें, मूड की जाँच पड़ताल करते रहें और असफलता मिलने पर अपना पूरा साथ दें और दोनों आपस की संवेदनशीलता को समाप्त न होने दें। आप दोनों ही निश्चित रूप से एक-दूसरे के प्रति संवेदनहीन बन गए हैं, तभी तो बात-बात पर झगड़े हो जाते हैं और हाथापाई की नौबत आ जाती है। आप अपने विवाह को मज़बूती प्रदान करना चाहती हैं और उसमें खुशियाँ भरना चाहती हैं तो आप अपने साथी के प्रति संवेदनशील बनें।' विवाह सलाहकार ने समझाया।*

यह सत्य है कि संवेदनशीलता से ही रिश्तों में तरलता बनी रहती है और कभी भी रूखापन या शुष्कता पसर नहीं पाती है। आजकल संवेदनहीनता का बाहुल्य है और संवेदनशीलता का अभाव है क्योंकि संवेदनशीलता वहीं पर पर्याप्त मात्रा में होती है, जहाँ पर वैचारिक-भिन्नता एक निश्चित स्तर तक ही होती है। जब वैचारिक-भिन्नता हद से गुज़र जाती है तो संवेदनहीनता संबंधों में स्वाभाविक रूप से फैलती चली जाती है और इतनी भारी मात्रा में फैल जाती है कि प्यार के स्रोत को ही नष्ट कर देती है। आपने लोगों को यह कहते हुए सुना भी होगा कि वे दोनों एक-दूसरे के प्रति इतने निष्ठुर, कठोर और संवेदनहीन हो गए हैं कि उनके बीच प्यार की तरलता बची ही नहीं है।

आपस की संवेदनशीलता को ईर्ष्या-द्वेष भी कम करती है और बदले की भावना भी संवेदनशीलता को प्रभावित करती है और ताने मारने पर भी संवेदनशीलता का नाश होता है। ताने मारने का काम तो पति और पत्नी दोनों

ही करते हैं। ताने न मारें, ईर्ष्या न करें, बदले की भावना मन में न पालें और किसी भी मुद्दे पर बात आराम से करें। ऐसा करने से संबंधों में तरलता बनी रहती है। संबंध ख़राब नहीं होते हैं।

उपन्यास सम्राट मुंशी प्रेमचन्द का कहना है कि यदि किसी व्यक्ति के अन्दर संवेदना नहीं होती है तो उसमें इनसानियत भी नहीं होती है। वह मनुष्य होकर भी हैवान बन जाता है। वह जानवरों जैसा व्यवहार करने लगता है, इसलिए मैरिड लाइफ़ में खुशहाली, समृद्धि तथा सम्पन्नता लाने के लिए पति और पत्नी का एक-दूसरे के प्रति संवेदनशील होना अत्यंत ही ज़रूरी है। इसके बिना तो दाम्पत्य का सुख मिलना असंभव-सा ही है।

एक अत्यंत ही प्रामाणिक और दिल को छू लेने वाला उदाहरण यहाँ प्रस्तुत है, जिसे पढ़कर आप अपना दाम्पत्य जीवन सुखद और सुन्दर बना सकते हैं।

वनिता की शादी संयुक्त परिवार में हुई थी। धन-जन की कोई कमी नहीं थी। उसके पति हरि रूड़की में जॉब करते थे। शादी के दो हफ़्ते के बाद वह जाने की तैयारी करने लगे तो वनिता शरमाते हुए बोली—'आज आप शाम की गाड़ी से चले जाएँगे और मुझे यहाँ अकेली छोड़ जाएँगे?'

'तुम ऐसा क्यों बोल रही हो? तुम अकेले कहाँ हो? घर में सभी तो हैं। एक मैं ही नहीं रहूँगा न।' हरि यह बोलते-बोलते अचानक ही चुप हो गए। वनिता ने देखा, हरि की आँखें डबडबा आई थीं। वह वनिता से कहीं अधिक दुखी थे। वनिता बोली—'घर में सभी तो हैं, लेकिन मैं उनसे दिल की बात तो नहीं कर सकती न। मैं तो भीड़ में भी अकेली ही रहूँगी।' वनिता यह कहते-कहते काफ़ी नर्वस हो गई।

'फोन पर तो बात होती ही रहेगी और फिर मैं महीने में दो-चार रोज़ के लिए आ ही जाया करूँगा।' हरि यह कहते-कहते काफ़ी उद्विग्न हो गए। हरि का भी मन वनिता की तरह ही बेचैन और अशांत था।

वनिता ने सवाल कर दिया—'क्या मैं आपके साथ चल नहीं सकती हूँ?' वनिता ने मन की बात कह दी।

‘क्यों नहीं चल सकती हो लेकिन मम्मी और पापा को अच्छा नहीं लगेगा।’ हरि इतना कहते-कहते वनिता को अपलक देखने लगे।

‘क्यों अच्छा नहीं लगेगा? मैं यहाँ, आप वहाँ क्या यह उन्हें अच्छा लगेगा? मुझे भी अपने साथ ले चलिए। कहिए तो मैं माँ-बाबू जी से बात करूँ? मैं आपके बिना नहीं रह सकती।’ वनिता के इतना बोलने पर हरि उसको समझाने लगे–‘अभी नई-नई शादी हुई है। कुछ समय तक परिवार के साथ रहो। यहाँ के तौर-तरीके समझो। मम्मी-पापा ने मुझे पाल-पोसकर बड़ा किया है। मुझे पढ़ाया-लिखाया है। उनकी सेवा करो। वे लोग एक दिन ख़ुद ही तुम्हें मेरे साथ भेजने के लिए राज़ी हो जाएँगे। अभी कुछ कहना ठीक नहीं रहेगा।’ इतना बोलकर हरि धीरे से मुस्कराए और अपना सामान ब्रीफकेस में रखने लगे। वनिता भी उनकी मदद करने लगी।

हरि के जाने के ठीक दो घंटे पहले सास कमरे में आकर बोली–‘बहू, हरि शाम की ट्रेन से रूड़की जा रहा है। मैं चाहती हूँ कि तुम भी उसके साथ ही चली जाओ।’

‘नहीं माँ जी, उन्हें जाने दीजिए। मैं आप सबकी सेवा में रहूँगी।’ वनिता ने थमती आवाज़ में कहा।

*‘तुम ऐसी सोच रखती हो, मुझे जानकर बढ़िया लगा, किन्तु हरि तुम्हारे बिना वहाँ दुखी रहेगा। वह मेरा बेटा है। वह हमारी वजह से दुखी रहे, यह मुझे कतई बरदाश्त नहीं। तुम जाने की तैयारी करो।’ सास के इतना कहते ही हरि भी वहाँ आ गए और बोलने लगे–‘यह मेरे साथ नहीं जाएगी। यहीं रहेगी, माँ।’*

*‘यह तेरे साथ जाएगी, यह मेरा हुक्म है। बेटा, यह तुमने कैसे सोच लिया कि एक माँ इतनी स्वार्थी हो सकती है कि अपने लाभ के लिए अपने बेटे के साथ बहू को नहीं भेजेगी? यह पहले तेरी पत्नी है, फिर मेरी बहू है। मैं देखती हूँ तू कैसे नहीं ले जाता है।’ इतना कहकर सास चली गई। हरि बोले–‘देखा, एक माँ का दिल, वह अपने बेटे को मरते दम तक उदास और दुखी नहीं देख सकती। जाने क्यों, लोग माँ को समझते नहीं।’ हरि इतना कहकर मुस्करा पड़े।*

दूसरे दिन वनिता हरि के साथ रूड़की आ गई। पति का साथ बहुत ही प्यारा लग रहा था। कमरा किराये पर ही था, लेकिन नई-नई शादी हुई थी, जिससे उनके बीच इतना प्यार था कि सबकुछ अच्छा ही लग रहा था। फिर धीरे-धीरे हरि अपने काम में व्यस्त होते चले गए। दिनभर वनिता टी.वी. देखती। शाम को हरि आते तो खाना बनाने में वनिता लग जाती और रात के नौ बजे के बाद हरि ऑफ़िस के काम लेकर बैठ जाते तो वनिता भी टी.वी. खोलकर उसी में खो जाती। समय जैसे-जैसे बीतता गया, वैसे-वैसे उनके आपस के प्यार और खिंचाव में भी कमी आती चली गई। हरि के व्यवहार में अब काफ़ी शुष्कता और कठोरता आ गई थी। वनिता जब भी रात में टी.वी. खोलती हरि चीख पड़ते-'मुझे शांति से काम करने दो। मुझे टी.वी. की आवाज़ डिस्टर्ब करती है।'

ऐसे ही एक दिन हरि ने तल्ख़ आवाज़ में टोका तो वनिता झल्ला पड़ी-'पहले तो आपको टी.वी. की आवाज़ डिस्टर्ब नहीं करती थी। मेरे से दिल भर गया तो अब मेरी कोई भी हॉबी आपको बुरी लगने लगी है। मैं टी.वी. बन्द नहीं करूँगी।' यह कहते हुए वनिता ने टी.वी. बन्द कर दिया और पलंग पर जाकर चुपचाप लेट गई।

विवाह के अब दो साल होने वाले थे। इस बीच वनिता एक बच्चे की माँ भी बन गई। दिन में बच्चे के ही इतने काम हो जाते कि उसे अपनी कोई हॉबी याद ही नहीं रहती। टी.वी. देखना वनिता का प्रिय शौक था। एक रात को हरि जैसे ही काम लेकर बैठे वनिता भी टी.वी. ऑन करके बैठ गई। हरि वनिता को घूरते हुए बोले-'मैं तुमको कैसे समझाऊँ और कितनी बार समझाऊँ कि मेरे काम के दौरान कमरे में शोरगुल मत करो। तुम्हारे शौक से ज़्यादा महत्त्वपूर्ण मेरा काम है। इससे ही सारे शौक पूरे होते हैं और ज़रूरतें भी पूरी होती हैं।' वनिता बोली-'दिनभर काम... रातभर काम, तो मैं कहाँ जाऊँ? मेरे शौक, मेरे मनोरंजन, मेरी ख़ुशी और मेरी ज़रूरतें क्या तुम्हारे जीवन में कोई महत्त्व नहीं रखती हैं?' वनिता के यह पूछते ही हरि बिगड़कर खड़े हो गये, फिर कहने लगे-'तुम्हारे शौक, तुम्हारी ज़रूरतें, तुम्हारी इच्छाएँ महत्त्वहीन हैं क्योंकि इनसे घर का ख़र्च नहीं चलता है। तुम आज से टी.वी. नहीं देखोगी तो नहीं देखोगी।' हरि ने यह कहकर टी.वी. बन्द कर दिया।

वनिता गुस्से से भरी चीख पड़ी–'ठीक है, तुम मुझे घर पर छोड़ दो। मुझे यहाँ नहीं रहना। तुम इनसान से मशीन बन गए हो। तुम संवेदनहीन हो गए हो। मैं ऐसे हृदयहीन और निष्ठुर व्यक्ति के साथ अब और नहीं रह सकती, जो दूसरों की परवाह करना जानता ही नहीं।' वनिता के इतना कहने पर हरि ने भी ऊँची आवाज़ में कहा–'ठीक है, ठीक है, मैं कल फोन कर दूँगा। पापा आकर तुम्हें ले जाएँगे।' इतना कहकर हरि बिस्तर पर चले गए।

सुबह जब वह नौ बजे तक नहीं उठे तो वनिता को उनकी चिंता होने लगी। उसने हरि को आवाज़ देकर जगाया तो बड़ी मुश्किल से वह उठे और फिर लेट गए। वनिता ने कहा–'क्या हुआ? चाय ले आऊँ?'

'इच्छा नहीं है।' हरि ने बड़ी शुष्कता से कहा।

'तबियत तो ठीक है?' वनिता ने पूछा।

'सिरदर्द है। उठने पर चक्कर आ रहा है। दम घुट रहा है। घबराहट भी हो रही है।' हरि इतना कहते-कहते चुप हो गये। वनिता यह सब सुनकर काफ़ी परेशान हो गई, फिर उनके सामने आकर कहने लगी–'तुम गुस्सा बहुत करते हो। मशीन बनकर रह गए हो। ज़िन्दगी तो जैसे तुमसे रूठ ही गई। न तो कोई शौक है, न तो कोई मनोरंजन करना है, बस काम-काम-काम। इसके आगे तो कुछ भी नहीं है। गाड़ी में भी तेल पड़ता है। वह भी गरम होकर रुक जाती है या बिगड़ जाती है। उसकी भी सर्विस होती है। मनुष्य का शरीर भी तो गाड़ी की तरह ही है। तुम समझते क्यों नहीं?' वनिता ने एक लम्बा-सा भाषण दे दिया। वह इतना बोलकर अलमारी की तरफ बढ़ गई।

हरि को पहले से ही हाई ब्लडप्रेशर की शिकायत थी और यह बात वनिता को भी मालूम थी। कल रात को कुछ ज़्यादा ही दोनों में झगड़ा हो गया था और बहसबाजी देर तक हुई थी, जिससे हरि की तबियत बिगड़ गई थी। वनिता को अब काफ़ी अफ़सोस हो रहा था और उसका गुस्सा भी छू मंतर हो गया था और अपराधबोध ने उसको अपना शिकार बना लिया था। उसके दिमाग़ में एक ही बात रह-रहकर आ रही थी कि व्यर्थ में ही हरि से बहस की। वह तो ब्लडप्रेशर के रोगी हैं, मुझको इसका ध्यान तो रखना ही चाहिए कि गुस्सा करने से, बहस करने से हरि की तबियत ख़राब हो सकती

है। यह सोचते-सोचते वनिता ने अलमारी से ब्लडप्रेशर की दवा निकालकर, उन्हें दी और बोली-'ब्लडप्रेशर तुम्हारा बढ़ गया है। यह गोली ले लो।' दवा देकर वनिता किचन में जाने लगी तो हरि ने उसकी बाँह पकड़ ली और बहुत ही स्नेहसिक्त स्वर में कहने लगे-'वनिता, मुझे माफ़ नहीं कर दोगी? तुम दिल की कितनी अच्छी हो। कल रात ही क्यों, हर रात तो तुमसे बहस करने में गुज़ार देता हूँ। फिर भी तुम वही की वही रहती हो। तुम मेरी देखभाल करने में कोई कसर नहीं छोड़ती हो। वास्तव में ही तुम मुझसे कहीं ज़्यादा अच्छी हो। पुरुष या स्त्री के आचरण या स्वभाव की जाँच इसी से की जाती है कि कलह या झगड़े के दौरान वह कैसा व्यवहार करता या करती है। मैंने तुम्हें इतना बुरा-भला कहा, फिर भी तुमको मेरी फ़िक्र है। मैं तुमको अब किसी भी बात के लिए मना नहीं करूँगा और टोकूँगा भी नहीं। तुम्हारी हॉबी आज से मेरी भी हॉबी होगी। मैं इस बात का पूरा ध्यान रखूँगा। मैं यह भूल गया था कि मैं इतनी मेहनत बेहतर ज़िन्दगी के लिए ही कर रहा हूँ। जब समय मनोरंजन के लिए, शौक पूरा करने के लिए और आराम करने के लिए नहीं निकालूँगा, तो फिर पैसे जोड़कर या बनाकर क्या होंगे?' यह कहते-कहते हरि भावनाओं में बह गए।

वनिता ने उनको गले से लगा लिया। व्यवहार से सख्त व्यक्ति को भी आप अपनी सहनशीलता और कर्तव्यनिष्ठा से अपने रंग में रंग सकते हैं। ऐसे भी लोग होते हैं, जो छोटी-छोटी बातों से भी सबक लेकर फिर से एक हो जाते हैं और पहले से कहीं अधिक एक दूजे से प्यार करने लगते हैं। संवेदना स्वयं में पैदा करें। दूसरों के प्रति, चीज़ों के प्रति, जीवों के प्रति व्यक्ति के मन में जितना ही अधिक संवेदना होती है, वह उतना ही दयालु, सहृदय और मिलनसार होने के साथ-साथ उदार स्वभाव वाला होता है। हरि उदार स्वभाव का है, उसमें दूसरों के लिए संवेदना है। वह जब परिवार का ख़र्च पूरा करने के लिए काम करने लगा और धीरे-धीरे काम से जुड़ता चला गया तो फिर उसके शौक ख़त्म हो गए, ज़रूरतें समाप्त हो गईं और संवेदना का स्रोत भी सूख गया।

विशेषज्ञों का भी कहना है कि कितना भी संवेदनशील व्यक्ति क्यों न हो, वह काम के सिलसिले में अति व्यस्त हो जाता है तो फिर धीरे-धीरे

संवेदनहीन हो जाता है और संवेदनहीनता उसको क्रोधी, निष्ठुर और क्रूर भी बना डालती है।

संवेदनहीनता एक रोग है, जो व्यक्ति को मानसिक और शारीरिक रूप से बीमार कर कमज़ोर बना देती है। हरि की तरह ही वनिता भी संवेदनहीन हो जाती और यह कहकर पल्ला झाड़ लेती कि हरि मरता है तो मरे, वह कौन-सा मेरी परवाह करता है तो उनका संबंध कब का ख़त्म हो चुका होता। लेकिन वनिता जैसी शांत-स्वभाव वाली स्त्री जो हरि के पास थी लाख दुत्कारने पर भी उसने उसकी परवाह की, उसके मान-सम्मान का ध्यान रखा और कलह-क्लेश होने के बाद भी वनिता ने कभी भी क्रोध या ईर्ष्या-द्वेष का दामन नहीं थामा। हमेशा, हर हाल में और हर पल वनिता ने हरि को चाहा, जिससे विवाह का बाल बाँका भी न हो सका।

आज वनिता की तरह स्त्रियाँ नहीं हैं। ज़्यादातर स्त्रियाँ आज़ाद विचारों वाली हैं। बंधनमुक्त जीवन उनको पसंद है। बंदिशों में रहना, बंदिशों में खाना, बंदिशों में जीना आज की महिलाएँ बिलकुल ही पसंद नहीं करती हैं। आपको यह जानकर आश्चर्य होगा कि संवेदनहीन लोगों की संख्या दिन-प्रतिदिन बढ़ रही है, जिससे आज विवाह होता है और अगले दिन तलाक की अर्जी कचहरी में जमा हो जाती है।

विशेषज्ञों का भी मानना है कि संवेदनहीन व्यक्ति स्वयं के प्रति दया-भावना नहीं रखता है तो वह अपने साथ वालों पर दया कैसे करेगा। एक विवाह सलाहकार के दफ़्तर में नव दम्पति पहुँचे। उनकी शादी को मात्र दो माह ही हुए थे। उनकी शादी में करोड़ों रुपए ख़र्च हुए थे। हित-मित्रों ने ख़ूब नाचा था। दोनों हाथों से ख़ूब नोट लुटाए थे। खाने-पीने पर नोट पानी की तरह बहाए गए थे। कहने का मतलब है कि अभिभावकों ने इनकी शादी पर दिल खोलकर धन लुटाया था। कोई कमी नहीं रखी थी और आज वे विवाह सलाहकार के दफ़्तर में दुनियाभर की शिकायतें लेकर खड़े थे।

विवाह सलाहकार ने पूछा–'आप तो नव दम्पति हैं। आपको तो एक-दूसरे से कोई शिकायत नहीं होनी चाहिए। यह उम्र शिकवा-शिकायत के लिए नहीं

होती है। यह उम्र तो मौज-मस्ती के लिए होती है।' विवाह सलाहकार के इतना कहने पर युवती बोली-'सर, मैं इसको तलाक देना चाहती हूँ।'

'क्यों तलाक देना चाहती हो? नई-नई शादी हुई है। लाखों रुपए ख़र्च घरवालों ने तलाक लेने के लिए ही किया है? आप क्यों तलाक लेना चाहती हैं? आपको अपने पति से क्या दिक्कत है कि इतनी जल्दी तलाक की ज़रूरत पड़ गई?' विवाह सलाहकार के पूछने पर वह युवती बोली-'तलाक की ज़रूरत इसलिए पड़ गई कि ये जनाब, मेरे प्रति संवेदनशील नहीं हैं। दो दिनों से मैं दाँत दर्द से परेशान हूँ। खाना तक भी ठीक से मैंने नहीं खाया है और ये जनाब आराम से खा-पी रहे हैं। मेरे साथ शारीरिक संबंध बनाने के लिए ज़बर्दस्ती कर रहे हैं लेकिन मुझको एक बार भी डॉक्टर के पास लेकर नहीं गए। वह तो भला हो माँ जी का कि उन्होंने दाँत के डॉक्टर से मुझको दिखाया। आप ही बताएँ ऐसे संवेदनहीन और पत्थर दिल व्यक्ति के साथ ताउम्र कैसे रहा जा सकता है? जीवन में पता नहीं क्या-क्या घट सकता है, यह शख़्स तो साथ ही छोड़ देगा। अभी समय है, मैं जवान हूँ। तलाक लेकर दूसरा विवाह कर सकती हूँ। मुझको तो संवेदनशील और परवाह करने वाला जीवनसाथी पसंद है।' वह युवती इतना कहते-कहते काफ़ी आवेश में आ गई है। विवाह सलाहकार ने युवक की तरफ देखते हुए कहा-'आपकी पत्नी की शिकायत क्या सही है?'

युवक रुकते-रुकते बोला-'हाँ, मैं इनकी तरफ से लापरवाह रहा हूँ। अब मुझे महसूस हो रहा है और मैं अपनी भूल को सुधारने के लिए एक मौका चाहता हूँ।'

विवाह सलाहकार बोला-'यह आपकी भूल नहीं है। यही तो जानने-समझने वाली बात है। आप स्वयं के प्रति संवेदनहीन हैं और स्वयं के प्रति उदार भी नहीं हैं। पहले आप स्वयं की परवाह करना सीखें। स्वयं के प्रति आप उदार बनें, फिर आप स्वतः ही अपनी पत्नी के प्रति संवेदनशील बन जाएँगे। दुःख-सुख में साथी के साथ रहना बहुत ही ज़रूरी होता है। साथ रहने पर ही पता चलता है कि व्यक्ति कितना संवेदनशील है।' विवाह सलाहकार इतना समझाने के बाद युवती की ओर देखते हुए कहने लगा-'आप नव दम्पति हैं

और वैवाहिक जीवन का अनुभव बिलकुल ही नहीं है। अभी तक की ज़िन्दगी बिलकुल ही आज़ाद थी। कोई ज़िम्मेदारी नहीं थी। कोई ग़लती होने पर भी कोई जवाब देना नहीं पड़ता था। अभी तो यह बच्चा है, कहकर अभिभावक माफ़ कर देते थे, लेकिन अब माफ़ी नहीं मिलेगी क्योंकि आप दोनों ही विवाहित हैं। एक ज़िम्मेदार व्यक्ति आप दोनों बन गए हैं। इसलिए मेरी सलाह है कि चीज़ों के प्रति, कार्य के प्रति, साथी के प्रति, स्वयं के प्रति ज़िम्मेदार और संवेदनशील बनें। संवेदनहीन और ग़ैर ज़िम्मेदार बनेंगे तो विवाह टूट जाएगा।' विवाह सलाहकार ने समझाया। उसके सुझावों ने दोनों को ही प्रभावित किया। इतना प्रभावित किया कि युवती के मन से तलाक लेने-देने का विचार ही ग़ायब हो गया। वे एक-दूसरे का हाथ थाम कर विवाह सलाहकार के दफ़्तर से बाहर आ गए। मतभेद दूर हो गया था। नव दम्पतियों में इस तरह की समस्याएँ अकसर ही उत्पन्न हो जाती हैं। घर में बड़े-बूढ़े होते हैं तो समस्याएँ उत्पन्न ही नहीं होती हैं।

❑

# 8. मैरिड लाइफ़ (सोच)

सोच जब तक किसी भी व्यक्ति की सकारात्मक नहीं होती है, तब तक ज़िन्दगी को सही दिशा नहीं मिलती है। व्यक्ति कितना भी सुशिक्षित क्यों न हो, यदि वह अच्छा नहीं सोचता है तो उसकी शिक्षा व्यर्थ ही चली जाती है। शास्त्रों में कहा भी गया है कि सोच अच्छी न होने पर विद्या भी जलकर राख हो जाती है और व्यक्ति उस विद्या का कोई लाभ उठा नहीं पाता है।

एक कथावाचक के पास पति और पत्नी पहुँचे। दोनों की उम्र यही कोई साठ के लगभग थी। पत्नी ने कथावाचक से कहा–'भगवन्, हम पति और पत्नी बहुत ही दुखी हैं।'

*'क्यों दुखी हैं? क्या धन का अभाव है? धन का अभाव हो तो आप दोनों हमारे आश्रम में आजीवन रह सकते हैं।' कथावाचक ने कहा।*

*पत्नी बोली–'भगवन्, धन का अभाव तो नहीं है। धन हमने बहुत ही कमाया है। मेरे पति सिंचाई विभाग में रिटायर्ड इंजीनियर हैं। इन्होंने अपने नौकरी-काल में इतना धन कमाया कि दस-पन्द्रह मकान बनवा दिए, गाँव के पास साठ एकड़ ज़मीन लेकर लगान पर जोतने-बोने के लिए दे दिया। सारे मकान किराए पर चढ़े हैं और लाखों रुपए किराया आ रहा है। धन-धान्य में कोई कमी नहीं है।' कथावाचक हैरान होते हुए बोला–'तो फिर आप दोनों किस बात को लेकर दुखी हैं?'*

*पत्नी बोली–'संतान सुख भाग्य में नहीं है। तीन लड़के हैं और तीनों ही नालायक हैं। पढ़ने के लिए तीनों को ही स्कूल भेजा लेकिन किसी ने भी*

*पढ़ाई नहीं की। सबने हमारे पैसे को ग़लत काम में लगाया। बड़ा लड़का अव्वल दर्जे का नशेड़ी है, और भागकर शादी की है। बीच वाला लड़का शराबी है और उसने भी लड़की को भगाकर शादी की है। छोटा जुआरी है। अपना मकान जुआ में हार कर वह किराए के मकान में रहता है। वह भी नशा करता है। आज हमारे साथ और हमारी देखभाल करने वाला कोई नहीं है। भगवन्, मैं बस इतना जानना चाहती हूँ कि बेशुमार धन, अनगिनत सुविधाएँ और अच्छी व्यवस्थाएँ होने के बाद भी हमारे बच्चे नशेड़ी, जुआरी और इतने पतित व्यक्ति कैसे हो गए? हमने तो उनको कभी ये सब करने के लिए कहा नहीं?' पत्नी के इतना पूछने पर कथावाचक बोला–'जीवन का पूरा गणित सोच पर टिका हुआ है। आपके पति की और आपकी भी सोच केवल धन जोड़ने और लूटने पर रही। आप दोनों ने ही पैसों को महत्त्व दिया और रिश्तों को कोई महत्त्व नहीं दिया। आदमी की जैसी सोच होती है, वैसा ही वह बनता है। आप दोनों की सोच सरकारी धन लूटकर ज़मीन-जायदाद में वृद्धि करनी थी, बैंक में अनगिनत धन जमा करना था, आवश्यकता से अधिक मकान बनाना था। आपकी सोच ऐसी तो थी नहीं कि संतान को अच्छा इनसान बनाना है, उसको अच्छी बातें सीखाकर एक आदर्श व्यक्ति बनाना है और पढ़ा-लिखाकर एक कामयाब और सफल व्यक्ति बनाना है। जैसी आप दोनों की सोच थी वैसा फल संतान के रूप में मिला है। आपकी सोच रिश्वत लेने पर केंद्रित रही है, संतान के लालन और पालन पर नहीं। कोई भी व्यक्ति अपने कर्मों की वजह से परेशान होता है। आपकी जो इस समय स्थिति है, वह आपकी वजह से है, इसलिए आप न तो भाग्य को कोसें और न ही अपनी संतान को दोषी ठहराएँ और न ही किसी अन्य पर दोषारोपण करें।' कथावाचक ने बिना लाग-लपेट के स्पष्ट शब्दों में कड़वा सत्य सुना दिया तो वे दोनों ही पति और पत्नी हाथ जोड़कर खड़े हो गए।*

सत्य वचन को भला कोई कैसे झुठला सकता है। सत्य तो सत्य होता है। पति बोला–'हाँ भगवन्, सरकारी माल लूटकर ज़मीन-जायदाद बनाई, संतान को दोनों हाथों से पैसा देते रहे, कभी यह जानने का प्रयास नहीं किया कि वे उन पैसों का क्या कर रहे हैं? पढ़ रहे हैं या नहीं पढ़ रहे हैं। हम पति-पत्नी बस

अपनी दुनिया में व्यस्त रहे।' पति इतना कहकर चुप हो गया। वे कथावाचक से अनुमति लेकर कथा पंडाल से बाहर आ गए। उनके मन में सालों से जो छटपटाहट थी, वह अब मिट गई थी, क्योंकि उनको आत्मज्ञान हो गया था कि व्यक्ति की सोच ही फलती है। आदमी जैसा सोचता है, वैसा ही उसके आगे आता है, इसीलिए कहा जाता है कि अच्छा सोचो, अच्छा होगा। यही तो दिक्कत है कि लोग अच्छा न सोचकर बुरा सोचते हैं। बुरा न सोचकर अच्छा सोचें। आपकी सोच पर ही आपकी ज़िन्दगी में अच्छी या बुरी घटनाएँ घटती हैं।

एक उदाहरण यहाँ प्रस्तुत है, जिसे पढ़ने के बाद आपको सहज ही रूप में मालूम हो जाएगा, सोच का जीवन में कितना महत्त्व है और जब व्यक्ति की सोच सकारात्मक होती है, तो उसका वैवाहिक जीवन कितना खुशहाल, समृद्ध और सहज हो जाता है।

*'तुम नौकरी करोगी?' इतना कहकर जतिन काफ़ी नाराज़ हो गया और गुस्सैल आँखों से अपलक अमृता का चेहरा देखने लगा। अमृता मुस्कराकर बोली–'नाराज़ क्यों हो रहे हो? इसमें इतना गुस्सा करने की भी बात नहीं है। तुम मना करते हो तो नहीं करूँगी। अब तो मुस्करा दो। अरे यार, मैंने तो तुमसे केवल पूछा ही न।' अमृता के इतना कहने पर जतिन थोड़ा शांत होते हुए बोला–'तुम गुस्सा दिलाने वाली बात ही करती हो तो क्या करूँ? औरतों का सर्विस करना मुझे थोड़ा भी अच्छा नहीं लगता।' जतिन की यह अपनी सोच थी। औरतों के प्रति उसकी यह अपनी धारणा थी। अमृता अब तक उसकी इस सोच को बदल नहीं सकी थी।*

*एक-दो साल बीतते-बीतते अमृता एक बच्चे की माँ बन गई। जतिन की कमाई सीमित थी और ख़र्च में वृद्धि हो गई। आज की महँगाई के दौर में एक नन्हें से बच्चे का ख़र्च भी तो कोई कम नहीं होता है। जतिन से जब भी अमृता बच्चे के लिए कोई चीज़ माँगती, तो वह टाल जाते या शुष्क लहजे में कह देते–'हो सकता है तो काम चला लो। हाथ बहुत ही तंग है। सैलरी मिलने दो तो ला दूँगा। इस माह तो ज़रूरी चीज़ों के लिए भी पैसा नहीं है।' अमृता को बहुत ही बुरा लगता। वह मन मसोसकर ही रह जाती। एक दिन जतिन दफ़्तर से घर जैसे ही आया, अमृता बोल पड़ी–'बच्चे की तबीयत ठीक नहीं है। किसी अच्छे डॉक्टर से इसे दिखा देते।'*

'उसको क्या हुआ है?' जतिन अमृता को घूरते हुए बोला।

'बुखार और खाँसी है। उसे ठंड लग गई है। उसके लिए एक और स्वेटर ख़रीद देते तो सही रहता।' अमृता के कहते ही जतिन को अचानक गुस्सा आ गया। वह ऊँची आवाज़ में बोला–'पागल तो नहीं हो गई हो। क्या मेरे पास इतने पैसे होते हैं कि फ़रमाइश कर रही हो। बुखार और खाँसी तो बच्चों को होते ही रहते हैं। मैं डिस्पेंसरी से दवा ला देता हूँ।' इतना कहकर जतिन चुप हो गया।

*अमृता जतिन के क़रीब आते हुए बोली–'सच बोलना, क्या तुम इतने ग़ैर-ज़िम्मेदार पिता हो कि बच्चे की बीमारी को इतनी लापरवाही से ले रहे हो? यह जो आर्थिक तंगी की स्थिति घर में बनी है क्या उसके ज़िम्मेदार तुम नहीं हो? क्या फ़ायदा मेरे पढ़ने-लिखने का? मेरे मम्मी-पापा ने क्या इसी दिन-रात के लिए मेरी पढ़ाई पर ख़र्च किया था?' अमृता यह कहकर सुबक पड़ी–'मुझे पता है तुम इतने ग़ैर-ज़िम्मेदार और कठोर नहीं हो। धनाभाव ने तुम्हें हमारे प्रति इतना ग़ैर-ज़िम्मेदार और कठोर बना दिया है।'*

*'तो क्या तुमने पढ़ाई की है सर्विस करने के लिए?' जतिन ने पूछा। 'मैं यह तो नहीं कह रही। शिक्षा भी तो एक धन ही है। धन पैदा करने का सबसे बेहतर माध्यम शिक्षा से तो और कोई हो ही नहीं सकता और तुम इसे नज़रअंदाज़ कर रहे हो।' अमृता ने कहा।*

*'छोड़ो, इन बातों को। मुन्ना बीमार है, चलो पहले उसे डॉक्टर के पास ले चलते हैं।' जतिन ने कहा। अमृता बच्चे को लेकर कमरे से बाहर निकल आई। जतिन के साथ वह एक नर्सिंग होम में पहुँची तो डॉक्टर एक महिला थी। बच्चे का चेकअप करने के बाद बोली–'इसे तो निमोनिया है। दवा लिख देती हूँ। एक-दो हफ़्ते तक दवा चलेगी।' वे दवा की पर्ची लेकर बाहर आ गए। डॉक्टर की फ़ीस, महँगी दवा और मुन्ने के लिए स्वेटर ख़रीदने के बाद जतिन घर आया तो अमृता बोला–'वह डॉक्टर भी तो महिला ही है।*

*उसका पति भी डॉक्टर है। उनके पास पैसे की कोई कमी नहीं है, फिर भी वे दोनों ही काम कर रहे हैं। तुम अपनी सोच बदलो।' अमृता ने जतिन*

*की सोच में बदलाव लाने की गरज से कहा, तो जतिन काफ़ी परेशान हो गया और उसको बाँहों में भरकर कहने लगा–'तुम बहुत ही ख़ूबसूरत हो और स्वीट हो। मैं नहीं चाहता कि तुम बाहर जाकर जॉब करो। ग़ैर-पुरुषों के साथ बात करो।' इतना कहते-कहते जतिन एकदम से डल पड़ गया।*

अब अमृता की समझ में आया कि जतिन की सोच कितनी छोटी है और वह किस हद तक हीन भावना का शिकार है।

वह अमृता की सुन्दरता को लेकर डरा-सहमा हुआ है कि कहीं उस पर किसी का दिल आ गया और वह पैसे के लालच में बहक गई तो क्या होगा? यह सवाल संभवतः जतिन को अमृता को नौकरी करने की इजाज़त देने से रोक रहा था। अमृता बोली–'इसका मतलब तुम्हें मुझ पर विश्वास नहीं है? तुम मुझे ठीक से जानते नहीं। पाँच सालों से हम एक साथ रह रहे हैं और एक-दूसरे को जानते-समझते ज़रा-सा भी नहीं, यह बहुत ही बुरी बात है। मुझे समझने की कोशिश करो, जतिन।' यह कहकर अमृता किचन में चली गई।

शक-संदेह के शिकार स्त्री-पुरुष न तो स्वयं चैन से रहते हैं और न ही साथ वालों को चैन से रहने देते हैं। वे वास्तव में एक बच्चे के मानिंद ही तो होते हैं। वे स्वयं को हमेशा असुरक्षित समझते हैं। उन्हें हर पल ऐसा लगता है कि उनका जो अपना है कभी भी उनसे अलग हो सकता है। जतिन बुरा नहीं था बल्कि हसीन और ख़ूबसूरत अमृता को खो देने के डर से घर से बाहर भेजना नहीं चाहता था।

उन्हीं दिनों अमृता के मायके में एक शादी पड़ी। अमृता जतिन के साथ मायके गई। वहाँ पर हितेन भी आया हुआ था। हितेन अमृता के भैया का अभिन्न मित्र था और अमृता का भी बहुत ही अच्छा दोस्त था। अमृता ने यह सब जतिन को भी बताया। जतिन और भी अधिक स्वयं को असुरक्षित महसूस करने लगा। जतिन ने कहा–'देखो, विवाह के बाद अगली सुबह ही हम यहाँ से निकल चलेंगे।'

एक शाम हितेन अमृता के पास आकर बोला–'आजकल क्या कर रही हो।'

'कुछ नहीं, हाउस वाइफ हूँ। किस्मत में इतना पढ़-लिखकर यही लिखा था। क्या लाभ पढ़ने से?' अमृता बोली।

'क्यों यार, इतनी पढ़ी-लिखी हाउस वाइफ बनकर जीने के लिए? पढ़ाई का कुछ तो लाभ होना चाहिए।' हितेन ने आगे कहा–'पति की सोच बदलो। एक आदमी के काम करने से घर थोड़े ही चलता है। क्या मियाँ जॉब करने से मना करते हैं, हितेन ने बेधड़क पूछा।'

अमृता अपने पति की निंदा तो कर नहीं सकती थी। हर जगह पर बोलना भी ठीक नहीं होता है। देखभाल कर ही सच बोलना भी चाहिए। अमृता एक अत्यंत ही समझदार, होशियार और अच्छी महिला थी। वह बोली–'नहीं, जतिन तो मना नहीं करते। मेरी ही इच्छा जॉब करने की नहीं है। वह तो बहुत ही आधुनिक और स्वच्छंद विचारों के हैं।' अमृता यह कहकर ड्रॉइंग रूम से बाहर आ गई।

रात को जतिन से बेडरूम में अमृता मिली तो वह उसको प्यार से देखते हुए बोला–'तुमको लेकर मेरे मन में जो डर था, वह अब मेरे दिलोदिमाग़ से छँट गया है। मैं अब जान गया हूँ कि स्त्रियों को जितनी अपनी इज़्ज़त प्यारी होती है, उतनी पुरुषों को नहीं होती। तुम नौकरी कर सकती हो।'

अमृता आश्चर्य से जतिन को देखते हुए बोली–'लेकिन मैं अब जॉब करना नहीं चाहती। मुन्ना की देखभाल कौन करेगा। वह कुछ बड़ा हो जाएगा तो मैं सोचूँगी।'

'मैं तुम्हारी इसमें हेल्प करूँगा। मेरी सरकारी नौकरी है। हफ़्ते में दो दिन छुट्टी रहती ही है। एक-दो दिन और छुट्टी ले लूँगा। तुम कोई ऐसा जॉब तलाशो जो घर पर भी लाकर कर सको, फिर हमारा बेटा स्कूल जाने लगेगा तो समस्या ख़त्म हो जाएगी।' जतिन ने समझाया।

जतिन में इतना बड़ा बदलाव अचानक ही कैसे आ गया, अमृता यह जानने के लिए उससे पूछने लगी। वह बोला–'हितेन को लेकर मेरे मन में तुम्हारे प्रति ग़लत भावना थी। छुपकर जब मैंने तुम दोनों की बातें सुनीं तो मेरे मन का वहम मिट गया। बेशक तुम स्वीट ही नहीं मैरिड लाइफ़ के प्रति ज़िम्मेदार भी हो।' यह कहकर जतिन अमृता के गले से लग गया। अमृता ने महसूस किया, उसकी धड़कनें बता रही थीं कि उसकी सोच अब बिलकुल ही बदल गई है।

यह सच है, जो बदलाव होने का नाम नहीं ले रहा था, एक छोटी-सी घटना की वजह से ही हो गया। फिर दुनिया को, समाज को और स्वयं को

भी देखने-समझने की सोच ही बदल गई। जतिन की सोच को किसने बदला? अमृता की सोच ने जतिन की सोच को जड़ से ही बदल दिया। यह सत्य है कि किसी की सोच को अपनी अच्छी सोच से ही बदला जा सकता है। यदि अमृता चरित्रहीन होती या हितेन के प्रति उसके मन में कोमल विचार होते तो जतिन की सोच में बदलाव आता ही नहीं।

विशेषज्ञों का भी कहना है कि किसी को बदलना हो तो उसकी कटु आलोचना या निंदा न कर उसकी प्रशंसा करें। प्रशंसा व्यक्ति के मन को कठोर से नरम बनाती है, फिर जब मन नरम हो जाता है तो विचार भी नरम और सकारात्मक होते चले जाते हैं, ऐसे में व्यक्ति की सोच में स्वाभाविक रूप से बदलाव आने लगता है और वह पूरी तरह से बदल जाता है।

जतिन ने छुपकर हितेन और अमृता की बातों को सुना तो दूध-का-दूध और पानी-का-पानी हो गया। उसके मन में अमृता के चरित्र को लेकर जो शक था, वह छँट गया क्योंकि हितेन और अमृता केवल एक मित्र थे, इसके आगे उनके बीच कुछ भी नहीं था। दाम्पत्य को शक की भेंट ग़लती से भी न चढ़ने दें। एक बार दाम्पत्य जीवन में शक की एंट्री हो जाती है तो वह कुछ करके ही दाम्पत्य जीवन से निकलता है। शक को पास आने तक भी न दें। उसके साया से भी दूर रहें। आपने गिलोय को तो देखा ही होगा, वह कितनी भी विषम परिस्थितियों में हरी ही रहती है। उसको तोड़कर आप जहाँ भी फेंक देते हैं, वहीं पर जड़ पकड़कर बढ़ने लगती है। वह एक बार किसी पेड़ पर चढ़ जाती है तो उस पेड़ को नष्ट कर स्वयं हरी-भरी रहती है लेकिन उसको पेड़ नष्ट नहीं कर पाता है। कहने का भावार्थ है कि शक भी गिलोय की लकड़ी की तरह ही होता है। वह दाम्पत्य जीवन में एक बार आ जाता है तो उसको ख़त्म करके दम लेता है। जतिन ने इस शक की वजह से ही सुशिक्षित अमृता को नौकरी नहीं करने दिया कि अमृता नौकरी करने के लिए घर से बाहर निकलेगी तो किसी ग़ैर-पुरुष से संबंध बन सकते हैं। अपनी पत्नी के बारे में ग़लत सोचना बेहद ही ग़लत है क्योंकि मेरा जहाँ तक मानना है कि पुरुषों की तुलना में स्त्रियाँ अधिक चरित्रवान होती हैं। वे बहुत मज़बूरी में अपने चरित्र के साथ समझौता करती हैं लेकिन पुरुष तो बात-बात

पर अपने चरित्र के साथ खेलता है। यही कारण है कि ज़्यादातर पुरुष भले ही स्वयं चरित्रहीन होते हैं, किन्तु अपनी पत्नियों को शक की नज़रों से देखते हैं। दाम्पत्य जीवन को टिकाऊ, हसीन और दीर्घायु बनाने के लिए पति और पत्नी दोनों को ही इस मामले में अपनी सोच यथाशीघ्र बदल देने की ज़रूरत है। वे अपनी सोच को नहीं बदलेंगे तो आजीवन धनाभाव की चपेट में रहेंगे।

एक साइकोलॉजिस्ट के दफ़्तर में पति अपनी पत्नी को लेकर पहुँचा। साइकोलॉजिस्ट ने ध्यान से उन दोनों को ही देखा। पत्नी अत्यंत ही सुन्दर, स्मार्ट तथा आकर्षक थी। पति ने कहा–'सर, यह मेरी धर्मपत्नी हैं। हमारी शादी को अभी एक साल ही हुआ है। शादी के समय, शादी के बाद भी यह मानसिक रूप से बिलकुल स्वस्थ थीं। पिछले दो माह से मानसिक रूप से यह डिस्टर्ब चल रही हैं। आप ज़रा देखकर पता लगाएँ कि क्या वजह है कि इनका दिमाग़ी संतुलन गड़बड़ा गया है।'

साइकोलॉजिस्ट बोला–'आपने यदि मेरे सवालों के जवाब सच-सच दे दिए तो इनकी बीमारी की वजह का पता अभी लग जाएगा।'

पति बोला–'सर, मैं अपनी पत्नी से बेपनाह प्यार करता हूँ। मैं आपके प्रश्नों के जवाब सच-सच क्यों नहीं दूँगा।'

*'अच्छी बात है। आप यह बताएँ कि यह विवाह के बाद ससुराल में जब आईं तो इनका सपना क्या था? इन्होंने आपसे कभी ऐसा कुछ कहा था कि मैं क्या करना चाहती हूँ? अच्छी तरह से याद करने के बाद बताएँ। इसके साथ ही यह भी बताएँ कि इन्होंने कहाँ तक शिक्षा प्राप्त की है?' साइकोलॉजिस्ट ने बड़ी ही गंभीरता से पूछा, फिर उस महिला को ध्यान से देखने लगा। पति दिमाग़ पर ज़ोर देते हुए बोला–'इनका सपना अपनी अधूरी पढ़ाई को पूरा करने के बाद प्रोफ़ेसर की नौकरी करने का है। हाँ, इन्होंने मुझसे कहा था कि वह प्रोफ़ेसर नहीं बनीं तो कोचिंग सेंटर खोलकर बच्चों को पढ़ाने का काम अवश्य ही करेंगी। फ़िलहाल यह बारहवीं तक पढ़ी हैं।' पति के इतना कहकर चुप होते ही साइकोलॉजिस्ट ने अगला प्रश्न दाग़ दिया–'आपकी तरफ से इस मामले में इनको क्या जवाब मिला? आपके मम्मी-पापा की तरफ से क्या जवाब मिला?'*

पति ने बताया–'मम्मी और पापा ने आगे की पढ़ाई पूरी करने से साफ़ मना कर दिया। जब उन्होंने मना कर दिया तो फिर मैं क्या करता? मुझे भी मना करना पड़ गया।'

साइकोलॉजिस्ट ने कहा–'इनकी बीमारी की वजह क्या है पता चल गया। इनके सपने को आप सबने कोई महत्त्व नहीं दिया और इनको इच्छा के विरुद्ध घर की चारदीवारी में बन्द कर दिया, जिससे इनका मानसिक संतुलन बिगड़ गया। कोई भी व्यक्ति अपने सपनों से दिल से जुड़ा होता है और उसके प्रति वह अत्यंत ही संवेदनशील और भावुक होता है। आप सब की ग़लत सोच की वजह से यह बीमार हैं। आप पति हैं, पति होने का फ़र्ज़ निभाएँ। अपने मम्मी-पापा को बताएँ कि आपकी पत्नी की इच्छाओं का सम्मान नहीं किया गया तो वह आगे चलकर पागल भी हो सकती है। आप इनको ठीक होते देखना चाहते हैं तो इनकी अधूरी पढ़ाई पूरी करवाएँ। व्यक्ति के जीवन में इच्छाओं का या सपनों का बहुत ही महत्त्व है। आदमी इनके सहारे ही तो पूरी ज़िन्दगी बीता देता है। इच्छाएँ मरती हैं तो आदमी भी मर जाता है।' साइकोलॉजिस्ट ने समझाया।

पति ने अपनी पत्नी की तरफ सजल आँखों से देखा, फिर उसने साइकोलॉजिस्ट को स्नेहयुक्त आँखों से देखते हुए कहा–'थैंक्स सर, आपने तो मेरी सोच ही बदल दी। मैं अपने मम्मी-पापा को समझाकर कल ही इनका दाख़िला बी.ए. प्रथम वर्ष में करवा दूँगा।' इतना कहकर उसने पत्नी की कलाई ज़ोर से पकड़ी तो पत्नी ने उसको प्यार से देखा, फिर अनायास ही वह मुस्करा दी।

साइकोलॉजिस्ट बोला–'हम समझते नहीं हैं, सच्चाई तो यही है कि व्यक्ति की सोच जितनी ही मानवीय होती है, आधुनिक होती है, और सबके भले के लिए होती है, उसका वैवाहिक जीवन, सामाजिक जीवन या फिर व्यावसायिक जीवन सुखद ही होता है। आप अपनी सोच को विस्तृत करें।

❑

# 9. मैरिड लाइफ़ (व्यवहार)

आपके जीवन में समस्या तभी पैदा होती है, जब आपका बिहेवियर यानी व्यवहार दूसरों के प्रति सामान्य और अच्छा नहीं होता है। अभिभावक बच्चों को सबसे पहले अच्छा व्यवहार करने की सीख देते हैं। व्यवहार का सबसे अधिक महत्त्वपूर्ण हिस्सा है गुस्सा न करना, शांत रहकर धीमी आवाज़ में बोलना और बोलते समय चेहरे पर हल्की मुस्कान रखना। आप किसी से मुस्कराकर धीमी आवाज़ में बात करके तो देखिए, वह व्यक्ति न मानने वाली बात भी एक बार में ही मान जाएगा। ऊँची आवाज़ में आप किसी से बात करते हैं तो मानने वाली बात भी वह नहीं मानता है।

विशेषज्ञों का कहना है कि सिर झुकाकर और धीमी आवाज़ में जब एक व्यक्ति दूसरे व्यक्ति से कुछ कहता है तो दूसरा व्यक्ति न सिर्फ़ उसकी बात सुनता है बल्कि यथाशक्ति उसकी सहायता भी करता है। आप कितने व्यवहार कुशल हैं और आप बात करने की कला में कितने निपुण हैं, इन बातों पर बेशक आप के विवाह की सफलता और असफलता निर्भर करती है। पत्नी कड़क मिजाज़ वाली है, मुँहफट है, ऊँची और तल्ख़ आवाज़ में बोलती है, अपनी मर्ज़ी की मालिक हैं, चिड़चिड़ी है और अपनी पसंद-नापसंद को ही महत्त्व देने वाली है तो पति से या सास से उसकी कभी भी बनती नहीं है और जब इन दोनों के साथ नहीं बनती है तो ऐसे में संबंध-विच्छेद निश्चित रूप से हो जाता है।

आजकल व्यवहार में दोष आ गया है। आज की पीढ़ी को व्यावहारिक ज्ञान नहीं है। उसके व्यवहार में एक नहीं अनेक दोष हैं। किसी को भी अपने

व्यवहार पर नियंत्रण नहीं है। किस व्यवहार से सामने वाला ख़ुश होगा और किस व्यवहार से वह नाराज़ होगा, इसकी जानकारी न होने पर अकसर ही वाद-विवाद की स्थिति उत्पन्न हो जाती है। ऐसे वाद-विवाद को शांत भला कैसे किया जा सकता है? व्यवहार सही होगा तभी तो बात बनेगी।

एक युवक अपने मम्मी-पापा के साथ लड़की वालों के घर पहुँचा। चाय-नाश्ते के बाद युवक को लड़की के साथ बातचीत करने के लिए छोड़ दिया गया। युवक से लड़की ने पूछा–'आप कैसी पत्नी चाहते हैं?' युवक ने जवाब में कहा–'मैं ऐसी पत्नी चाहता हूँ, जो व्यवहार कुशल हो और अपने व्यवहार से सबका ही दिल जीत ले।' युवक इतना कहते-कहते चुप हो गया तो लड़की बोल पड़ी–'देखिए, व्यवहार कुशलता का मतलब मुझे मालूम नहीं।' लड़की के इतना कहने पर युवक उसे समझाने लगा–'मैं आपको इसका मतलब समझाता हूँ। आप ध्यान से सुनें। मेरे मम्मी-पापा सुबह के छः बजे तक स्नान कर लेते हैं। उनको उस समय चाय-नाश्ते चाहिए। मेरी मम्मी ब्लडप्रेशर की दवा लेती हैं। उनकी दवा है या नहीं या उन्होंने आज दवा ली या नहीं, इसका ध्यान हमें रखना पड़ता है। मैं सुबह के नौ बजे ऑफ़िस के लिए निकल जाता हूँ। मुझे नाश्ता आठ बजे तक मिल जाना चाहिए और लंच बॉक्स भी तैयार हो जाना चाहिए। घर में किसका सामान कहाँ है, इसकी जानकारी भी होनी चाहिए। घर की बहू ही इन सब कार्यों को करती हैं। मेरी दृष्टि में ये सब व्यक्ति का व्यवहार ही तो है। एक व्यवहार कुशल स्त्री या पुरुष ही उपरोक्त कार्यों को बख़ूबी कर सकता है।' युवक अभी बोल ही रहा था इतने में लड़की बोल पड़ी–'इसे व्यवहार कुशलता कहा जाएगा या कोल्हू का बैल बनकर रहना। मैं ऐसा नहीं कर सकती।' युवक लड़की के इतना कहते ही सोफे से उठ खड़ा हुआ। वह मन-ही-मन भगवान को शुक्रिया अदा कर रहा था कि चलो शादी होने से पहले ही पता चल गया कि लड़की बिलकुल अव्यावहारिक है। यदि यह घर की बहू बन गई तो सारा गुड़ गोबर हो जाएगा। युवक यही सब सोचता हुआ ड्रॉइंग रूम से बाहर आ गया।

युवक के पापा ने पूछा–'क्या हुआ बेटा?'

युवक ने कहा–'बहुत ही अच्छा हुआ। लड़की व्यवहार कुशल नहीं है। उसमें सेवा के गुण बिलकुल ही नहीं हैं। चलो, चलते हैं।' युवक इतना कहकर

सड़क की ओर बढ़ता चला गया। विवाह सलाहकार भी मानते हैं कि जितने भी तलाक होते हैं, उनमें से नब्बे प्रतिशत ग़लत व्यवहार के कारण होते हैं। खुद के व्यवहार से ही समस्याएँ पैदा होती हैं। जिन लोगों का व्यवहार सही नहीं होता है, उनका कुछ भी सही नहीं होता है। आपने अनेक लोगों को यह कहते हुए सुना होगा कि वह व्यवहार कुशल नहीं है। यह सच है, जब व्यक्ति अव्यावहारिक हो जाता है तो उसके साथ रिश्तों की महक नहीं होती है। उसके साथ उसके अपने तक भी नहीं होते हैं।

वैवाहिक जीवन सुखद, समृद्ध, सम्पन्न, कुशल और हसीन उन्हीं स्थितियों में होता है, जब पति और पत्नी में बेपनाह प्यार होता है और उनमें बेहद प्यार तभी हो पाता है जब दोनों ही व्यवहार कुशल होते हैं। पति और पत्नी में से एक भी यदि व्यवहार कुशल नहीं होता है तो फिर दाम्पत्य की गाड़ी धीरे-धीरे नहीं, तीव्र गति से पटरी से उतर जाती है। फिर बहुत कोशिश करने के बाद भी पटरी पर दाम्पत्य की गाड़ी नहीं चढ़ती है। पति पत्नी से अच्छा बोलता है, उसकी समय-समय पर प्रशंसा करता है, उसके अच्छे कार्यों के लिए उसे धन्यवाद देता है, उसकी मेहनत का मूल्यांकन करने के साथ उसकी रुचि के अनुकूल गिफ्ट देता रहता है तो फिर बड़ा ही सुन्दर माहौल बना रहता है। बच्चे भी ऐसे हसीन, स्वस्थ और समृद्ध माहौल का लाभ उठाते हैं। उनका चहुँमुखी विकास ऐसे ही माहौल में होता है। तनाव भरे माहौल में बच्चों का विकास थम-सा जाता है।

मनोवैज्ञानिक का भी मानना है कि व्यवहार ही वह चीज़ है, जो पति और पत्नी को क़रीब भी लाता है और दूर भी ले जाता है। इसलिए व्यवहार में ज़रा सी भी ईर्ष्या, बदले की भावना, द्वेष, घृणा, क्रोध की मात्रा नहीं होनी चाहिए। आजकल पति और पत्नी दोनों ही नौकरी करते हैं और शाम को जब घर आते हैं तो दोनों ही थके-हारे होते हैं, ऐसे में उनके व्यवहार में कटुता आ ही जाती है। ऐसे में ही तो अपने व्यवहार में कोमलता लाने की ज़रूरत होती है। अपना व्यवहार विषम परिस्थितियों में भी सामान्य और मिठास लिए हुए रखें। व्यवहार में मिठास होती है, सौम्यता होती है और कोमलता होती है तो फिर वैवाहिक जीवन में कोई दिक्कत नहीं आती है। ऑफ़िस से पति घर आता है और आप दौड़कर दरवाज़ा खोलती हैं, फिर उसके हाथ से बैग या ब्रीफकेश ले लेती हैं तो

उसकी सारी थकान उतर जाती है और आप चाय तथा पानी के लिए मुस्कराते हुए पूछ लेती हैं, तब तो पति आपका दीवाना ही हो जाता है। अकसर यह देखने में आता है कि पति जब दफ़्तर से घर पहुँचते हैं तो चिड़चिड़े-से होते हैं लेकिन पत्नी का व्यवहार मिठास लिए होता है तो यह चिड़चिड़ापन प्यार में बदल जाता है। व्यवहार बहुत बड़ी चीज़ है। इसे हलके में न लें। इसको आप हलके में लेते हैं तो फिर आप भी हलके ही बनकर रह जाते हैं।

विवाह सलाहकार के दफ़्तर में पत्नी पहुँची। उसने कहा–'सर, मेरी समस्या यह है कि मेरे पति दफ़्तर से आते हैं तो आने के साथ ही सबकुछ एक साथ चाहते हैं। देर होने पर अनाप-शनाप बोलने लगते हैं, अपशब्द निकालने लगते हैं, फिर मैं भी उन्हें सुना देती हूँ। इसके बाद तो माहौल बहुत ही गरम हो जाता है और हम दोनों के बिस्तर अलग-अलग हो जाते हैं। मैं क्या करूँ कि पति का गुस्सा शांत हो जाए और वह दफ़्तर से आने के बाद सामान्य व्यवहार करें?'

विवाह सलाहकार ने कहा–'आपको कुछ नहीं करना है। आप केवल अपने व्यवहार में मिठास उत्पन्न कर लें। आपका व्यवहार पति के प्रति सुन्दर हो जाएगा तो उनको गुस्सा आएगा ही नहीं।'

पत्नी बोली–'व्यवहार को सुन्दर कैसे बनाया जा सकता है?'

विवाह सलाहकार बोला–'जब पति का समय दफ़्तर से घर आने का हो तो आप सुबह की ड्रेस उतारकर कोई दूसरी ड्रेस डाल लें। बाल सँवार लें। अच्छी तरह से मेकअप कर लें। जब दरवाज़े पर दस्तक हो तो मुस्कराते हुए दरवाज़ा खोलें, फिर उनके हाथ से ब्रीफकेश लेते हुए 'स्वागत है' कहें। चाय-पानी के लिए पूछें नहीं, बल्कि चुपचाप लाकर उनके सामने रख दें। पति जो भी सवाल करें स्पष्ट शब्दों में जवाब दें और सुबह उनके नाश्ते तथा लंच का ध्यान पूरी तरह से रखें। फिर पति को गुस्सा आएगा ही नहीं।' विवाह सलाहकार ने समझाया। पत्नी विवाह सलाहकार के जवाब से पूर्णतः संतुष्ट होकर घर के लिए रवाना हो गई।

कहने का आशय है कि आपके व्यवहार में केवल बात नहीं बल्कि कर्म भी होना चाहिए। आप 'आई लव यू' कहें और प्यार न करें तो यह कब

तक चलेगा? कभी तो महसूस होगा कि आप केवल मुँह से कहती हैं आपके दिल में ज़रा-सा भी प्यार नहीं है। आप मुँह से ख़ूब अच्छा ही बोलें, बात करें, हँसी-मज़ाक करें और व्यावहारिक तौर पर आप प्यार ही न करें तो यह कोई प्यार नहीं है। प्यार आपके कर्मों में दिखना चाहिए। मुझे आपकी फ़िक्र है, कहने से बात नहीं बनेगी। वास्तव में फ़िक्र करनी पड़ेगी।

इसी तरह से पत्नी यदि कामकाजी है तो पति या अन्य परिजन उसका ध्यान रखें। आप यह हमेशा दिमाग़ में रखें कि पत्नी या बहू स्वयं के लिए नहीं बल्कि सबके लिए ही नौकरी कर रही है। कामकाजी पत्नी या कामकाजी बहू के दफ़्तर से घर आने पर आप घर पर हैं तो उसको चाय दें। यह मन में न लाएँ कि मैं पति हूँ, भला पत्नी को चाय-पानी दूँगा या मैं सास हूँ, भला बहू को चाय-पानी दूँगी। आपकी बेटी नौकरी करती है या कॉलेज में पढ़ती है तो क्या आप घर पर उसके लिए चाय नहीं बनाती हैं? आप बनाती हैं तो फिर बहू के लिए बनाने में क्या हर्ज है? बहू भी तो बेटी ही होती है। पति को पत्नी को चाय-पानी देने में संकोच नहीं करना चाहिए क्योंकि पत्नी पति की दोस्त और हमसफ़र होती है। पति और पत्नी में से कोई भी छोटा या बड़ा नहीं होता है। यह तो बराबरी का रिश्ता है। पत्नी जब पति की सेवा करने में संकोच नहीं करती है तो फिर पति ही पत्नी की सेवा करने में संकोच क्यों करता है? आप यह नोट कर लें। यह रिश्ता प्यार, सौहार्द और व्यवहार पर ही टिका होता है। वैवाहिक जीवन से प्यार, व्यवहार और सौहार्द ये तीनों चीज़ें निकल जाती हैं तो फिर वैवाहिक जीवन बेरस और कड़वाहट लिए हुए हो जाता है और विवाह बोझ की तरह भारी भी हो जाता है।

एक अत्यंत ही शिक्षाप्रद और धार्मिक उदाहरण प्रस्तुत है, जो आपके दाम्पत्य जीवन को हसीन और सुखद बनाने में सहायक साबित होगा।

सविता मुस्कराती हुई दरवाज़े तक आई और दरवाज़ा झट से खोल दिया, फिर रूपेश के हाथ से बैग लेते हुए कहा–'जनाब आज तो बड़ी जल्दी आ गए?' रूपेश चुपचाप कमरे में चले गए। सविता भी उनके पीछे-पीछे कमरे में आ गई। फिर उनकी तरफ देखते हुए बोली–'माँ जी से तुम क्यों नहीं कहते कि वह ननद से भी घर का काम करने को कहें।' रूपेश बोले–'फिर वही

बात, दफ़्तर से आया हूँ। थोड़ा दम तो ले लेने दो।' रूपेश यह कहते-कहते झल्ला पड़े।

सविता शिकायत के लहजे में बोली–'तुम्हें तो मेरी कोई परवाह ही नहीं। मैं कोई शिकायत नहीं कर रही कि तुम गुस्सा हो गए। माँ जी बुजुर्ग हैं, चलो कोई बात नहीं, लेकिन ननद तो जवान हैं। उन्हें तो घर के कामकाज करने ही चाहिए। माँ जी न ख़ुद कोई काम करती हैं और न ही ननद से कोई काम करने के लिए कहती हैं।'

रूपेश का मूड उखड़ गया। वह कहने लगे–'देखो, मेरा दिमाग़ ख़राब मत करो। जहाँ तक मुझको मालूम है, माँ घर का काम करने से जी नहीं चुराती हैं। बहन ज़रा ज़िद्दी है। प्यार से तुम कहोगी तो वह मना नहीं करेगी।'

सविता को सहसा ही गुस्सा आ गया–'क्यों प्यार से बोलूँ? क्या ननद खाना नहीं खाती हैं?'

'दुनियादारी को समझो, कोई भी रिश्ता प्यार से सँवरता है। तुम्हारी रोज़-रोज़ की शिकायतों ने तो नाक में दम कर रखा है।' रूपेश यह कहकर चुप हो गए और सविता भी मामला गरम होते देख चुप हो गई। दूसरे दिन सविता ने रूपेश के ऑफ़िस जाने के बाद कहा–'मेरे पति की कमाई सब बैठे-बैठे खा रहे हैं और ऊपर से मुझे काम करा-कराकर थका देते हैं।' सविता इतना बोलकर सास की तरफ देखते हुए आगे बोली–'ऐसे आप मुझे क्या घूर रही हैं, जाकर किचन में काम कीजिए और कुछ नहीं तो अपने और अपनी बेटी तथा पति के लिए तो खाना बना ही सकती हैं।'

सविता के ससुर सब सुन रहे थे। वह कमरे से बाहर आकर कहने लगे–'अपने से बड़ों से इस लहजे में बात की जाती है? बहू! जब तुम इस घर में नहीं थी तो क्या काम नहीं होते थे? मेरी बेटी अपनी माँ के साथ घर के सारे काम करती थी। जब से तुम आई हो, उसे गालियाँ दे-देकर इतना ज़िद्दी और गुस्सैल बना दिया है कि वह अब हमारी भी कोई बात नहीं सुनती। तुमने घर का अच्छा ख़ासा माहौल ख़राब कर दिया है। मुझको सब पता है, तुम रोज़ रूपेश से किसी-न-किसी की शिकायत लगाती हो। वह हमारे साथ ही रहकर बड़ा हुआ है। वह अपनी माँ और पिता को अच्छी

तरह से जानता है। तुमसे यहाँ सारे बड़े हैं। उनसे तुम प्यार से तो काम करवा सकती हो, लेकिन डाँट-डपटकर या अपशब्द निकालकर नहीं।' ससुर इतना बोलकर कमरे में चले गए।

सविता की सास बोलीं–'बहू, तुम्हारी ननद तुम्हारे पति से उम्र में बड़ी है। बेचारी विधवा हो गई है, इसलिए यहाँ समय गुज़ार रही है। तुम याद करो, सपने में भी तुमने कभी उससे सीधे मुँह बात की होगी? मैं तुम्हारी सास हूँ और तुम बात-बात पर मुझे बुढ़िया कहकर बुलाती हो। बेटे से हमारी शिकायत करती हो। क्या कभी तुमने यह भी कहा है कि सबके साथ तुम कैसा व्यवहार करती हो?'

'घर के काम केवल मेरे ही हैं? यहाँ क्या केवल मैं ही रहती हूँ कि बार-बार बच्चों की तरह आप माँ-बेटी को काम के लिए कहती रहूँ?' सविता के यह कहते ही सास गुस्से से लाल-पीली हो गईं–'तुम मुझे काम बताओगी, क्या तुम इतनी काम करने वाली हो गई हो? मेरे घुटने में दर्द रहता है। मैं सुबह उठ नहीं सकती हूँ। तुमने तो सुबह-सुबह उठकर पति के लिए चाय-नाश्ता बना दिया, बस हो गया। घर में झाड़ू-पोंछा हमारी बेटी ही तो लगाती है।'

सविता बोली–'खाएगी तीन बार तो झाड़ू-पोंछा भी नहीं लगाएगी।'

'तो फिर इतना काम ही कहाँ होता है कि हम माँ-बेटी सारा दिन घर में डोलती फिरें। मुझे सब पता है, तुम घर का कोई भी काम करना नहीं चाहती हो। यह नहीं होने वाला, मैं इस बुढ़ापे में तुम्हारी नौकरी करने से रही। बेटे को हमारे खिलाफ़ जितना भड़काना चाहती हो, भड़का लो। मैं डर कर अपनी बेटी को घर से बाहर नहीं निकालने वाली।' सविता की सास ने कहा।

सविता हाथ हिलाते हुए बोली–'कोई बात नहीं, मैं ही इस घर से निकल जाती हूँ। तुमलोग इस घर की दीवारें चाटकर रहना। मैं आज बस रूपेश के आने का इंतज़ार कर रही हूँ।' सविता इतना कहकर बेडरूम में चली गई।

शाम को रूपेश घर आए। सविता कमरे के एक कोने में बैठकर सिसकने लगी। रूपेश सविता के पास आकर बोले–'अब क्या हुआ? तुम सब रोज़ कोई न कोई हंगामा खड़ा करते ही रहते हो। मेरी जान तो आफ़त में आ गई है।'

'तुम्हारे पिता, माँ, बहन सबने ही मुझे आज खूब खरी-खोटी सुनाई। मैं उनसे तंग आ गई हूँ। मैं कहीं किराये के मकान में रह लूँगी लेकिन यहाँ अब एक मिनट भी नहीं रहूँगी।' सविता ने स्पष्ट शब्दों में कहा।

'यह कोई समस्या का हल नहीं। मैं माँ-बाबू जी और विधवा बहन को इस हाल में छोड़कर कहीं नहीं जा सकता। उनसे मेरा बहुत क़रीबी का रिश्ता है। रिश्ते यूँ ही टूट नहीं जाते।' रूपेश ने कहा।

'नहीं जा सकते तो मुझे जाने दो। मैं इतने गुणहीन और मतलबी लोगों के साथ नहीं रह सकती।' सविता अभी बोल ही रही थी, तभी पति बीच में ही बोल पड़े–'तुम किन्हें गुणहीन और स्वार्थी कह रही हो, उन्हें जिन्होंने मुझे तुम्हारे लायक बनाया? देखो, जब मुझे किसी में ऐब देखने की इच्छा होती है न तो मैं ख़ुद से इसकी शुरुआत करता हूँ और इससे आगे बढ़ ही नहीं पाता। उनका ऐब तो तुम्हें नज़र आ रहा है, लेकिन तुममें कितने ऐब हैं, कभी उधर भी ध्यान दिया है? जब तुम अपने भीतर झाँकना शुरू करोगी न, तब तुम्हारी समझ में सबकुछ आ जाएगा।'

रूपेश थोड़ी देर तक चुप रहने के बाद फिर बोलने लगे–'देखो, जब तुम्हारा आचरण दूसरों के प्रति नरम होगा तो फिर दूसरों का आचरण भी तुम्हारे प्रति स्वतः ही नरम हो जाएगा। मैं पूछता हूँ, क्या तुमने कभी भी माँ, बहन या पापा से प्यार से बात की है? नहीं की है, फिर तुम यह उम्मीद कैसे रखती हो कि वे लोग तुम्हारे साथ अच्छा व्यवहार करेंगे? यह कोई इतनी बड़ी समस्या नहीं है। बस रिश्तों की मर्यादा को समझने की आवश्यकता है। अभी भी कुछ बिगड़ा नहीं है। घर में सबके प्रति अच्छी भावना रखो, मीठा बोलो और अपने स्वभाव को विनम्र और कोमल रखो। वे लोग तुम्हारे कुछ लगते हैं। याद रखो, फिर सबलोग तुम्हें दिलोजान से चाहने लगेंगे।' रूपेश यह कहकर सविता के आँसू पोंछने लगे। उनके शब्दों ने उसे कहीं भीतर तक हिला दिया और वह शुरू से अब तक के अपने व्यवहार के बारे में पलक झपकते ही सोच गई, फिर तो कोई समस्या ही नहीं दिखी क्योंकि उसकी सारी उलझन ही सुलझ गई थी। उलझनों को तो उसने ख़ुद ही पैदा किया था। सच्चाई भी यही है कि दुनिया का हर व्यक्ति स्वयं ही समस्या को पैदा करता है। कोई तीसरा व्यक्ति किसी के लिए भी समस्या उत्पन्न नहीं करता है।

सविता रूपेश की तरफ देखते हुए बोली—'आपको बहुत-बहुत धन्यवाद कि आज आपके चलते मुझे सास, ससुर और ननद के साथ अपने इतने मीठे रिश्ते की अनुभूति हो सकी। सच ही कहा आपने, हमें दूसरों में बुराई ढूँढ़ने से पहले स्वयं के भीतर झाँक लेना चाहिए, फिर हमें सच्चाई का बोध अपने आप ही हो जाता है।' सविता यह कहते-कहते मुस्करा पड़ी।

स्वयं के व्यवहार से ही समस्याएँ उत्पन्न होती हैं और हम दूसरों के साथ अपने संबंधों को खुद ही बिगाड़ते हैं। आप अपनी ग़लती को महसूस करना सीख जाते हैं तो वही लोग प्यारे और अच्छे लगने लगते हैं। बेहतर रिलेशनशिप के लिए बेहतर सोचना आवश्यक है।

एक मनोचिकित्सक के क्लीनिक में बाइस वर्षीया एक पढ़ी-लिखी और स्मार्ट युवती पहुँची। मनोचिकित्सक ने पूछा—'आपको क्या परेशानी है?' मनोचिकित्सक के इतना पूछने पर वह युवती बोली—'मेरे पति मुझ से नाराज़ रहते हैं। जबकि मैं उनका बहुत ध्यान रखती हूँ, उनको बहुत प्यार करती हूँ। उनकी चीज़ों को सँभाल कर रखती हूँ ताकि ज़रूरत पड़ने पर उन्हें तुरंत ही मिल जाए। फिर भी वह मुझको नापसंद क्यों करते हैं?'

मनोचिकित्सक ने बहुत सोचा, बहुत सिर मारा, फिर उसने कहा—'क्या आप अपने सास-ससुर की सेवा करती हैं? क्या उनके साथ आपका संबंध अच्छा है?' मनोचिकित्सक के इतना पूछने पर वह युवती आश्चर्य से उसको देखनी लगी कि मेरी समस्या से इन सवालों का क्या संबंध है? इतना सोचते ही युवती ने पूछ लिया—'डॉक्टर, मेरी समस्या से इन सवालों का क्या संबंध है?'

'यही तो समझने वाली बात है। इन प्रश्नों से आपकी समस्या का गहरा संबंध है। यदि आपने सही-सही जवाब दे दिए तो आपकी समस्या क्यों है मालूम हो जाएगा। आप मेरे सवालों के जवाब दें।' मनोचिकित्सक के इतना कहने पर वह युवती बोली—'सास और ससुर से मेरे संबंध ठीक नहीं हैं। मैं उनकी सेवा नहीं करती हूँ।'

*मनोचिकित्सक ने कहा—'आपके पति अपने मम्मी-पापा को कितना चाहते हैं, इस सवाल के जवाब में युवती ने कहा—'मेरे पति मम्मी-पापा को दिल से चाहते हैं और उनके सारे काम पति ही करते हैं।'*

मनोचिकित्सक ने कहा–'आपकी समस्या की वजह यही है कि आप अपने सास और ससुर यानी पति के मम्मी और पापा की सेवा नहीं करती हैं। आप अपने सास और ससुर का ध्यान रखना शुरू कर दें। आपके पति का आपसे संबंध धीरे-धीरे बहुत ही मधुर और बहुत ही मज़बूत हो जाएगा।' मनोचिकित्सक इतना कहकर चुप हो गया।

वह युवती क्लीनिक से निकलकर बाहर आ गई। वह रास्ते भर यही सोचते हुए घर पहुँची कि सास और ससुर की देखभाल करने से पति से मेरे संबंध कैसे अच्छे हो जाएँगे? वह मुझसे नफ़रत करना छोड़कर प्यार कैसे करने लगेंगे?

युवती को मनोचिकित्सक के सुझावों पर पूरा यक़ीन था। उसने सास और ससुर का ध्यान रखना शुरू कर दिया। शाम को पति घर आया और दवा लेकर अपने पिता के पास पहुँचा तो पिता ने कहा–'बेटा, आज बहू ने बहुत सेवा की है। आते ही मुझको दवा भी दे दी है। तुम्हारी मम्मी के सिर में बहू ने तेल की मालिश भी कर दी है।' पिता के मुख से इतना सुनते ही उस युवती का पति बहुत ही ख़ुश हुआ और तेज़-तेज़ क़दमों से चलकर पत्नी के पास आया और उसको अपनी गोद में उठाकर कहने लगा–'मैं यही तो चाहता था कि मेरी पत्नी मम्मी-पापा का ध्यान रखे। उनकी सेवा करे और उनको हमेशा ख़ुश रखे। तुम ऐसे ही उनका ध्यान रोज़ रखोगी?' पति के इतना कहते ही पत्नी की आँखें भर आईं। उसने कहा–'हाँ, मैं माँ और पापा जी का हमेशा ध्यान रखूँगी। आप उनकी तरफ से बिलकुल ही निश्चिंत रहें। मैं अनुभवहीन थी और मुझे ज्ञान नहीं था, इसीलिए तो मैं अपनी सास और ससुर की सेवा न कर सकी।' पत्नी इतना कहते-कहते काफ़ी भावुक हो गई और वह भावनाओं में बह गई। जो पति जिस पत्नी को देखकर क्रोधित हो जाता था, आज वही पति उस पत्नी को गोद में लेकर प्यार कर रहा था।

ज़िन्दगी को समझना बड़ा ही कठिन है। पूरी ज़िन्दगी गुज़र जाती है लेकिन ज़िन्दगी समझ में नहीं आती है। ज़िन्दगी का गणित जितना टेढ़ा है, उतना ही आसान भी है। ज़िन्दगी का गणित उनके लिए आसान है, जो रिश्तों की महिमा को स्वीकार करते हैं और उसकी कद्र भी करते हैं। आप विवाह के बाद ससुराल जाती हैं और पति तक ही सिमटकर रहने लगती हैं और

अन्य परिजनों को कोई भाव नहीं देती हैं तो आप क्या समझती हैं। पति को आपका यह व्यवहार पसंद आएगा? पति आपको माला पहनाकर इनाम देगा? बिलकुल ही नहीं क्योंकि पति आसमान से टपक कर नहीं आया है। उसी परिवार का वह भी एक अभिन्न हिस्सा है। आप इस सच को समझें और पति के साथ-साथ पति से जुड़े सभी परिजनों के साथ भी अच्छा और मधुर व्यवहार करें। आपका व्यवहार जितना ही मधुर, सकारात्मक तथा सबके हित में होगा आपको सब उतना ही पसंद करेंगे। यह नोट कर लें, कोई भी किसी से प्यार व्यवहार को देखकर ही करता है।

पति का व्यवहार भी पत्नी के प्रति सरस और मधुर होना चाहिए। मैंने देखा है, ज़्यादातर पति पत्नियों के प्रति कठोर होते हैं, उनके मम्मी-पापा के प्रति असहज होते हैं और बात-बात पर पत्नी के मम्मी-पापा को गालियाँ देते रहते हैं और तरह-तरह के अपशब्द तथा रह-रह के ताने भी मुँह से निकालते रहते हैं। पत्नी सब सुन लेती है, लेकिन अपने मम्मी-पापा के विरुद्ध एक भी अपशब्द सुनना पसंद नहीं करती है।

एक पति नहीं चाहता था कि उसकी पत्नी उसको तलाक दे। लेकिन पत्नी अपनी ज़िद पर अड़ गई थी और वह तलाक देने का बिलकुल ही मन बना चुकी थी। पति अपनी इस समस्या को लेकर एक विवाह सलाहकार से मिला। विवाह सलाहकार ने पति से पूछा–'पत्नी के साथ आपका व्यवहार कैसा है। क्या आप उसके मम्मी-पापा को गालियाँ देते हैं? क्या ससुराल जनों के साथ आपका व्यवहार बेहतर है?'

*पति बोला–'नहीं सर, ससुराल से मेरा रिश्ता नहीं है। मैं बात-बात पर पत्नी के मम्मी-पापा को गालियाँ देता रहता हूँ।' पति ने सच-सच बता दिया।*

विवाह सलाहकार ने मुस्कराते हुए समझाया–'पत्नी के प्रति आपका व्यवहार ठीक नहीं है। आप गाली-गलौज करेंगे तो फिर पत्नी से आपका रिश्ता ठीक कैसे हो सकता है। आपकी पत्नी आपके प्रति सहज तभी हो सकती है जब आप उसके मम्मी-पापा को इज़्ज़त देना शुरू कर देंगे, गाली-गलौज करना बंद कर देंगे और अपने व्यवहार में मधुरता लाएँगे।' विवाह सलाहकार के सुझाव पति को पसंद आए। वह बिलकुल ही संतुष्ट हो गया।

वैवाहिक जीवन में व्यवहार का सबसे अधिक महत्त्व इसलिए है क्योंकि व्यवहार से ही तो प्रेम की उत्पत्ति होती है और प्रेम से ही तो विवाह को अर्थ मिलता है। इसके विपरीत जब विवाह को अर्थ मिल जाता है तो फिर दो ज़िस्म एक जान हो जाते हैं। विवाह की सार्थकता इसी में ही तो है। आज विवाह संकट में है क्योंकि आपस का व्यवहार सहज और मधुर नहीं है। सेक्स है लेकिन प्रेम नहीं है। प्रेम ज़रूरी है।

मैं यहाँ पर एक घटना का उल्लेख कर रहा हूँ ताकि आप मेरी बात को समझ सकें।

मनीष का विवाह रीता से बहुत ही धूमधाम के साथ हुआ। लेकिन विवाह के दो माह के अंदर ही उन दोनों के संबंध ख़राब हो गए। उनके वैवाहिक जीवन में उथल-पुथल सी मच गई। ऐसा भी नहीं कि, वे गँवार थे, बल्कि दोनों ही काफ़ी पढ़े-लिखे थे और समझदार भी थे। वे दोनों जब तलाक देने के लिए तैयार हो गए तो मनीष की मम्मी दिव्या के कान खड़े हो गए। वह काफ़ी परेशान हो गईं।

उन्होंने रीता से पूछा–'बहू, मैं क्या सुन रही हूँ? तुम तलाक देने जा रही हो? तुम दोनों में इतना प्यार है। तुम दोनों दो ज़िस्म एक जान हो गए हो, फिर भी ऐसी क्या प्रॉब्लम है कि संबंध-विच्छेद की बात हो रही है?'

रीता संकोच करते हुए बोली–'माँ जी, हमारे बीच व्यवहार का अभाव है, प्रेम का अभाव है और बातचीत का अभाव है। मनीष आते हैं, खाना खाते हैं, मेरे पास आकर सो जाते हैं। माँ जी, आप तो जानती ही होंगी कि पेट की भूख की तरह ही शरीर की भी भूख होती है। हमारे बीच प्रेम व्यवहार न होने के बाद भी शारीरिक संबंध बनता रहता है क्योंकि यह शरीर की ज़रूरत है। आप इसे प्रेम की नज़र से देखने की भूल मत कीजिए।' रीता ने इतना कहकर दिव्या के मुँह को बंद कर दिया। वह भी एक अनुभवी औरत थीं, उन्होंने कोई बात नहीं की।

यौन विशेषज्ञ भी मानते हैं कि पेट की भूख से बिलकुल ही अलग शरीर की भूख होती है और जब शरीर की भूख लग जाती है तब यह नहीं देखती कि पति के साथ उसका व्यवहार कैसा है या पति उससे प्रेम करता है या नहीं।

सेक्स तो शरीर की ज़रूरत है। ज़रूरत पूरी होने के बाद फिर वे दोनों अलग हो जाते हैं। आप यह कभी न सोचें कि वे पति और पत्नी हैं तो वे एक-दूसरे से प्यार ही करते हैं या पत्नी बच्चों की माँ बन गई तो वह पति से प्रेम ही करती है या पति उससे प्रेम ही करता है या दोनों के संबंध बहुत ही अच्छे हैं। रीता का कहना बिलकुल ही सही है कि शारीरिक संबंध एक ही कमरे में साथ-साथ सोने पर बनना स्वाभाविक है क्योंकि पेट की भूख की तरह ही शरीर को भूख होती है और जब यह भूख लगती है तो फिर प्रेम गौण हो जाता है। शरीर की भूख मिट जाती है तो फिर पहले वाली स्थिति बहाल हो जाती है।

चाणक्य ने कहा है कि यौन संबंध जब बनता है तब पुरुष बहुत सारे वादे करता है और जब शरीर की भूख मिट जाती है फिर पुरुष सारे वादों को भूल जाता है। स्त्री भी शुष्क और कठोर बन जाती है। इसलिए दाम्पत्य जीवन में स्नेहसिक्त व्यवहार की सख्त रूप से ज़रूरत होती है। आपने बहुत से लोगों को यह कहते हुए अवश्य ही सुना होगा कि जानवरों की तरह बच्चे पैदा कर दिए और तलाक देकर अलग हो गए। इससे तो यही जाहिर होता है न कि यौन संबंध से कहीं बड़ा और महत्त्वपूर्ण प्रेम संबंध है।

प्रेम के बिना साथ-साथ चलना बहुत ही कठिन हो जाता है और एक दिन ऐसा भी समय आता है कि पति और पत्नी एक-दूसरे से अलग हो जाते हैं। आप यह कभी न सोचें कि उनके बीच यौन संबंध है तो प्रेम भी है। यौन संबंध अकसर ही किन्हीं मज़बूरियों में बनते हैं। मैंने ऐसी अनेक महिलाओं को कहते हुए सुना है कि उस आदमी के साथ सोने की अन्दर से इच्छा नहीं करती है, लेकिन क्या करें, वह पति जो ठहरा। अब तो आप समझ गए न कि यौन-व्यवहार बनने से विवाह सुरक्षित और दीर्घायु नहीं होता है, विवाह तो दीर्घायु तब होता है जब पति और पत्नी एक-दूसरे के हमदर्द, हमसफ़र, हमराही और हमनवा बनकर साथ-साथ जीने-मरने की सौगंध लेते हैं। एक-दूसरे के लिए जीना ही जीना है। विवाह करना जितना ही आसान है, उतना ही कठिन विवाह को सही सलामत रखना है।

❑

# 10. मैरिड लाइफ़ ( प्रॉब्लम )

मैरिड लाइफ़ यानी वैवाहिक जीवन में बहुत-सी बहसें होती रहती हैं। कुछ बातों का हल आसानी से निकल जाता है और कुछ बातों का हल बड़ी मुश्किल से निकलता है तथा कुछ बातों का हल निकालना असम्भव हो जाता है। असम्भव को जब तक आप सम्भव बनाने की क्षमता नहीं रखते हैं तब तक आप एक सफल दम्पति नहीं बन सकते हैं। विवाह का दूसरा नाम आनंद और जीवन है तो इसका तीसरा नाम समस्या भी है। यही कारण है कि विवाह उन लोगों के लिए समस्या बन जाता है, जो समस्याओं को सुलझाने की बजाए उनमें और उलझते चले जाते हैं।

अधिकतर लोग मानते हैं कि बिना पत्नी के कोई जीवन नहीं होता है। ज़िन्दगी को आसान, सहज और प्रेममय बनाने के लिए विवाह किया जाता है। जो लोग समस्याओं से डरते नहीं हैं, समस्याओं को सुलझाने में रुचि लेते हैं और जिस भी हालत में होते हैं उसमें आनंद लेते हैं, तो फिर विवाह कठिन होकर भी आसान बन सकता है। दिक्कत यही है कि अधिकतर स्त्री और पुरुष नकारात्मक सोच वाले होते हैं और हर बात को ग़लत ढंग से ही लेते हैं। इससे आपस में मतभेद हो जाता है। मतभेद विवाह का नाश करता है, साथी को भी सही नहीं समझने देता है। आपस में मतभेद मेरे विचार से अस्सी प्रतिशत लोगों में है। जब दो व्यक्तियों के आपस में मन मिल जाते हैं फिर तो कोई समस्या उनके बीच उत्पन्न ही नहीं होती है। लेकिन विचारों का आपस में मिलना इतना आसान थोड़े ही है। लड़का और लड़की को जब विवाह

के लिए दोनों पक्षों के अभिभावक पसंद करते हैं तो ज़्यादातर उनमें यही तो देखते-परखते हैं कि इन दोनों की पसंद और नापसंद, रुचि और अरुचि, शौक आदि किस हद तक तथा कितना मिलते हैं। पसंद-नापसंद, रुचि-अरुचि और शौक जब मैच न करें तो अभिभावकों को शादी के लिए तैयार बिलकुल ही नहीं होना चाहिए क्योंकि जब लड़का और लड़की की पसंद-नापसंद, मैच नहीं करती है तो फिर उनकी आपस में लड़ाइयाँ होने लगती हैं। रुचि-अरुचि नहीं मैच करती हैं तो बहस होने लगती है और जब शौक मैच नहीं करते हैं तो विवाह बोझ-सा बन जाता है। आप विवाह करने से पहले इन बातों पर एक बार चर्चा हर हाल में करें। बहुत से अभिभावक लड़का या लड़की पसंद आ जाने पर वैचारिक भिन्नता को नज़रअंदाज़ कर जाते हैं और यह कहकर विवाह तय कर देते हैं कि शादी के बाद सब सही हो जाएगा, लेकिन सच्चाई यह है कि जब विचारों में अंतर होता है तो यह अंतर कभी भी समाप्त नहीं होता है, बल्कि धीरे-धीरे और बढ़ता ही चला जाता है।

आजकल तलाक के ज्यातर मामले विशेष रूप से शहरों और महानगरों में आने लगे हैं। उनको कम करना या उन पर रोक लगाना किसी के भी वश की बात नहीं है। तलाक के मुख्य और विशेष कारणों में वैचारिक भिन्नता शामिल है।

एक उदाहरण यहाँ प्रस्तुत है ताकि आप मेरी बात को अच्छी तरह से समझकर स्वयं के विवाह को रंगीन, हसीन और सफल बना सकें।

विवाह सलाहकार के दफ़्तर में सास और ससुर पहुँचे। वे काफ़ी दुखी और परेशान थे। विवाह सलाहकार ने पूछा–'क्या दिक्कत है?'

सास बोली–'दिक्कत यही है कि बहू और बेटे की सोच, पसंद-नापसंद और शौक में बहुत अंतर है। यही वजह है कि वे बात-बात पर घंटों बहस करते रहते हैं। बहस तब तक करते हैं जब तक रात नहीं हो जाती है।' सास की बात ख़त्म होते ही विवाह सलाहकार ने कहा–'मैडम, आपकी बहू और बेटे के वैवाहिक जीवन पर तलवार इसलिए लटक रही है क्योंकि उनके विचारों में बहुत भिन्नता है। विचारों में भिन्नता होने पर समस्याएँ उत्पन्न होती ही रहती हैं और एक दिन यही समस्याएँ अलगाव की वजह भी बन जाती हैं।'

ससुर ने जानना चाहा–'सर, हमें ऐसा क्या करना चाहिए कि बहू और बेटे तलाक लेने या देने का विचार त्यागकर मिल-जुलकर रहना शुरू कर दें?' ससुर के इतना पूछने पर विवाह सलाहकार ने कहा–'बहू और बेटे में से सबसे अधिक समझदार और बुद्धिमान कौन है?'

सास बोली–'बहू है। वह हमारी संतान न होने के बाद भी ज़्यादातर हमारी बात मान लेती है और हमारी सुन भी लेती है। लड़का हमारी सगी संतान होने के बाद भी न तो हमारी बात सुनता है और न ही हमारी बात मानता है।'

विवाह सलाहकार ने कहा–'यह तो अच्छी बात है। पुरुष से कहीं अधिक समझ और बुद्धि स्त्री में होती है। लड़की लड़कों से पहले सयानी होती है। समझौतावादी भी लड़कियाँ होती हैं। आप दोनों ही बहू की सहायता करना शुरू कर दें। बहू का सम्बल बन जाएँ और बेटा जब भी बहू को परेशान करने लगे, तो ऐसे में बहू में दोष न निकालकर बेटे को ही ग़लत ठहराएँ। जब बार-बार आप बेटे की ग़लतियाँ गिनाने लगेंगे और उसके दोष उसके सामने रखने लगेंगे तो बेटा भी धीरे-धीरे नरम पड़कर शांत हो जाएगा। किसी भी उदंड व्यक्ति को सुधारने में समय लगता है, मेहनत लगती है और दिमाग़ भी खपाना पड़ता है।' विवाह सलाहकार ने समझाया।

सास और ससुर घर आ गए। विवाह सलाहकार के सुझावों को व्यवहार में लाने पर वास्तव में ही चमत्कार हो गया। बेटा बहू से भी कहीं अधिक समझौतावादी बन गया। आपको पता है सास ने क्या कहकर बेटे को धीरे-धीरे रास्ते पर ला दिया? सास ने बस इतना ही कहा कि बेटा, जीने के दो-चार दिन ही होते हैं और बाक़ी दिन बेकार होते हैं। तुम तलाक देकर दूसरी पत्नी घर पर लाओ और वह इससे भी अधिक ख़राब निकले, तब क्या करोगे? बेटा, सामने आई चीज़ को अलग कर दूसरी चीज़ की उम्मीद करना क्या सही है? जो है ही नहीं उसके बारे में अच्छी कल्पना करना और जो सामने है, उससे नाता तोड़ना ठीक नहीं है। तुम इस बहू के साथ समझौता करना सीखो। बहू हमारी औलाद न होने के बाद भी हमारी बात को मानती है और तुम हमारी औलाद होकर भी हमारी बात नहीं मानते हो। बेटा, यदि तुमने तलाक दे दिया तो हम भी तुमसे कोई संबंध नहीं रखेंगे। तुम दोनों का कई

लोगों के सामने विवाह हुआ है कोई मज़ाक थोड़े ही हुआ है कि जब मन में आएगा तब तलाक दे दोगे।'

बेटे को बात माननी ही पड़ गई। पुत्र मोह भी कभी-कभी बहू-बेटे के वैवाहिक जीवन में समस्याएँ उत्पन्न कर देता है और इस हद तक उत्पन्न कर देता है कि स्थिति बहुत ही नाज़ुक हो जाती है। बहू-बेटे में तलाक सास और ससुर की नकारात्मक भूमिका की वजह से भी होता है। तलाक होने के एक नहीं अनेक कारण होते हैं। जब भी लगे कि बहू ज़्यादती कर रही है तो बहू के समर्थन में बोलना शुरू कर दें और इसके साथ ही बहू की भी प्रशंसा करना शुरू कर दें। बहू की ख़ामियों पर कोई ध्यान न देकर उसकी ख़ूबियों की तारीफ़ करना अति आवश्यक है। इसका सबसे बड़ा लाभ यह होगा कि उदंड बहू धीरे-धीरे शांत होने लगेगी और उसमें ख़ूबियों की मात्रा इतनी बढ़ जाएगी कि ख़ामियाँ स्वतः ही ग़ायब हो जाएँगी।

मनोचिकित्सकों का कहना है कि किसी को सुधारना हो और उसकी ख़ामियों को मिटाना हो तो उसकी प्रशंसा करना शुरू कर दें। जिस व्यक्ति की प्रशंसा की जाती है, वह कितना भी क्रूर क्यों न हो वह स्वयं को बेहतर बनाने लगता है। किसी को भी सुधारने का यह स्वाभाविक नियम है। इस नियम की मदद से उदंड व्यक्ति को बेहतर इनसान बनाया जा सकता है। सास ने अपने बेटे और बहू को इस नियम की मदद से ही तो तलाक के ख़तरे से बचा लिया। तलाक देना और लेना ही आसान लगता है लेकिन यह आसान नहीं होता है। उनसे पूछिए न, जो तलाक के काग़ज़ पर दस्तख़त करते हैं। तलाक के काग़ज़ पर दस्तख़त करने के बाद वे दोनों ही अंदर से टूट जाते हैं। उनको जुड़ने और सँभलने में कई महीने और साल लग जाते हैं। इसलिए मेरा यह सुझाव है कि बेटा और बहू में से जो भी ज़िद्दी हो, उसकी प्रशंसा कर उसके अंदर की अच्छाइयों को बाहर लाने का प्रयास करें ताकि तलाक देने जैसे नकारात्मक विचार का त्यागकर वह सकारात्मक सोच वाला बन जाए।

आजकल जितने विवाह नहीं हो रहे हैं, उनसे कहीं ज़्यादा तलाक हो रहे हैं। तलाक एक घटना नहीं बल्कि भयावह दुर्घटना है। इस दुर्घटना के

बाद आदमी न तो जीता है न ही मरता है। बस आहें भर-भरकर कराहता रहता है। दूसरी शादी करने के बाद भी उसको चैन नहीं मिल पाता है। मैं यदि कहूँ कि वैवाहिक जीवन की सबसे बड़ी समस्या तलाक है तो कोई ग़लत नहीं होगा।

एक युवक अपने मम्मी-पापा के साथ लड़की को पसंद करने गया। युवक जब लड़की से एकांत में मिला तो लड़की ने उससे पूछा–'आप क्या शराब पीते हैं और मांस खाते हैं?'

*युवक की समझ में नहीं आ रहा था कि वह जवाब में क्या कहे? लड़की ने दोबारा वही सवाल कर दिया तब युवक ने कहा–'हाँ, मैं शराब भी पीता हूँ और मांस भी कभी-कभार खाता हूँ। शराब भी रोज़ नहीं पीता हूँ। इसके अतिरिक्त मैं और कोई नशा नहीं करता।' इतना कहने के बाद युवक ने धीमी ही आवाज़ में कहा–'क्या कभी-कभार मांस का या शराब का सेवन करना ग़लत होता है?'*

लड़की बोली–'आपने अपनी आदतों को छिपाया नहीं। जो आप खाते हैं और जो आप पीते हैं, सहज ही रूप में स्वीकार कर लिया। निःसंदेह रूप से आप एक साहसी और साफ़-साफ़ बोलने वाले व्यक्ति हैं। मैं वैसे मांसाहार और शराब के खिलाफ हूँ लेकिन जो सच बोलते हैं, उनकी दीवानी भी हूँ। इसलिए आप मुझे पसंद हैं।' लड़की की बात युवक के दिल को छू गई। वह उसके समीप आते हुए कहने लगा–'मैडम, मैं भी आपसे थोड़ा भी कम नहीं हूँ। आप मुझको अवगुणों के साथ इसलिए स्वीकार कर रही हैं कि मैंने अवगुणों को छिपाया नहीं तो मैं भी सौगंध खाता हूँ कि आपकी ख़ुशी के लिए आज से मांसाहार और शराब का सेवन नहीं करूँगा। ये दोनों ही चीज़ें आज मेरे लिए हराम की हैं। मैं इनको हाथ भी नहीं लगाऊँगा।'

युवक के इतना कहते ही लड़की ने स्नेहसिक्त आँखों से उसकी आँखों में देखा, फिर मुस्करा पड़ी और सारे लाज-शरम को भुलाकर युवक को बाँहों में यूँ समेट लिया जैसे बरसों से उसको जानती हो और उससे प्रेम करती हो।

कौन कहता है कि पहली मुलाकात में प्यार नहीं होता है? जब दोनों पक्षों के दिलों में सच्चाई होती है तो पहली मुलाकात में ही नहीं, पलक झपकते भी

प्यार हो सकता है। युवक जो खाता था और जो नशा करता था, बता दिया। सच बोलने की क़ीमत अनमोल होती है। युवती सच बोलने वालों से प्यार करती थी, युवक को पसंद कर लिया। युवक ने हिम्मत दिखाते हुए वचन दे दिया कि जो तुमको पसंद नहीं है, वह काम ही नहीं करूँगा।

यदि पति और पत्नी एक-दूसरे से सच बोलने लगें तो वैवाहिक जीवन में कोई समस्या ही उत्पन्न नहीं होगी। जो लोग सच बोलते हैं, वे किसी से भी डरते नहीं हैं। हाँ, ग़लत काम करने से डरते हैं और उनमें पल-पल बदलाव और सुधार की गुंजाइश होती है। झूठे लोगों में बदलाव और सुधार की थोड़ी-सी भी गुंजाइश नहीं होती है। झूठ बोलने वाले किसी के लिए त्याग भी नहीं करते हैं। वे सिर्फ़ अपने लाभ के बारे में सोचते हैं। कोई मरे या जिए इससे उन पर कोई फ़र्क़ नहीं पड़ता। लेकिन सच्चे लोग त्यागी होते हैं और अपने लोगों के लिए समय-समय पर बदलते रहते हैं।

वैवाहिक जीवन में त्याग, प्रेम और बदलाव का विशेष महत्त्व है। ये तीनों ही ख़ूबियाँ पति और पत्नी दोनों में होती हैं, तो फिर दाम्पत्य जीवन में कोई समस्या ही उत्पन्न नहीं होती है और अगर उत्पन्न होती भी है तो, ज़्यादा देर तक टिक नहीं पाती है।

एक वकील जिस दम्पति को एक हफ़्ते से तलाकनामा पर हस्ताक्षर न करने का आग्रह कर रहा था और तरह-तरह के उदाहरण देकर उनको समझा रहा था, उस दम्पति को जब एक संत ने मात्र दस मिनट की मुलाकात में ही समझा दिया तो वकील को बड़ा ही आश्चर्य हुआ।

वकील अगले दिन उस संत से मिला और उस संत से पूछा—'भगवन्, जिस केस को मैं हफ़्तेभर में भी सुलझा न सका, उस केस को आपने मात्र दस मिनट में ही कैसे सुलझा दिया?'

संत ने जवाब में कहा—'मैंने कुछ नहीं किया। मैंने केवल उन दोनों को सच का आईना दिखाया, जो उनको आप दिखा नहीं पा रहे थे।' संत के इतना कहते ही वकील दोनों हाथ जोड़कर बोला—'भगवन्, मैं वही तो सुनना चाहता हूँ, जो हम सबको मालूम नहीं।'

संत ने मुस्कराते हुए कहा–'मैंने तो उनसे बस इतना ही कहा कि मैं तुम दोनों को तलाकनामा पर दस्तखत करने से मना नहीं करने वाला। मैं तुम दोनों को इतना ही बताना चाहता हूँ कि जिनका तलाक हुआ है, उनसे मिलकर ज़रा उनसे बात कर लो। उनकी सामाजिक तथा पारिवारिक स्थिति के बारे में जान लो। एक-दूसरे से तलाक लेने के बाद उनके घर वाले उनको किन नज़रों से देखते हैं, इसका पता कर लो। इसके बाद तलाक ले लो। तुम दोनों को कोई नहीं रोकेगा।' संत इतना कहकर हँसने लगा। वकील सोच रहा था कि उसके दिमाग़ में ये बातें क्यों नहीं आईं? वह तो बस क़ानून की बातें करता रहा और उनके दिमाग़ में उसकी एक भी बात नहीं आई।

यह हक़ीक़त है, हर समस्या का समाधान केवल क़ानून से नहीं होने वाला है। घरेलू और पारिवारिक समस्याओं को सुलझाने के लिए समाज, परिवार और लोगों की मानसिकता का ज्ञान होना अत्यंत ही आवश्यक है।

एक संत, जो वेद-शास्त्रों का ज्ञाता होने के साथ समाज, परिवार और लोगों की मानसिकता की भी जानकारी रखता है, भला उससे बेहतर सुझाव किसी भी समस्या पर दूसरा कौन दे सकता है। संत रोज़ हज़ारों लोगों से मिलता है, उनसे बात करता है, उनकी समस्याओं को सुनता है और उनका निदान भी करता है, तो भला कैसे नहीं वह संत उस दम्पति की समस्या का समाधान निकाल पाता।

अनुभवी और जानकार लोगों का भी मानना है कि किसी भी समस्या का हल नहीं निकलता हो तो उस समस्या से जूझ रहे लोगों को देखना चाहिए। फिर स्वत: ही आत्मज्ञान हो जाता है। सीखने के लिए दो ही बातें महत्त्वपूर्ण होती हैं। पहला दूसरों के अनुभवों से और दूसरा अपने अनुभवों से आदमी सीखता है। कोई पुरुष संबंध-विच्छेद कर पत्नी से अलग रहना चाहता है और लाख समझाने पर भी नहीं मान रहा है तो इसका सबसे कारगार उपाय यही है कि उस पुरुष को किसी तलाकशुदा पुरुष के साथ दो-चार दिन रहने दें। जब वह पुरुष तलाकशुदा पुरुष की दिनचर्या को देखेगा तो फिर बिना समझाए ही सब समझ जाएगा कि तलाक से क्यों लोग बचते हैं।

घर में प्रॉब्लम क्रिएट और भी कारणों से होती है। एक ऐसा ज्ञानप्रद उदाहरण यहाँ पेश है, जो आपको शिक्षित करेगा और घर में प्रॉब्लम को क्रिएट ही नहीं होने देगा।

नंदा की शादी को तीन साल होने वाले थे। नंदा इन तीन वर्षों में दो बच्चों की माँ भी बन गई थी। आज उसने ठान लिया था कि वह अपने बूढ़े ससुर के लिए खाना नहीं बनाएगी और उनके कपड़े भी नहीं धोया करेगी।

प्रेम दफ़्तर से घर आया तो उसने सबसे पहले यही पूछा–'डैडी ने खाना खा लिया?'

'डैडी के लिए मैंने आज खाना नहीं बनाया है।' नंदा ने कहा।

'क्यों नहीं बनाया है? क्या उन्होंने खाना खाने से मना किया है?' प्रेम ने पूछा, फिर वह आगे बोला–'तुम उनके लिए खाना नहीं बनाओगी तो फिर...?' बात पूरी नहीं हो सकी। बीच में ही नंदा बोल पड़ी–'हमारे दो बच्चे हैं। तुम हो, मैं हूँ। इतने लोगों का खाना बनाते-बनाते मैं थक जाती हूँ।' बड़ी ही सहजता से नंदा ने कहा।

प्रेम अपलक नंदा के चेहरे को देखने लगा। उसको बड़ा ही आश्चर्य हुआ कि नंदा जिसके मकान में और जिसके बेटे की पत्नी बनकर रह रही है, उसके लिए ही खाना नहीं बनाएगी। कमाल है, ऐसी महिला तो मैं पहली बार ही देख रहा हूँ। यह सोचते-सोचते प्रेम ने पूछा–'एक डैडी का खाना न बनाने से तुम नहीं थकोगी?'

प्रेम के इतना पूछते ही नंदा गुस्सा हो गई। वह कहने लगी–'मुझसे बहस करने की ज़रूरत नहीं है। मैं उनकी सेवा नहीं करने वाली। तुमको उनसे इतनी हमदर्दी है तो उनके लिए होटल से खाना ला दिया करो। उनके कपड़े लांड्री में दे दिया करो।'

नंदा के इतना सब कहने पर प्रेम को बहुत गुस्सा आया। वह गुस्से को थूकते हुए बोला–'वॉशिंग मशीन है। वॉशिंग मशीन से कपड़े धोने हैं, फिर भी इतना नाटक कर रही हो?'

'हाँ, नाटक ही समझ लो। उनके कपड़े बहुत ही गंदे होते हैं। मशीन में डालते ही दूसरे कपड़े भी गंदे हो जाते हैं। इसमें बहस करने की ज़रूरत

नहीं है। तुम्हारे वह पापा हैं, तुम्हारी सिरदर्दी हैं।' नंदा ने दो टूक शब्दों में जवाब दिया।

प्रेम ने नंदा के बिगड़े मूड को देखा, फिर बच्चों को देखा, इसके बाद हालात को देखा, समाज को देखा तो उसको इस बात का बोध हो गया कि अब ख़ामोश रहने में ही अपनी भलाई है। बग़ल वाले कमरे में मौन बैठे उसके डैड भी सबकुछ सुन रहे थे और सोच भी रहे थे। विचारों का मंथन हो रहा था।

वह मन-ही-मन सोच रहे थे कि 'प्रेम आज भी मुझे लेकर संवेदनशील है लेकिन बहू के आगे मज़बूर है। मेरे कारण उसे कितना कुछ सुनना पड़ता है। क्या मैं बहू के लिए इतना ग़ैर हो गया हूँ?' वह सोच ही रहे थे, तभी प्रेम उनके कमरे में आ गया। वह बोला-'डैड, आप मेरी ज़िम्मेदारी हैं। नंदा को क्या पता कि आपने मुझको कैसे पढ़ाया है, कैसे मेरी परवरिश की है और कैसे आपने मुझे बड़ा किया है। नंदा को यह भी मालूम नहीं है कि कैसे अपनी ज़रूरतें कम करके आपने मेरी ख़्वाहिशें पूरी की हैं। डैड, आपको खाना खाने से ही मतलब है न। मैं जा रहा हूँ होटल से खाना लाने।'

प्रेम इतना कहते-कहते भाव-विह्वल हो गया।

'बेटा, तुम्हें मेरे लिए दुखी या शर्मिंदा होने की आवश्यकता नहीं है। मैं ख़ुद ही होटल जाकर खा लिया करूँगा। बस तुम ख़ुश रहो। अपने बीवी-बच्चों का कहा मानो। तुम्हें उन्हीं के साथ बाक़ी की ज़िन्दगी बितानी है। मैं बूढ़ा कितने दिन का मेहमान हूँ कि बीवी से बहस कर रहे हो। तुम मेरी चिंता करना बंद कर दो।' यह कहते-कहते उनकी आँखें भर आईं और दो बूँद आँसू रोकते-रोकते उनकी आँखों से छलक ही गए।

'आप मेरे डैड हैं। मैं आपको नहीं छोड़ सकता।' प्रेम ने अपनी बात पर बल देते हुए कहा।

'ज़िद न करो। तुम्हारी मैरिड लाइफ़ ख़राब हो जाएगी। आजकल की बहुएँ एकाकी जीवन पसंद करती हैं। एकल परिवार को महत्त्व देती हैं।' इतना कहकर डैड ने आँखें बंद कर लीं। प्रेम चुपचाप कमरे से बाहर हो गया।

आज के ज़्यादातर परिवारों की यही कहानी है। सुशिक्षित कही जाने वाली लड़कियाँ अच्छा बोल लेती हैं, नैतिकता का मतलब भी जानती हैं, अपने

बच्चों को बड़ों का आदर करने की सीख भी देती हैं, लेकिन जब उनकी बारी आती है, बुजुर्ग सास-ससुर की सेवा करने की तो अपने लिए अलग नियम बना लेती हैं। उनकी यह इच्छा तो होती है कि उनके बच्चे उनका कहना मानें, लेकिन उनके पति अपने माता-पिता की न सुनें। नंदा भी तो यही चाहती है कि प्रेम अपने पिता के पास न बैठे, उनसे बात न करे, किन्तु प्रेम को यह मंज़ूर नहीं है क्योंकि उसको मालूम है कि जब वह चाहता है कि बच्चे उसका सम्मान करें तो फिर वह अपने पिता के साथ ग़लत व्यवहार कैसे कर सकता है। यह संभव भी तो नहीं है। जब आप अपने पिता या माँ की देखभाल नहीं करेंगे तो फिर बच्चे भी तो ऐसा ही सीखेंगे।

बच्चे से, जो कहा जाता है, उससे कहीं अधिक जो किया जाता है उसे सबसे पहले वे पकड़ते हैं। नंदा को इसका बोध नहीं है। वह तो बस इतना ही जानती है कि मासूम बच्चे आज उससे प्यार करते हैं तो बड़े होकर भी उससे प्यार करेंगे और उसका कहना मानेंगे लेकिन वास्तविक ज़िन्दगी में यह नहीं होता है। प्रेम को इस बात की अनुभूति है। वह नंदा के गुस्से के आगे चुप हो जाता है, लेकिन यह चुप्पी आख़िर कब तक कायम रह सकती है? वह तो अपने पिता से जुड़ा हुआ है और उन्हें अपनी ज़िम्मेदारी समझता है।

एक दिन ऊब कर प्रेम ने कह ही दिया-'देखो नंदा, यह मकान, ये सारी सुख-सुविधाएँ, यहाँ तक कि हम भी उस डैड से ही हैं, जिनसे तुम नफ़रत करती हो, हमारे प्रति उनके प्यार को देखो, वे इतना सबकुछ हो जाने के बाद भी कहते हैं कि तुम अपनी पत्नी के साथ ख़ुश रहो। उसका कहना मानो। क्या तुममें इतनी भी तमीज़ नहीं कि ख़ुद को बदल सको?'

'नहीं तमीज़ है। ज़्यादा बोलोगे तो सब छोड़-छाड़कर मायके जाकर बैठ जाऊँगी।' नंदा ने धमकी देते हुए कहा।

'हाँ-हाँ, छोड़कर चली जाओ। तुम टेंशन के सिवा देती ही क्या हो।' प्रेम के इतना कहते ही नंदा के ससुर कमरे से बाहर आ गए और कहने लगे- 'झगड़े की जड़ मैं ही हूँ न। ठीक है, आज से अपना खाना मैं ख़ुद बना लिया करूँगा। बहू, अब तो शांत हो जाओ और देख बेटे, मेरे लिए परेशान

होने की ज़रूरत नहीं है। क्या यह रोज़-रोज़ का किचकिच अच्छा लगता है। अरे बहू नहीं चाहती मेरे साथ रहना और मेरे कामों को करना तो यह उसका व्यक्तिगत फ़ैसला है।' इतना बोलकर वह पुनः कमरे में चले गए।

यह आज के आधुनिक परिवारों के अंदर की तसवीर है। मामला छोटा-सा ही है। ससुर के लिए बहू खाना नहीं बनायेगी। उनके कपड़े नहीं धोएगी। देखने में यह कोई विशेष प्रॉब्लम नहीं है, पर छोटी-छोटी ऐसी ही समस्याएँ रिश्तों की चूलें हिलाकर रख देती हैं। प्रेम को मानसिक तौर पर नंदा से घृणा हो गई है। बेवजह ही एक दूरी आ गई है, जिसे वे दोनों ही मिलकर कम करना चाहें तो कभी ऐसा नहीं कर सकेंगे क्योंकि वैचारिक भिन्नता सबसे बड़ी समस्या होती है। पिता ने कहने को तो कह दिया कि वह अपना खाना ख़ुद बना लेंगे, लेकिन क्या वह तब भी अपना खाना ख़ुद ही बना लेंगे जब अधिक बूढ़े हो जाएँगे? तब क्या उन्हें अपनों की मदद की ज़रूरत नहीं पड़ेगी?

प्रेम जैसे बेटे आजकल गिनती के ही हैं, जो अपने मम्मी-पापा के लिए अपनी पत्नी से बहस करते हैं। ज़्यादातर बेटे तो ऐसे ही हैं, जो पत्नी की हाँ में हाँ मिलाते हैं। आधुनिक ज़माने में यदि परिवार में सबसे बड़ी समस्या है तो वह बूढ़ों की देखभाल को लेकर ही है। उनकी देखभाल कोई करने को तैयार नहीं है और यदि कोई ऐसा बेटा है भी तो बहू नहीं है। यदि बहू अच्छी है तो बेटा अच्छा नहीं है। फिर ऐसे में सास-ससुर को अपना बुढ़ापा कष्ट के साथ ही काटना पड़ता है। वे भोजन, इलाज, सफ़ाई, स्नेह, आदर, सम्मान के अभाव में बेमौत ही मारे जाते हैं। शिक्षा के साथ-साथ नैतिक बल की भी आज की पीढ़ी को ज़रूरत है, तभी यह अंतहीन बुढ़ापा का दर्द आनंद में बदल सकता है।

यह जीवन बहुत ही कठिन है। मरना आसान है लेकिन स्वाभिमान के साथ जीना बहुत ही कठिन है। समझौतावादी लोगों के लिए जीवन आसान है तो असमझौतावादी लोगों के लिए जीवन कठिन है। आज के लोगों के पास कुछ भी हो या न हो, लेकिन ईगो अवश्य ही है। मैं ही सबकुछ हूँ, मेरी बातें ही ऊपर रहेंगी, मैं जो कह रहा हूँ, वही सच है, मेरे सिवा यहाँ

किसी की नहीं चलेगी, मेरी बात नहीं माननी है तो यहाँ से दफ़ा हो जाओ आदि इसी तरह की सोच जब हो जाती है तो घर में प्रॉब्लम क्रिएट होने में देर नहीं लगती है।

ईगो या घमंड दाम्पत्य जीवन के विनाश का सबसे बड़ा कारण है। कोई व्यक्ति अगर ज़्यादा पढ़ा-लिखा है, अच्छी नौकरी करता है, सैलरी बढ़िया पाता है तो वह अपने आपको बहुत ही बड़ा आदमी समझता है और उसकी यही इच्छा होती है कि सब उसके पैर के नीचे ही रहें। यह सोच रिश्तों को जड़ से ही काटकर नष्ट कर देती है। इस सोच से बचें।

एक उदाहरण यहाँ प्रस्तुत है, जिसे पढ़ने के बाद आप मेरी बातों को अच्छी तरह से समझ सकते हैं।

विवाह सलाहकार के दफ़्तर में नव दम्पति बहुत ही उग्र अवस्था में पहुँचे। विवाह सलाहकार ने कहा–'आप दोनों शांत हो जाएँ। यह सार्वजनिक स्थान है।'

पति बोला–'सर, कैसे शांत हो जाऊँ? यह मेरी पत्नी जो है मुझसे ज़्यादा पढ़ी-लिखी है। मुझसे अधिक सैलरी वाली नौकरी करती है। कहती है कि मैं तुमसे अधिक सुशिक्षित हूँ और सैलरी भी अधिक पाती हूँ। मैं घर का कोई भी काम नहीं करूँगी।' पति इतना कहते-कहते हाँफने लगा।

विवाह सलाहकार ने पूछा–'क्या आप नौकरी नहीं करते? क्या आप पढ़े-लिखे नहीं हैं? क्या आपकी सैलरी आपकी पत्नी से कम है?'

जवाब देने के बदले विवाह सलाहकार ने प्रश्न कर दिए। पति ने जवाब में कहा–'मैं नौकरी करता हूँ। मैं पढ़ा-लिखा हूँ लेकिन पत्नी से कम पढ़ा-लिखा हूँ। हाँ, मेरी सैलरी पत्नी की सैलरी से कम है।'

विवाह सलाहकार ने कहा–'आप दोनों की प्रॉब्लम यह है कि आप दोनों नौकरी करते हैं तो घरेलू काम कौन करेगा? आपकी पत्नी चाहती हैं कि आप घर के भी काम करें क्योंकि आपकी सैलरी कम है और पढ़ाई-लिखाई भी पत्नी की पढ़ाई-लिखाई से कम है तो यह ग़लत है। कोई भी रिश्ता शर्तों के आधार पर खड़ा होकर ज़्यादा समय तक चल नहीं पाता है। यदि संयोगवश चलता भी है तो उसमें स्नेह और आदर का अभाव होता है। ईर्ष्या और बदले

की भावना ज़्यादा होती है।' इतना कहने के बाद विवाह सलाहकार ने पत्नी से कहा–'मैडम, पति और पत्नी दोनों ही बराबर होते हैं, कोई भी बड़ा या छोटा नहीं होता है। यह रिश्ता बराबरी का होता है। दोनों में से कौन कम या ज़्यादा कमाता है, कौन कम या ज़्यादा पढ़ा-लिखा है, दाम्पत्य जीवन में यह महत्त्व नहीं रखता है और पति और पत्नी इन बातों को महत्त्व देते हैं, तो फिर दाम्पत्य जीवन में समस्या-ही-समस्या उत्पन्न हो जाती है।' विवाह सलाहकार ने समझाया।

पत्नी की समझ में जब बात आई तो उसने क्षमा याचना करते हुए कहा–'अब मुझको इस बात की जानकारी हो गई है कि पति और पत्नी का रिश्ता ऐसा होता है कि कोई भी छोटा या बड़ा नहीं होता है। मुझे अपनी शिक्षा और कमाई पर घमंड हो गया था, इसीलिए मुझे सच का ज्ञान नहीं था।' पत्नी इतना कहते-कहते चुप हो गई। वह काफ़ी शर्मिंदा थी।

दाम्पत्य जीवन में रोज़ कोई-न-कोई नई समस्या उत्पन्न होती ही रहती है, जो पति और पत्नी के रिश्ते को प्रभावित करती रहती है और जीवन को कभी हसीन तो कभी निराश करती रहती है। पति और पत्नी का रिश्ता बराबरी और दोस्ती का रिश्ता है। आप क्यों नहीं समझते?

❑

# 11. मैरिड लाइफ़ ( नोक-झोंक )

मैरिड लाइफ़ यानी दाम्पत्य जीवन में नोक-झोंक का बड़ा ही महत्त्व है। नोक-झोंक पति और पत्नी के रिश्ते को सबसे अधिक चार्ज करता है, उनको और क़रीब लाता है और उनके आपस के मतभेद को भी मिटाता है।

विद्वानों का कहना है कि हर विवाहित दम्पति को प्रेम की कला में माहिर होने के साथ-साथ झगड़ने की कला में भी निपुण होना चाहिए। झगड़ा अच्छे कार्यों के लिए होता है तो दाम्पत्य जीवन में सम्पन्नता का आगमन होता है। अच्छे झगड़े या नोक-झोंक किसी मुद्दे या अच्छे कार्य के लिए होते हैं। वे कभी भी क्रूरता या बर्बरता तक नहीं पहुँचते हैं। अच्छे विवाह स्वस्थ तथा सृजनात्मक होते हैं, विवाह में बराबरी का अहसास भी दिलाते हैं।

महान विचारक अनलैंडर्स का कहना है कि 'प्रेम और झगड़ा दोनों ही सुखद वैवाहिक जीवन के लिए ज़रूरी हैं। किसी एक से बात नहीं बनती है। आदमी जिससे प्यार करता है, उससे लड़ता भी है। फ़िल्मी गीत का बोल भी तो है कि 'तुम्हीं से प्यार तुम्हीं से लड़ाई।' जिससे प्यार होता है, उसी से ही लड़ाई भी होती है। जहाँ पर प्यार होता है, वहीं पर ईर्ष्या भी होती है, नोक-झोंक भी होता है और ज़िन्दगी भी होती है, लेकिन यह ज़रूरी है कि नोक-झोंक या झगड़ा या बहस अच्छी हो और किसी सुंदर और सकारात्मक बदलाव के लिए हो। नकारात्मक मुद्दे को लेकर होने वाली बहस या नोक-झोंक अकसर ही रिश्ते को ख़राब करता है।

एक पति साइकोलॉजिस्ट के क्लीनिक में उससे मिला। साइकोलॉजिस्ट ने उससे पूछा–'आपकी समस्या क्या है?'

पति अपनी पत्नी के व्यवहार से परेशान और दुखी था। वह यह बताने में संकोच कर रहा था कि पत्नी का व्यवहार उसके प्रति सामान्य और अनुकूल नहीं है। साइकोलॉजिस्ट ने जब दोबारा पूछा तो पति झिझकते हुए बोला–'पत्नी का व्यवहार मेरे प्रति ठीक नहीं है।'

साइकोलॉजिस्ट बोला–'क्यों ठीक नहीं है? कोई-न-कोई कारण तो होगा? पत्नी बिना वजह के तो आपके साथ दुर्व्यवहार करेगी नहीं। आप समस्या से निजात पाना चाहते हैं तो सच-सच बताएँ।'

पति ने कहा–'सर, क्या बताऊँ और कैसे बताऊँ। मैं जब भी शराब पीकर या गुटका फाँककर घर आता हूँ तो पत्नी झगड़ने लगती है। अपशब्द निकालने लगती है और उस रात को मेरे पास आती भी नहीं है। अब तो वह मुझसे बात-बात पर चिढ़ जाती है और मुझे पसंद ही नहीं कर रही है।'

साइकोलॉजिस्ट ने कहा–'आपकी समस्या कोई बहुत जटिल नहीं है। यह तो आप द्वारा उत्पन्न हुई है। आप आज शराब और गुटका छोड़ने की कसम ले लें, तो आज से ही पत्नी का व्यवहार आपके प्रति सामान्य हो सकता है। आप पत्नी की दुत्कार सहते रहेंगे लेकिन नशा को नहीं छोड़ेंगे। मैं सच कह रहा हूँ?' पति बोला–'नहीं ऐसी बात नहीं है। मैं नशा को छोड़ने की पूरी कोशिश करूँगा।'

'करूँगा नहीं, करना है, तभी आपका वैवाहिक जीवन सुखद हो सकता है और आपके प्रति पत्नी का व्यवहार सामान्य भी हो सकता है। पत्नी आपकी निर्दोष है और आप दोषी हैं। नशा करने वालों को कोई भी पसंद नहीं करता है और सम्मान तथा आदर की दृष्टि से कोई देखता भी नहीं है। यह तो गनीमत है कि पत्नी ने अभी तक बरदाश्त किया है। कोई दूसरी स्त्री होती तो तलाक देकर कबका नौ-दो ग्यारह हो गई होती। ईश्वर का शुक्र मनाएँ कि पत्नी अभी तक आपके साथ हैं और आपके नशा छोड़ने की उम्मीद में हैं। आप उसकी उम्मीद की लाज तो रखें।' साइकोलॉजिस्ट ने इतने प्यार से समझाया कि पति का पूरा माथा घूम गया।

पति ने आदर भाव से साइकोलॉजिस्ट को देखा, फिर उससे बोला–'थैंक्स सर, मैं आपका जीवनभर आभारी रहूँगा। आपने मेरे दाम्पत्य जीवन को बरबाद

होने से बचा लिया।' इतना कहकर पति ने साइकोलॉजिस्ट को फीस दिया, फिर घर के लिए रवाना हो गया।

यह सोलह आना सच है कि पत्नी सार्थक बदलाव या बेहतर सुधार के लिए पति से बहस करती है, नोक-झोंक करती है और विवाद करती है तो उसका परिणाम सुखद ही होता है। पत्नी ने पति की ग़लत बातों का विरोध किया, रोज़ ही टोका, अपशब्द सुनाया तो इसका परिणाम यह हुआ कि पति नशा छोड़कर रास्ते पर आ गया। ऐसी पत्नियों की यदि पूजा की जाए तो वह भी कम ही है, जो घर में ब्याह कर आती हैं तो बिगड़ैल पतियों को देखते-ही-देखते रास्ते पर ला देती हैं। ऐसी पत्नियों को बहुत-बहुत धन्यवाद।

एक महिला अपने बेटे के लिए वधू देखने लड़की वालों के घर पहुँची। उसके साथ में उसका पति भी था। चाय-नाश्ते के बाद लड़की महिला के सामने आकर बैठ गई। इतने में महिला के पति ने एक सिगरेट सुलगा ली और पीने लगा। लड़की ने अपने भावी ससुर को सिगरेट पीते हुए देखा तो उसे बहुत ही बुरा लगा, लेकिन वह कर ही क्या सकती थी। उसके मम्मी-पापा ने सीखा रखा था कि कोई कुछ भी कहे अपनी मर्यादा में रहकर ही बात करना। इसलिए लड़की ने कोई सवाल नहीं किया।

वह महिला यानी भावी सास ने कहा–'बेटी, तुम कोई नशा नहीं करती हो न? आजकल लड़कियाँ भी सिगरेट और शराब पीने लगी हैं। आजकल किसी का भी दिल ईमानदार नहीं रह गया है।'

वह लड़की बोली–'माँ जी, मैं उतनी आधुनिक लड़की नहीं हूँ कि शराब और सिगरेट का सेवन करूँगी। हमारे मायके में कोई भी नशा नहीं करता है। आप निश्चिंत रहें।'

लड़की सुन्दर थी, सुशील थी और व्यावहारिक भी थी। उस महिला को पसंद आ गई।

विवाह होने के बाद वह लड़की ससुराल में आई तो उस महिला यानी सास ने बहुत ही धीमी आवाज़ में, वह भी बहुत ही सलीके से उस लड़की यानी बहू से कहा–'बहू, मेरा बेटा यानी तुम्हारा पति अव्वल दर्जे का शराबी

है। मैंने बहुत कोशिश की लेकिन उसने नशा करना छोड़ा नहीं। तुम आ गई हो तो शायद सबकुछ बदल जाए।'

बहू नाराज़ होते हुए बोली–'माँ जी, जब आप मुझको देखने गई थीं, तब मैंने ससुर जी को सिगरेट पीते हुए देख लिया था। तभी मैंने समझ लिया था कि आप एक कर्तव्यनिष्ठ पत्नी न होकर लापरवाह, ढीली और कामचोर पत्नी हैं। आप चिन्ता न करें, मैं हफ़्तेभर के भीतर ही शराब पीने की आदत छुड़वा दूँगी।' बहू इतना कहकर आगे बोली–'माँ जी, वह बीबी ही क्या जो पति को अपने प्रेम के दम पर अपने आँचल से बाँध न पाए।'

बहू इतना कहकर बेडरूम में चली गई। सास काफ़ी शर्मिंदा थी। वह वास्तव में ही एक ढीली पत्नी थी। न तो पति को सँभाल सकी थी और न ही बेटे को ही अच्छी बातें बता सकी थी। विवाह करना, बच्चा पैदा करना और खिला-पीलाकर उनको बड़ा कर देना, कोई बहुत बड़ी बात नहीं होती है।

एक हफ़्ते के अंदर ही वास्तव में ही बेटे ने शराब ही नहीं, बल्कि सिगरेट का सेवन करना भी छोड़ दिया।

सास ने जब पूछा तो बहू ने बस इतना ही कहा–'माँ जी, हर दोष, हर अवगुण और हर कमी को दूर करने की एक ही दवा प्यार है।' इतना कहकर वह किचन की ओर बढ़ती चली गई।

सास के पास प्यार का ही तो अभाव था। न तो पति के लिए उसके पास प्यार था और न ही बेटे के लिए उनके पास प्रेम और मातृत्व था। प्यार के अभाव में बहुत कुछ बदल जाता है और बिगड़ भी जाता है। जीवन प्यार से ही तो अस्तित्व में आया है, और प्यार के अभाव में ही नष्ट भी होता रहा है। नोक-झोंक प्यार का ही तो एकरूप है। दाम्पत्य जीवन में जब भी ठहराव-सा आ जाता है तब 'नोक-झोंक उस ठहराव' को ख़त्म कर देता है। पति की ग़लत बातों का विरोध करने वाली, ग़लत निर्णयों के लिए नोक-झोंक करने वाली और नशाखोरी से पति को निजात दिलाने वाली पत्नियों की आज ज़रूरत है। किसी शो-पीस की गुड़िया की तरह सज-धजकर रहने वाली पत्नियों के ही तो पति अनर्गल, अर्थहीन कार्य और हरकतें कर वैवाहिक जीवन की हत्या कर देते हैं। तलाक भी ऐसी ही परिस्थितियों में होता है।

जब कोई स्त्री अपने पति की लतों से तंग आकर पूरी कड़ाई के साथ तल्ख़ आवाज़ में कहती है कि तुमको मेरे साथ रहना है या गंदी लतों के साथ रहना है, ठीक से सोच लो। तुमने गंदी लतों को नहीं छोड़ा तो मैं गारंटी के साथ कहती हूँ, मैं तुमसे संबंध-विच्छेद कर लूँगी तो पत्नी का कड़ाई के साथ तल्ख़ आवाज़ में इतना कहना ही बहुत होता है क्योंकि कोई भी पति नहीं चाहता कि उसकी पत्नी से तलाक हो जाए, बच्चे अनाथ हो जाएँ और बसी-बसायी गृहस्थी उजड़कर श्मशान बन जाए। पत्नी की यह धमकी नब्बे प्रतिशत तक काम कर जाती है।

अनुशासन प्रिय, चरित्रवान, हँसमुख और बातचीत की कला में निपुण पति और पत्नी अपने वैवाहिक जीवन को उन्नति और समृद्धि के शिखर पर पहुँचा देते हैं और जो इसके ठीक विपरीत होते हैं, वे उन्नति और समृद्धि के पतन का कारण बन जाते हैं।

अनुभवी और ज्ञानी लोगों का कहना है कि अगर पति तथा पत्नी एक-दूसरे को अच्छी तरह से समझते हैं, इज़्ज़त देते हैं, सम्मान करते हैं, प्यार करते हैं, बातों को सुनते हैं, तो उनका वैवाहिक जीवन बहुत ही अलौकिक सुखों वाला होता है। आजकल के पति और पत्नी के बीच दूरियाँ हैं, आपसी समझ में कमी के साथ अपनापन का भी अभाव है।

वैवाहिक-जीवन में नोक-झोंक क्यों आवश्यक है, इसकी जानकारी के लिए उदाहरण पेश है। आप इसे पढ़ने के बाद, मैं क्या कहना चाहता हूँ आसानी से समझ सकते हैं।

नित्या एक मल्टी नेशनल कंपनी में अच्छी पोस्ट पर काम करती है। नित्या की सैलरी भी अच्छी है। लेकिन स्वच्छंद विचारों वाली नित्या अपनी सैलरी के पैसों का इस्तेमाल अपने हिसाब से करती है। कभी ज्वैलरी ख़रीद लेती है तो कभी महँगी-महँगी गाड़ियाँ ख़रीद लेती है। मधुर को यह सब अच्छा नहीं लगता है।

एक दिन मधुर ने उसके गहने और ड्रेस को देखकर उसे टोक ही दिया–'बच्चे अभी छोटे हैं। तुम अपनी सैलरी का बीस प्रतिशत भी बचा लो तो इससे बच्चों के कॅरियर-निर्माण में मदद मिल सकती है। हम उनको अच्छी से अच्छी शिक्षा दिलवा सकते हैं।'

'तुम कहना क्या चाहते हो! मैं अपने शौक छोड़ दूँ? अपनी ज़रूरतों और चाहतों का गला घोंट दूँ? अपने लिए ड्रेस या गहने ख़रीदती हूँ तो क्या बुरा करती हूँ?'

'मैं यह नहीं कहता कि अपना शौक छोड़ दो। अपनी ज़रूरतों या चाहतों को पूरा न करो। मैं तो बस इतना कहना चाहता हूँ कि जितना कमाना ज़रूरी है उतना ही बचाना भी आवश्यक है। हर माह तुम दो-चार नई ड्रेस ख़रीदती हो, गहने ख़रीदती हो, क्या तुम्हारी यही दुनिया है? परिवार की उन्नति के लिए पैसे बचाना तुम्हारी नज़र में ठीक नहीं?' मधुर ने सवालों की झड़ी लगा दी तो नित्या मुँह सुजाकर बैठ गई।

मधुर का उससे झगड़ना अच्छे के लिए है। नित्या को जब बात समझ में आई, तो वह अगले पल ही मुस्करा पड़ी और मधुर के क़रीब आकर कहने लगी–'तुम्हारा झगड़ना या बहस करना ठीक है। मैंने तो पोशाकों की ढेर लगा दी है। गहनों की दुकान खड़ी कर दी है। मुझे घर के लिए और भविष्य के लिए पैसे बचाना चाहिए, जो मैं नहीं करती। सॉरी, मैं आज से ध्यान रखूँगी कि कोई ऐसी चीज़ न ख़रीदूँ, जिसकी ज़रूरत ही न हो।'

मधुर अगले ही क्षण हँस पड़ा–'सही समझा। पहनने के लिए कपड़े ख़रीदे जाते हैं, रखने के लिए नहीं। फ़ैशन से आउट ड्रेस यूँ ही अलमारी की धूल चाटती है। उन पोशाकों का कोई उपयोग नहीं हो पाता है।'

मधुर का बहस करना या झगड़ा करना रंग लाया। नित्या धीरे-धीरे ही सही लेकिन यह समझ तो गई कि मधुर ग़लत नहीं है। वह उसके शौक या ज़रूरत पर रोक नहीं लगा रहा है, बल्कि भविष्य को सँवारने की बात कर रहा है।

प्रतिदिन का यह झगड़ा, बात समझ में आई तो प्यार में बदल गया। कहने का तात्पर्य है कि जितने भी दम्पतियों में झगड़े होते हैं या बहस होती है, वह यूँ ही नहीं होती। उसका ठोस कारण होता है। उस झगड़े में एक प्यारी-सी सीख होती है और प्यार की बूँदे होती हैं, जो नज़र नहीं आती हैं या महसूस नहीं होती हैं। यदि झगड़ा ग़लत आदतों को लेकर है, तो तब तक करें जब तक जीवनसाथी झगड़े का कारण न समझ जाए, और अपनी ग़लती महसूस न कर ले। मधुर ने भी तो यही किया। तब तक नित्या से बहस करता रहा या

झगड़ता रहा जब तक नित्या ने अपने शौक में सुधार नहीं किया। लेकिन याद रहे झगड़ा बेवजह और फ़िज़ूल की बातों के लिए या ईर्ष्या, जलन में आकर नहीं होना चाहिए क्योंकि आधारहीन बहसों से वैवाहिक जीवन की ब्यूटी ही नष्ट हो जाती है और साथी में कोई बदलाव आने के बदले और अधिक ग़लत आदतें पैदा हो जाती हैं। दरअसल उसे पता होता है कि वह सही है।

नित्या सही नहीं है, वह ग़लत है। नित्या की तरह ढेरों महिलाएँ हैं या पुरुष भी हैं, जो अनावश्यक रूप से अपने शौक पर पैसे ख़र्च करते हैं। जब मौका आता है पैसे ख़र्च करने का तो हाथ-पैर फैला देते हैं, फिर वे स्वयं को कोसते हैं कि जब समय था तब बचत क्यों नहीं की?

ऐसी स्थिति वहीं पैदा होती है, जहाँ अच्छी बहस या अच्छे झगड़े नहीं होते हैं। ऐसे अधिकांश कपल्स या दम्पति हैं, जो एक-दूसरे के ग़लत शौक के लिए बहस नहीं करते हैं या कोई टीका-टिप्पणी नहीं करते हैं। इसके पीछे भी कई कारण होते हैं। कुछ दम्पति यह सोचकर टोका-टाकी नहीं करते हैं कि टोकने से क्या फ़ायदा, अगला सुनेगा भी नहीं और ऊपर से मारपीट शुरू कर देगा या फिर कलह करना शुरू कर देगा। जैसे भी शांति बनी है बनी रहने दो, और यह सच भी है। भलाई के लिए पति पत्नी को टोकता है या बहस करता है तो पत्नी यही समझती है कि वह मुझे प्वांइट आउट कर रहा है। पति भी कुछ ऐसा ही सोचकर पत्नी से चिढ़ने लगता है।

चिढ़ने, ईर्ष्या करने, शांति भंग होने आदि बातों के डर से पति और पत्नी जब एक-दूसरे की नाजायज़ आदतों, शौकों को सहते रहते हैं, लेकिन किसी भी मुद्दे को लेकर ग़लती से भी बहस नहीं करते हैं तो फिर वहाँ उन्नति थम-सी जाती है। जब बच्चों के कॅरियर की बात आती है तब पैसा ही नहीं होता है या कोई अचानक ही बीमार पड़ जाता है और ऑपरेशन आदि में मोटी धन राशि की आवश्यकता पड़ती है, तब क़र्ज़ लिया जाता है या एक-दूसरे पर तोहमत लगाई जाती है, जो किसी भी दृष्टिकोण से व्यावहारिक नहीं होता है।

ख़ामोश रहकर तमाशा न देखें। दाम्पत्य जीवन को समृद्ध, सार्थक, समर्थ्यवान बनाने को लेकर यदि किसी अच्छे मुद्दे या किसी अच्छे कार्य

के लिए जीवनसाथी से झगड़ना भी पड़े तो पीछे न हटें। इस तरह के झगड़ों से बस कुछ समय के लिए मनमुटाव होता है। बात जब समझ में आ जाती है तो फिर जो प्यार उत्पन्न होता है उसकी कशिश लाजवाब हुआ करती है। वह पहले की अपेक्षा अधिक जवाँ और दिलकश होती है। प्यार में इतनी अच्छी रवानगी और सुन्दरता इसलिए आ जाती है क्योंकि आप अपने जीवनसाथी को उन हालातों और ग़लत आदतों से खींचकर लाए हैं, जिनसे वह कभी निकलने ही वाला नहीं था। जीवनसाथी का भी मतलब यही होता है। जहाँ ज़रा-सा भी दिखता हो कि साथी ग़लत है, वह अपनी ऊर्जा, सोच, धन का दुरुपयोग कर रहा है तो उसे तुरंत ही यह जता दें कि वह इनका ग़लत इस्तेमाल कर रहा है, सही इस्तेमाल यहाँ हो सकता है। अच्छा तो अच्छा ही होता है, शुरू में कड़वा भले ही लगे, पर बाद में यह कड़वाहट मिठास में बदल जाती है।

अच्छा, अच्छा ही होता है। प्रारंभ में भले ही वह ठीक न लगे लेकिन आगे चलकर वह अच्छा अवश्य ही लगने लगता है। मनुष्य की प्रवृत्ति ही ऐसी होती है कि वह जिस स्थिति में रहता है, उसको उसी स्थिति में रहना अच्छा लगता है। वह बदलाव को पसंद नहीं करता है और बदलाव को सम्भवतः वह इसलिए भी आसानी से स्वीकार नहीं कर पाता कि कहीं बदलाव ने उसे सूट नहीं किया तो क्या होगा? आपने अनेक लोगों को यह कहते हुए सुना होगा कि हमने अपने जीवन में बदलाव लाए और हमारी स्थिति पहले से भी ज़्यादा ख़राब हो गई। ऐसा तभी होता है, जब व्यक्ति अपनी ज़रूरतों के अनुकूल बदलाव नहीं लाता है। किसी की नकल कर व्यक्ति स्वयं को बदलता है या किसी की देखा-देखी बदलाव लाता है तो निश्चित रूप से ऐसा बदलाव उसके लिए हानिकारक साबित होता है।

आपका जीवनसाथी जब भी किसी अच्छे बदलाव के लिए आपसे बहस करता है या गुस्सा भी हो जाता है तो आप उसको अन्यथा न लेकर उसके भाव को दिल से समझें। यदि पत्नी शराब पीने से मना करती है और आप उसको गालियाँ देने लगते हैं या थप्पड़ चला देते हैं, तो यह सरासर ग़लत है। पत्नी पर हाथ उठाना किसी अपराध से कम नहीं है।

राधा ने अपने पति को तलाक देने का कई बार मन बनाया, लेकिन तलाक देने का विचार यह सोचकर छोड़ देती है कि बच्चों का क्या होगा? राधा बेशक एक अत्यंत ही संवेदनशील और ज़िम्मेदार महिला है क्योंकि ऐसा वही सोच सकता है जो राधा की तरह संवेदनशील तथा ज़िम्मेदार होगा। ग़ैर-ज़िम्मेदार लोग ही अपनी ज़िम्मेदारियों का त्यागकर, कहीं दूर भाग खड़े होते हैं।

आप राधा की तरह सोचेंगे तो कभी भी अमानवीय व्यवहार नहीं कर सकेंगे। दुःख तो इसी बात का है कि लोग सोचते नहीं हैं, बस निर्णय आँखें बंद करके लेते हैं।

**एक उदहारण यहाँ प्रस्तुत है-**

सरिता की अपने पति गौरव के साथ अकसर ही हल्की-फुल्की नोक-झोंक और बहस होती ही रहती थी। सरिता का कहना था कि वह जब घर आए तो पान-मसाला खाकर न आए। उसको पान-मसाला की महक से नफ़रत है। लेकिन गौरव ने कभी भी सरिता की बातों पर ध्यान नहीं दिया। एक दिन ऐसी भी नौबत आ गई कि सरिता बच्चों को छोड़-छाड़कर पड़ोस के एक युवक के साथ भाग गई।

सरिता दो बच्चों की माँ थी। उसके विवाह को दस साल होने वाले थे। बसा-बसाया घर को छोड़कर एक युवक के साथ भाग जाना यह क्या है? बेशर्मी की हद ही तो है। पान-मसाला की महक उसको बरदाश्त नहीं थी तो उससे दूर रहती, अपना बिस्तर अलग कर लेती, पड़ोस के लड़के के साथ भागकर उसने तो मायके और ससुराल दोनों ही घरों से अपना संबंध ख़राब कर लिया और दोनों ही घरों के लोगों को बदनाम कर दिया। अपने बच्चों की नज़र में भी वह गिर गई। उसने ग़लत निर्णय लेकर अपने जीवन को नरक से भी बदतर बना लिया।

सरिता की तरह ग़लत निर्णय अनेक महिलाएँ गुस्से में आकर ले तो लेती हैं लेकिन जब बिलकुल ही अकेली पड़ जाती हैं, तो अपने निर्णय से ताउम्र वह पछताती रहती हैं। कोई भी महिला यदि अपने बच्चों और पति को किन्हीं वजहों से छोड़कर पराए मर्द के साथ भाग जाती है तो वह अपनी ज़िन्दगी की

सबसे बड़ी ग़लती करती है क्योंकि उसका परित्याग बच्चे, पति तथा मायके के लोग भी कर देते हैं, इसलिए मेरी सलाह है कि आप संबंध-विच्छेद कर भले ही अलग रहना शुरू कर दें लेकिन किसी भी क़ीमत पर अपने चरित्र पर दाग़ न लगने दें। जब चरित्र पर दाग़ लग जाता है तब स्त्री के सम्बल उसके माता-पिता भी नहीं बन पाते हैं।

एक संन्यासी के आश्रम में पति और पत्नी अपनी समस्या लेकर आए तो संन्यासी ने पूछा–'क्या बात है? मैं तो एक संन्यासी हूँ। मोह, माया से दूर हूँ। मैं भला आप दोनों की सहायता कैसे कर सकता हूँ?' पत्नी बोली–'भगवन्, आपको जीवन का ज्ञान है। हमेशा से ऋषि-महर्षियों ने लोगों का मार्गदर्शन किया है।' पत्नी के इतना कहने पर संन्यासी बोला–'अपनी समस्या बताएँ।'

पति ने कहा–'स्वामी जी, मैं प्राइवेट कंपनी में नौकरी करता हूँ। ड्यूटी के अलावा भी काम करना पड़ जाता है तो मैं कंपनी के ही गेस्ट रूम में सो जाता हूँ। आधी रात को घर आना सम्भव नहीं क्योंकि वहाँ से घर दूर है। स्वामी जी, मैं ड्यूटी के अलावा काम पैसे के लिए ही तो करता हूँ। पत्नी मुझपर शक करती है और कहती है कि तुम पूरी रात कहाँ रहते हो? ज़रूर तुमने दूसरी औरत रखी है। समझ में नहीं आता भगवन्, मैं पत्नी के मन से इस वहम को कैसे निकालूँ? आए दिन यह मुझसे बहस करती रहती है, झगड़ती रहती है, मुझे गालियाँ देती रहती है और ख़ूब ताने भी देती रहती है।' पति इतना कहते-कहते तनाव में आ गया।

संन्यासी ने कहा–'तुम दोनों ही मेरे प्रिय शिष्य हो। आपस में इस तरह से लड़ना अमानवीय व्यवहार है। पति और पत्नी का रिश्ता हो, या पिता और पुत्र का रिश्ता हो या माँ और बेटी का रिश्ता हो या सास और बहू का रिश्ता हो या गुरु और शिष्य का रिश्ता हो या भगवान और भक्त का रिश्ता हो, वहम करने पर ख़राब हो जाता है।' संन्यासी इतना कहने के बाद पत्नी की तरफ देखते हुए बोला–'देखो मैडम, बिना किसी प्रमाण या सबूत के पति पर शक करना ग़लत है। पति क्या करता है, इस पर ध्यान न देकर आप अपने कर्तव्यों के प्रति संवेदनशील रहें। दूसरों को सुधारने के बदले स्वयं को सुधारना ज़रूरी है। आपका पति जब कहता है कि वह अतिरिक्त काम करता

है, इसीलिए घर आ नहीं पाता है तो आप उस पर विश्वास करें। रिश्ते में विश्वास नहीं होता है तो फिर जीवन में आनंद भी नहीं रहता है। आप दोनों इतने प्यारे हैं। ईश्वर ने आप दोनों को पति और पत्नी के रूप में मिलाया है तो आप लोग आनंद क्यों नहीं ले रहे।'

संन्यासी अभी बोल ही रहा था, तभी पत्नी बीच में ही बोल पड़ी–'भगवन्, मुझको इनसे शिकायत बस इतनी ही है कि ये गेस्ट रूम में क्यों ठहर जाते हैं?' संन्यासी ने समझाया–'मैडम, आप अपना पत्नी होने का कर्तव्य करें। पति के प्रति ईमानदार और वफादार पूरी तरह से रहें। पति क्या करता है और आपके प्रति उसका व्यवहार कैसा है और वह आपके प्रति कितना ईमानदार या कितना वफादार है, यह वह जाने। उसका कर्म उसके साथ और आपका कर्म आपके साथ। जो ग़लत होगा उसको उसका फल मिलेगा। आप ईश्वर को मानती हैं तो फिर पति पर शक करने की ज़रूरत नहीं है।' संन्यासी ने पत्नी को समझाने की पूरी कोशिश की।

कहने का आशय है कि जो जैसा कर्म करता है, वैसा फल उसको मिलता है। इसमें शक की थोड़ी-सी भी गुंजाइश नहीं है। लोग नहीं समझते हैं, यह अलग बात है। लेकिन सच्चाई यही है कि व्यक्ति का कर्म ही यह तय करता है कि कितना आनंद और कितना कष्ट उसे मिलना चाहिए। लोग कहते हैं न कि पता नहीं हमें इतना कष्ट क्यों झेलना पड़ रहा है। हमारा कर्म तो अच्छा है। मैं आपको यहाँ यह बता दूँ कि आप जो करते हैं, वह आपकी नज़र में ठीक है लेकिन दूसरों की नज़र में ठीक नहीं है, तो वह ग़लत है। इसलिए आप स्वयं को संतुष्ट और ख़ुश करने के लिए कोई भी काम करने से पहले यह अवश्य ही देख लें कि क्या यह काम दूसरों की नज़र में भी सही हैं?

मैंने विषय से हटकर बातें कीं क्योंकि कभी-कभी समझाने के लिए अन्य विषयों को भी छेड़ना पड़ता है। यह अध्याय पति और पत्नी के नोक-झोंक से संबंधित है। मैंने देखा है या मेरा यह अनुभव है, जो पति और पत्नी एक-दूसरे की परवाह करते हैं और एक-दूसरे की चिंता भी करते हैं, उनके दाम्पत्य जीवन में जल्दी समस्याएँ उत्पन्न नहीं हो पाती हैं। पति ग़लत है तो उसको पत्नी सलीके से और सौम्य और मीठे शब्दों से बताती है कि तुम ग़लत हो।

तुमको यह काम करने की ज़रूरत नहीं है तो इसमें गुस्सा करने की कोई ज़रूरत नहीं है। यदि पति गुस्सा करता भी है तो बाद में उसे महसूस हो ही जाता है कि पत्नी का कहना या टोकना जायज़ ही है।

पति और पत्नी का ही तो एक ऐसा रिश्ता है, जो मन के साथ जुड़ा होने के साथ-साथ तन के साथ भी जुड़ा होता है। कोई भी इसे नकार नहीं सकता है। तन के साथ जुड़े होने के कारण पति और पत्नी आपस में कितनी भी बहस करते हैं, कितना भी झगड़ते हैं और कितना भी नोक-झोंक करते हैं अंततः पुनः एक हो जाते हैं और पलक झपकते ही सारे गिले-शिकवे नदारद हो जाते हैं।

'नोक-झोंक' करें, 'तू-तू मैं-मैं' करें लेकिन हाथापाई आपस में न करें। गुस्से में आकर चीज़ें न तोड़ें और न ही फूहड़ शब्द निकालें। आप दोनों को रहना तो साथ-साथ ही है, फिर ऐसी भी ज़िद क्या कि तलाक लेकर ही मानूँगी या मानूँगा।

❑

# 12. मैरिड लाइफ़ (रोमांस)

जीवन में रोमांस का सर्वाधिक महत्त्व है। इतना महत्त्व है कि इसके बिना जीवन अपना अर्थ ही खो देता है। आजकल के लोगों के जीवन से रोमांस ही चला गया है क्योंकि रोमांस वहीं पर होता है, जहाँ पर अमन-चैन होता है, ख़ुशियाँ होती हैं और बस प्यार-ही-प्यार होता है।

पचास वर्षीय दम्पति अपने आपको जीवन से अलग कर लेते हैं और यह स्वीकार कर लेते हैं कि उनको अब न तो एक साथ और एक बिस्तर पर सोने का अधिकार है और न ही शारीरिक संबंध ही बनाने का कोई अधिकार है क्योंकि वे अब बूढ़े हो गए हैं। कुछ बहुएँ आ गईं हैं और कुछ बहुएँ अभी नहीं भी आई हैं तो बच्चे जवान तो हो ही गए हैं। जवान बच्चे और बहुएँ एक साथ उन्हें कमरे में सोते या बैठे हुए देखेंगे तो क्या कहेंगे? बच्चे कुछ नहीं कहते हैं, यह आपके मन की उपज है। बच्चे तो मेरे विचार से ख़ुश होते हैं आपको एक साथ हँसते-बोलते और सोते-बैठते हुए देखकर।

एक रिपोर्ट के अनुसार भारतीय दम्पति बच्चों के जवान होते ही या बहुओं के आते ही एक-दूसरे को शारीरिक रूप से नकार देते हैं और इसका इतना घातक परिणाम होता है कि वे एक-दूसरे के प्रति बिलकुल असहज और निष्ठुर हो जाते हैं। आपने प्रौढ़ दम्पतियों को एक-दूसरे से यह शिकायत करते हुए सुना भी होगा कि पहले तो तुम ऐसे नहीं थे। मैं जो कहती थी, झट से ला देते थे। तुम्हें मेरी कितनी फ़िक्र रहती थी। अब तो तुम यह जानने की कोशिश तक भी नहीं करते हो कि मैं कहाँ और कैसी हूँ। यह शिकायत

पति की भी होती है कि पहले तो तुम मेरा खाने पर इंतज़ार करती थी। मेरी फ़िक्र करती थी। मेरी पसंद नापसंद का ध्यान रखती थी। इस उम्र में आकर मैं इतना बुरा कैसे हो गया? मैं तो वही पहले वाला ही तुम्हारा जानूँ हूँ। ऐसा क्या हो गया कि तुमने मुझसे नाता ही तोड़ लिया?

अब आप ही बताएँ, क्या अधिक उम्र हो जाने पर मन भी बूढ़ा हो जाता है? नहीं ना। तो फिर आप प्रौढ़ या वृद्धावस्था में आकर यह ज़बर्दस्ती आपस की दूरियाँ क्यों बढ़ा लेते हैं? इससे वैवाहिक जीवन का ग्लैमर निश्चित रूप से ख़त्म हो जाता है। परस्पर प्रौढ़ दम्पति लड़ने-झगड़ने लगते हैं।

**एक उदाहरण प्रस्तुत है-**

पचास वर्षीया रमा मनोचिकित्सक से मिली। रमा ने बताया-'मेरे पति पहले मुझको बहुत पसंद करते थे। मेरे आगे-पीछे घूमते रहते थे। मेरे लिए चीज़ें लाते रहते थे। मेरे साथ ही खाना खाते थे। मैं मायके दो दिन के लिए भी चली जाती थी तो फोन-पर-फोन करने लगते थे और मुझको लेने के लिए मायके पहुँच जाते थे। अब तो सबकुछ उलटा हो गया है। मैं कहीं भी रहूँ, कहीं भी जाऊँ, किसी से भी बात करूँ उनको कोई मतलब ही नहीं रहता है। वह अब मेरी बिलकुल ही चिंता नहीं करते हैं। मुझे पसंद भी नहीं करते हैं। भला क्या कारण हो सकता है?'

मनोचिकित्सक ने कहा-'भारतीय दम्पतियों में सबसे बड़ी एक ख़राबी यह है कि पचास की उम्र तक आते-आते शारीरिक रूप से स्वयं को बूढ़े मान लेते हैं, फिर आपस की दूरियाँ भी बढ़ा लेते हैं और शारीरिक रूप से मिलन भी नहीं होता है। पति कितना भी आग्रह करता है तो पत्नी बच्चे क्या कहेंगे, या बच्चे देख रहे होंगे या बहुएँ क्या कहेंगी आदि इसी तरह के बहाने कर पति के आग्रह को नकारने लगती है। यह भी सच है कि पचास के बाद पुरुष की भी यौनेच्छाएँ कम होती चली जाती हैं। वह कभी-कभार ही पत्नी से शारीरिक सुख की माँग करता है। यदि पत्नी फिर भी उसकी माँग को नकार दे तो यह ग़लत ही है न?

समझ में मेरी बात आ रही है न? आपके पति आपको पसंद इसलिए नहीं कर रहे हैं क्योंकि आपके वैवाहिक जीवन से रोमांस चला गया है। जो

प्रौढ़ दम्पति होते हैं, उनके जीवन में शारीरिक मिलन से कहीं ज़्यादा मानसिक मिलन महत्त्व रखता है, और इसके लिए ज़रूरी है जीवन में रोमांस का हर पल होना। जीवन में रोमांस होता है तो फिर सबकुछ अच्छा लगता है। आप अपने वैवाहिक जीवन में रोमांस को शामिल कर लेंगी तो आपकी शिकायतें दूर हो जाएँगी।' मनोचिकित्सक ने समझाया।

रमा की समझ में बात आ गई। वास्तव में ही उसने पति को यौन जीवन से बिलकुल ही बाहर कर दिया था। आप इस सच को जान लें कि वैवाहिक जीवन का आकर्षण सेक्स होता है। विवाह का प्रथम उद्देश्य शारीरिक मिलन होता है। जब बढ़ती उम्र के साथ-साथ यौन जीवन भी ठंडा पड़ जाता है तो फिर आपस की दूरियाँ स्वतः ही बढ़ जाती हैं।

आपने देखा होगा युवावस्था से अधिक वृद्धावस्था और प्रौढ़ावस्था में पति और पत्नी ज़्यादा लड़ते-झगड़ते हैं। एक सर्वे की रिपोर्ट बताती है कि प्रौढ़ावस्था तक आते-आते ज़्यादातर पत्नियों को मासिक धर्म आना बंद हो जाता है। जिन औरतों को मासिक धर्म नहीं आता है, उनमें यौन-इच्छाएँ भी उत्पन्न नहीं होती हैं। यही कारण है कि बढ़ती उम्र की पत्नियाँ पत्नी के यौन-आमंत्रण को नकार देती हैं। पुरुष में यौनेच्छाएँ बढ़ती उम्र में भी बनी रहती हैं। उसकी यह इच्छा होती है कि उसकी पत्नी कभी-कभार उसके यौन-आमंत्रण को स्वीकार करे। पत्नी यही तो ग़लती करती है कि पति के यौम-आमंत्रण को निष्ठुरता के साथ ठुकराकर उसको नाराज़ कर देती है। पति के नाराज़ होने पर वैवाहिक जीवन में कलह-क्लेश का प्रवेश स्वाभाविक रूप से हो जाता है।

पचास की उम्र में आते-आते साठ प्रतिशत से ज़्यादा महिलाएँ पूजा-पाठ से जुड़ जाती हैं। फिर वे यौन-जीवन को सिरे से ही नकार देती हैं और शारीरिक संबध इसलिए नहीं बनाती हैं कि यह धर्म के विरुद्ध आचरण है तथा पाप है। भला सेक्स अछूत और धर्म विरुद्ध व्यवहार कैसे हो सकता है जब वंश-वृद्धि इसी से होती है? जब संतान की उत्पत्ति का एक मात्र माध्यम यौन-जीवन ही है तो यह पाप कैसे हो सकता है? अपने हिसाब से किसी चीज़ को नकारना और स्वीकार करना सरासर ग़लत है। सेक्स अत्यंत ही पवित्र व्यवहार है। इसके बिना तो सृष्टि की कल्पना ही नहीं की जा सकती है।

एक पचास वर्षीया धार्मिक प्रवृत्ति की महिला ने अपने गुरु से कहा–'मेरे पति शारीरिक संबंध बनाने के लिए मुझपर दबाव बनाते हैं लेकिन मैं उनके दबाव में न आकर उन्हें डाँट-डपटकर शांत कर देती हूँ।'

गुरु ने कहा–'आप ग़लत करती हैं। कहीं भी ऐसा नहीं लिखा है कि पति या पत्नी की इच्छाओं को पूरा करने से पाप है या धर्म के ख़िलाफ़ व्यवहार होता है। वह आपके पति हैं। उनको इस बात का पूरा अधिकार है कि वह आपसे कोई भी जायज़ माँग कर सकें और आपका भी कर्तव्य बनता है कि आप उनकी माँग को पूरा करें। एक-दूसरे की इच्छाओं को पूरा करना, यही तो पति और पत्नी का धर्म है। आप पति के यौन-आमंत्रण को ठुकराकर बेशक अधर्म कर रही हैं।' गुरु ने समझाया तो वह महिला समझ गई कि धार्मिक कार्यों या पूजा पाठ में यौन-संबंध बनाने से विघ्न नहीं पड़ता है। जैसे पूजा-अर्चना करना मनुष्य के लिए आवश्यक है, वैसे ही अन्य कार्यों को भी करना मनुष्य के लिए ज़रूरी है। धर्म का नाश शारीरिक संबंध बनाने से नहीं होता है।

एक अन्य उदाहरण यहाँ प्रस्तुत है, जिसको पढ़ने के बाद आपको निश्चित रूप से इस बात का बोध हो जाएगा कि रोमांस जीवन का न सिर्फ़ अभिन्न हिस्सा है बल्कि जीने का सबसे बेहतर साधन भी है और वैवाहिक जीवन का मेरुदंड भी है।

अधिकतर लोग यह जानना चाहते हैं कि रोमांस में क्या है? आप नहीं जानते तो जान लें, रोमांस में रूह की गहराई है और एक दूजे को कभी न जाने की ख़ुशी है। रोमांस कोई अदना-सी चीज़ नहीं कि इसे इग्नोर कर आप ख़ुश रह सकते हैं। रोमांस में 'लव बर्ड्स' जैसी हसीन ज़िन्दगी है। अब सवाल यह उठता है कि आप रोमांटिक स्वयं को भी और पति को भी कैसे बनाएँ, यह जानना बहुत ही आवश्यक है।

मीता एक हफ़्ते के बाद मायके से घर वापस आई है। मीता अपनी भाभी की जीवनशैली से काफ़ी प्रभावित है और उस जैसी ही स्वयं की जीवनशैली चाहने लगी है लेकिन इसके लिए उसे स्वयं को पूरी तरह से बदलना आवश्यक है। मीता भाभी से मिलने के बाद रोमांस को जान गई है और उसके जादुई

तथा चमत्कारी असर से बहुत इंप्रेस है। इसीलिए तो आज सुबह से ही धीरज को ख़ुश करने में लगी है, खाने-पीने से लेकर ज़रूरत की चीज़ें देने तक। मीता की अतिरिक्त देखभाल से धीरज चकित है। वह समझ नहीं पा रहा है कि मायके से आने के बाद मीता का व्यवहार अचानक क्यों बदल गया है? शाम को धीरज के आने से पहले घर का हर सामान करीने से मीता ने रख दिया है। साफ़-सुथरे बेडरूम में उसकी पसंद के ताजे फूल रख दिए हैं और नापसंद की चीज़ों को निकालकर बाहर कर दिया है। उसकी पसंद की चादर पलंग पर डाल दी है, रूम फ्रेशनर छिड़क दिया है यानी बेडरूम का हुलिया बिलकुल ही बदल गया है ताकि धीरज बेडरूम में आते ही बहक जाए।

रात के आठ बजे धीरज घर आया। कमरे का बदला हुआ हुलिया देखकर वह बरबस ही मुस्करा पड़ा। फिर मीता की आँखों में आँखें डालकर बोला–'ओ डियर, आज तो बहुत ही अच्छा-अच्छा लग रहा है।'

'रियली.....?' मीता सहसा ही चहक पड़ी। उसका रोम-रोम पुलकित हो उठा। वह ख़ुशी के मारे झूम उठी। उसका मन फूल की तरह खिल गया। इतने में धीरज ने मीता की ओर झुकते हुए कहा–'आज तो बेडरूम ही नहीं तुम भी फ्रेश ख़ुशबू वाले डियो से नहाई हो। जानूँ, तुम कितनी बिंदास, कितनी दिलकश और कितनी परफ़ेक्ट हो।'

एक साथ इतने सारे पॉजिटिव कमेंट्स मीता ने आज पहली बार ही सुने हैं। पति के मुँह से अपने लिए प्रशंसा भरे शब्द सुनकर भला किसके मन में लड्डू नहीं फूटेंगे। लेकिन यह भी सच है कि साथी के मुँह से दिल को अच्छी लगने वाली बातें तभी निकलती हैं जब कुछ नया, कुछ ख़ास और लीक से हटकर पत्नी करती है। सुन्दर लगने के लिए ख़ुद को सजाना-सँवारना जितना आवश्यक है उतना ही अनिवार्य जहाँ आप रहते हैं उसका लुक बदलना भी है। लुक किसी भी जगह का बदलने से मन को ख़ुशी मिलती है और जब मन को ख़ुशी मिलती है तो मूड फ्रेश और ताज़ा हो उठता है। जब मूड में ताज़गी आ जाती है तब बरबस ही ध्यान उधर चला जाता है, जिसके हाथों से यह नेक कार्य हुआ है। फिर यह स्थिति ही रोमांस को उत्पन्न करने की वजह बन जाती है।

मीता ने अपनी भाभी से यह हुनर सीखा है। ज़िन्दगी दूसरों की अच्छी बातें अपनाने से ही सँवरती है और ज़िन्दगी सँवरने लगती है, सजने लगती है तो साथी का प्यार भी निखरने लगता है। वह उसे किसी भी रूप में कबूल करने लगता है और यही रोमांस है, जिसकी झलक मीता धीरज में आज देख रही है। वही धीरज है लेकिन आज उसका व्यवहार मीता के प्रति बिलकुल ही कोमल और अनछुआ है। मीता की नज़र में रोमांस यही है और उसकी भाभी की नज़र में भी रोमांस की यही परिभाषा है।

अलग-अलग स्त्री और पुरुष के लिए रोमांस का अर्थ अलग-अलग भले ही हो, लेकिन रोमांस का जो स्वाद है, वह तो सबके लिए एक ही होता है सबकुछ, नया-नया और ऊर्जावान लगना। जब लाइफ़ स्टाइल एक-सी हो जाती है, उसमें कभी कोई बदलाव नहीं आता है तब वह ऊर्जावान नहीं रह जाती है। ख़ूबसूरत, सुघड़ और सुशिक्षित पत्नी भी पति को इंप्रेस नहीं कर पाती है, तब ऐसे में जो कुशल पत्नी होती है, वह बदलाव के लिए रास्ते तलाशने लगती है, जहाँ कहीं ज़रा-सा भी बदलाव की गुंजाइश दिखती है, वह बदलाव लाना शुरू कर देती है। मीता ने भी तो यही किया। अपनी भाभी की लाइफ़ स्टाइल को देखा, उन दोनों पति और पत्नी के आपस के प्यार को देखा, एक-दूसरे के लिए उन्हें जीते मरते देखा तो समझा कि उसकी लाइफ़ हसीन क्यों नहीं है।

आप बदलाव की शुरुआत कहीं से भी कर सकती हैं। बेडरूम जीवन का अभिन्न हिस्सा होता है। आप बेडरूम में कोई-न-कोई नयापन लाकर अपने साथी का ध्यान अपनी तरफ खींच सकती हैं। आप सुन्दर हैं, सुशिक्षित हैं, साथी का ध्यान रखती हैं, पैसा कमाती हैं तो आपके साथी को ख़ुश रहने के लिए और क्या चाहिए, यह सोच आपकी नहीं होनी चाहिए। इस तरह की लाइफ़ स्टाइल वाली औरतें या पुरुष तो दुनिया में अनेक हैं। इन चीज़ों से यदि जीवन में रोमांस होता तो फिर पूछना ही क्या था। फिर तो तलाक ही नहीं होते, जीवन में एकरसता नहीं पसरती और सबकुछ सामान्य होता। ये सब चीज़ें जीवन के लिए आवश्यक हैं, लेकिन आपका मूड रोमांटिक बनाने के लिए पर्याप्त नहीं हैं। आपको कुछ अतिरिक्त करना पड़ेगा, तभी साथी को अच्छा लगेगा।

याद रखें, दुनिया में न तो अच्छा का कोई अंत है और न ही बुरा का, दोनों अंत है। जो अच्छी चीज़ आपने आज देखी है कल को उससे भी अच्छी चीज़ आप देख सकती हैं। रोमांस हरपल कुछ-न-कुछ अच्छा माँगता है। आज आपने बेडरूम में कुछ नया किया तो कल को उससे भी कुछ हटकर अच्छा करना होगा। ज़िन्दगी एक चैलेंज है और जो इस चैलेंज को ख़ुशी-ख़ुशी मन से स्वीकार करता है उसके ही जीवन में रोमांस होता है। जो लाइफ़ में नयापन लाने में विश्वास नहीं करते, बदलाव से घबराते हैं या आलसी प्रवृत्ति के हैं, वे लाइफ़ को जी तो सकते हैं, लेकिन कभी भी रोमांटिक नहीं हो सकते हैं क्योंकि रोमांटिक लाइफ़ के लिए आपको वह सब करना पड़ता है, जो साथी को अच्छा लगे, जो उसे सूट करे और वह अनायास ही आपका दीवाना हो जाए। पत्नी के प्रति या पति के प्रति यह दीवानगी ही तो रोमांस है। जब तक साथी आपका दीवाना न होगा तब तक लाइफ़ में रोमांस उभरकर सामने नहीं आ सकेगा। रोमांस आप को क़रीब से देखना है, उसे छूना है और उसे महसूस करना है तो आपको मीता बनना होगा। आप बातों से, कार्यों से अपनी मौजूदगी दर्ज़ करवा लें, लेकिन साथी को या ख़ुद को रोमांटिक नहीं बना सकते हैं, इसके लिए आपको हर पल रिसर्च करने की आवश्यकता है।

**एक अन्य उदाहरण प्रस्तुत है-**

श्वेता नहाकर बेडरूम में आई तो ज्ञान ने धीरे से उसके बाल पकड़ कर खींच दिए। श्वेता ने भी कोहनी से उसके पेट को दबा दिया और फिर हँसते हुए पलंग पर चढ़ गई। 'ऐसे तुम नहीं मानोगी।' कहते हुए ज्ञान दौड़कर पलंग पर चढ़ गया। श्वेता जैसे ही पलंग से कूदना चाही, ज्ञान ने उसकी कलाई पकड़कर अपनी तरफ खींच लिया। श्वेता धीरे से बोली-'मैं चाहती भी तो यही थी कि आप मुझको छेड़ें और मैं भी आपको छेड़ूँ ताकि गहरी नींद में ऊँघ रहा हमारे बीच का रोमांस जाग जाए।'

ज्ञान ने पूछा-'मैंने तो तुम्हारे बाल यूँ ही पकड़कर खींचे थे।'

श्वेता ने कहा-'कभी-कभी अनजाने में ही सही काम हो जाता है। मैं कई रोज़ से महसूस कर रही थी, तुम मुझसे और मेरी उपस्थिति से बचने लगे

थे। यह ठीक नहीं। सबकुछ चला जाए कोई बात नहीं, लेकिन रोमांस जीवन से नहीं जाना चाहिए। रोमांस ही तो पति और पत्नी को एक-दूसरे से बाँधे रखता है।' श्वेता बोल ही रही थी, तभी ज्ञान ने कहना शुरू कर दिया–'हाँ श्वेता, तुम बिलकुल ही ठीक कह रही हो। पकड़ना, चूमना, भागना, छेड़ना, कोहनी मारना आदि हरकतों से जीवन में रोमांस आता है और जब रोमांस आ जाता है तो एक-दूसरे के अवगुणों को भी पति और पत्नी आसानी से स्वीकार कर लेते हैं, ऊँची-नीची बातें भी बरदाश्त कर लेते हैं और एक-दूसरे के सामने आते ही कुछ-कुछ होने भी लगता है।' ज्ञान यह कहते-कहते चुप हो गया। उसको ऐसा लगा कि कोई छुपकर उनकी बातों को सुन रहा है।

ज्ञान का शक सही था। ज्ञान की साठ वर्षीय माँ और श्वेता की सास नीरजा उन दोनों की बातें बहुत देर से चुपचाप खड़ी होकर सुन रही थीं। वह बरामदे से चुपचाप बेडरूम में आ गईं और अपने आपसे बात करने लगीं–'बेटा और बहू तो हमसे कहीं अधिक समझदार इस मामले में निकले। हममें तो रोमांस तो दूर बातचीत भी नहीं होती। आज जैसे ही ज्ञान के पापा आएँगे मैं उनको प्यार से छेड़ूँगी, मीठी-मीठी बातें करूँगी, फिर देखती हूँ, हमारे जीवन में रोमांस कैसे नहीं आता है। ज्ञान के पापा मेरे पीछे पकड़ने के लिए भागेंगे तो मैं पलंग पर चढ़ जाऊँगी, फिर वह मुझको पकड़ लेंगे, इसके बाद हम दोनों एक-दूसरे की आँखों में आँखें डाले अपलक देखेंगे, यही तो रोमांस है।' नीरजा स्वयं से बात करते-करते अचानक ही हँसने लगीं, बेडरूम की चीज़ों को उठाकर करीने से रखने लगीं।

रोमांस का रूप पल-पल बदलता रहता है। यह कोई ज़रूरी नहीं कि आपके जीवन में रोमांस जिन कार्यों से आया है, उन कार्यों से दूसरों के जीवन में आ सकता है। एक व्यक्ति का दूसरे व्यक्ति से मिजाज़, सोच, पसंद, नापसंद, जीवनशैली आदि सब अलग होते हैं। यही वजह है कि दूसरों की देखा-देखी कोई भी काम न करें। हाँ, यह निश्चित है कि एक-दूसरे के लिए समय निकालने से, बातचीत करने से और ज़रूरतें पूरी करने से जीवन में रोमांस ही नहीं बल्कि ख़ुशियाँ भी आती हैं। श्वेता की सास नीरजा का संबंध पति के साथ ठीक नहीं है। नीरजा को सबसे पहले यह देखना चाहिए

कि किन वजहों से संबंध ख़राब है। वजहों को दूर करने के बाद यदि नीरजा न भी कुछ करें तो उनके जीवन में बहार आ सकती है और रोमांस भी आ सकता है।

मनमुटाव, मतभेद और रंजिश के जो कारण हैं, उन कारणों को ढूँढ़-ढूँढ़कर आप ख़त्म कर दें, तो आपके जीवन में रोमांस स्वाभाविक रूप से आ सकता है। आप पति की पसंद-नापसंद कर ध्यान नहीं रखती हैं तो फिर लाख कोशिश करने के बाद आपके जीवन में रोमांस नहीं आ सकता है। यही जीवन को बेरस और अर्थहीन बनाता है। पत्नी को पति ख़ुश नहीं कर पा रहा है और पति को पत्नी ख़ुश नहीं कर पा रही है तो कुछ भी करने पर भी जीवन में रोमांस नहीं आ सकता है। यौन-विशेषज्ञों का कहना है कि आप जितना ही ख़ुश रहते हैं, सकारात्मक सोचते हैं, ईर्ष्या नहीं करते हैं, बदले की भावना मन में नहीं पालते हैं आपके जीवन में उतना ही रोमांस का फैलाव होता है। मैंने देखा है, जो दम्पति टोका-टाकी और अधिक सवाल करने से बचते हैं, उनका वैवाहिक जीवन गंगाजल की तरह स्वच्छ और निर्मल होता है और ऐसे दम्पति के जीवन में भला रोमांस, प्यार और जीवंतता क्यों नहीं रहेगी।

रोमांस के अभाव में ही तलाक की स्थिति उत्पन्न होती है। अपने वैवाहिक जीवन को स्वच्छ और निर्मल बनाएँ।

❑

# 13. मैरिड लाइफ़ ( वर्किंग कपल्स )

आज के समय में वैवाहिक जीवन समस्याओं के दौर से गुज़र रहा है। पल-पल बढ़ती ज़रूरतें और पल-पल बढ़ती महँगाई ने पति और पत्नी दोनों को ही कंगाल कर दिया है। मैं उन दम्पतियों की बात नहीं कर रहा हूँ जो बहुत रईस हैं और उनकी आमदनी के स्रोत एक नहीं बल्कि अनेक हैं। लेकिन यह भी सच है कि आर्थिक रूप से सक्षम और स्वतंत्र लोगों की संख्या 15-20 प्रतिशत ही है और आम लोगों की संख्या अस्सी-पचासी प्रतिशत है। ये लोग कमाने-खाने वाले हैं और आर्थिक रूप से पूरी तरह से सक्षम नहीं हैं। ऐसे लोगों को कोई भी चीज़ ख़रीदने से पहले एक बार नहीं बल्कि कई बार अपनी जेब टटोलनी पड़ती है।

मैं यहाँ अस्सी प्रतिशत लोगों की बात कर रहा हूँ, जो पैसे कमाने के लिए दिन-रात संघर्ष करते हैं लेकिन पैसा ज़रूरत भर बड़ी मुश्किल से कमा पाते हैं। ऐसे में पत्नी का सुशिक्षित होना और नौकरी करना परिवार के लिए आवश्यक ही नहीं, अति आवश्यक हो गया है और अच्छी बात है कि आज महिलाओं ने न केवल पढ़ने-लिखने पर ध्यान दिया है बल्कि अपने कॅरियर को सँवारने और बनाने पर भी ध्यान देना शुरू कर दिया है। इससे परिवार की आर्थिक प्रगति होने के साथ-साथ परिजनों की बुनियादी ज़रूरतें भी पूरी होती हैं।

यही वजह है कि मध्यमवर्गीय परिवारों के लोगों ने पढ़ी-लिखी बहू की माँग करनी शुरू कर दी है। अनपढ़ लड़कियों को लोग नकारने लगे हैं। इसका

सबसे बड़ा एक लाभ यह हुआ है कि इस माँग की वजह से अभिभावकों ने अपनी लड़कियों को पढ़ाना शुरू कर दिया है। वैसे भी लड़कियों को शिक्षित करना अत्यंत ज़रूरी है क्योंकि महिलाएँ जितनी अधिक शिक्षित होंगी आने वाले बच्चों की परवरिश उतनी ही बेहतर ढंग से होगी और घर, समाज तथा राष्ट्र की उन्नति होगी।

एक बात यह भी है कि पति और पत्नी दोनों ही नौकरी करते हैं तो वैवाहिक जीवन में एक नहीं अनेक समस्याएँ उत्पन्न हो जाती हैं। यदि पति और पत्नी दोनों ही समझदार होते हैं तो कोई दिक्कत नहीं होती है लेकिन वे थोड़ा भी समझदार नहीं होते हैं या धैर्यवान नहीं होते हैं तो विवाह को टूटते देर नहीं लगती है। पति और पत्नी में से एक बुद्धिजीवी होता है तो फिर समस्या जल्दी उत्पन्न नहीं होती है और उत्पन्न होती भी है तो जल्दी ही समाप्त हो जाती है।

विवाह सलाहकार के दफ़्तर में नव दम्पति पहुँचे। पति बोला–'मैं प्राइवेट कंपनी में नौकरी करता हूँ। सुबह के सात बजे घर से निकलता हूँ तो नौ बजे दफ़्तर पहुँचता हूँ। घर से ऑफ़िस पहुँचने में कुल दो घंटे लगते हैं। इतना सफ़र रोज़ ही तय करना पड़ता है। दफ़्तर से घर आने में रात के नौ बज जाते हैं।'

*विवाह सलाहकार ने कहा–'आप कहना क्या चाहते हैं?'*

*पति ने आगे कहा–'सर, मैं कहना यह चाहता हूँ कि मेरी पत्नी की नौकरी सरकारी है। शनिवार और रविवार को इसकी छुट्टी रहती है। वह दफ़्तर भी सुबह के दस बजे के बाद ही जाती है और शाम को पाँच बजे तक घर आ जाती है। इसका दफ़्तर भी घर के पास में ही है। फिर भी यह न तो किचन का काम करती है और न ही झाड़ू-पोंछा ही लगाती है। कहने पर कहती है कि मुझसे घर के काम नहीं होंगे। तुम अपना काम ख़ुद करो और मैं अपना काम ख़ुद करूँगी।'*

विवाह सलाहकार ने पत्नी से पूछा–'क्या ये सच कह रहे हैं?' पत्नी बोली–'इसमें ग़लत क्या है? मेरी नौकरी सरकारी है। सैलरी इनसे दोगुनी-चौगुनी है। मैं नौकरानी की तरह काम क्यों करूँ? मैं इनके लिए खाना नहीं बना सकती।'

विवाह सलाहकार को बड़ी ही हैरानी हुई। पहली बार उसके दफ़्तर में ऐसा केस आया था कि पत्नी, पति को न तो पति मानने को तैयार थी और न ही उसके काम करने को तैयार थी।

विवाह सलाहकार ने कहा–'मैडम, आपने तब विवाह ही क्यों किया जब आपको पत्नी बनकर रहना ही नहीं....?' इतना कहकर विवाह सलाहकार ने पति से कहा–'आपके लिए मेरी सलाह है कि आप तलाक देकर दूसरी शादी कर लें या फिर बिना शादी के ही रहें। मनुष्य का तन बहुत ही भाग्य से मिलता है। मैं नहीं चाहता कि आपका पूरा जीवन कष्ट से भरा हो। मैं समझ सकता हूँ कि आप विवाहित होकर भी कितना अकेले हैं।'

विवाह सलाहकार के सुझाव पति को पसंद आए। उसने कई बार तलाक देने के बारे में सोचा था लेकिन हिम्मत नहीं पड़ रही थी। विवाह सलाहकार ने पत्नी को भी समझाया- मैडम, आप इस विवाह से संतुष्ट और प्रसन्न नहीं हैं तो आप व्यर्थ में ही अपना मूल्यवान समय बीता रही हैं? तलाक तब अच्छा होता है जब दोनों ही एक–दूसरे से निजात पाना चाहते हों। हमेशा तलाक ग़लत नहीं होता है। तलाक अच्छे के लिए भी होता है। आप दोनों तलाक देकर अपने तरीके से जिएँ।' पत्नी को भी विवाह सलाहकार के सुझाव पसंद आए।

जब मन में यह बात आ जाती है कि मैं अधिक सैलरी वाली नौकरी करता या करती हूँ भला झुककर क्यों रहूँ या उसके लिए खाना क्यों बनाऊँ, तो विवाह ज़्यादा देर तक सही–सलामत नहीं रहता है। एक दिन ऐसा भी आता है कि संबंध टूट जाता है। आपने देखा होगा शादी जितनी धूमधाम के साथ होती है, उतनी धूमधाम के साथ ताउम्र चल नहीं पाती है। बीच में ही टूट जाती है। पति और पत्नी के रिश्ते में न तो कोई बड़ा होता है और न ही कोई छोटा होता है। कौन कितना कमाता है, इसका भी कोई लेखा–जोखा या कोई हिसाब इस रिश्ते में नहीं होता है। दोनों का ही धन दोनों का ही होता है। विवाह सलाहकार ने उस दम्पति को उचित सुझाव दिया कि आपस में कोई तालमेल नहीं है तो समय को यूँ ही क्यों गँवा रहे हो? संबंध–विच्छेद कर मनपसंद जीवनसाथी के साथ ज़िन्दगी का आनंद लो।

बहुत से लोग क्या, सभी लोग इस बात को स्वीकार करते हैं कि तलाक लेना और देना दोनों ही ग़लत है। इससे हर हाल में बचना चाहिए। लेकिन मेरा कहना है कि तलाक अच्छे के लिए हो तो होने देना चाहिए क्योंकि ज़िन्दगी दोबारा नहीं मिलती है। जब ज़िन्दगी दोबारा नहीं मिलती है तो फिर ऐसे किसी व्यक्ति विशेष के साथ क्यों काटी जाए, जिससे एक पल भी न बनती हो।

साइकोलॉजिस्ट के क्लीनिक में एक बाइस वर्षीय युवती आई। वह काफ़ी परेशान और घबराई हुई थी। उसका मन किसी एक स्थान पर स्थिर नहीं था। साइकोलॉजिस्ट ने पूछा–'क्या प्रॉब्लम है?'

युवती ने कहा–'मेरी शादी को दो माह होने वाले हैं और मैं अपने पति को तलाक देना चाहती हूँ।'

साइकोलॉजिस्ट ने आश्चर्य से युवती को देखा, फिर उससे पूछा–'आपके हाथों की अभी मेहँदी छूटी नहीं और आप तलाक की बात कर रही हैं। आपकी बात मेरी समझ में नहीं आ रही है। आख़िर दिक्कत क्या है? मैं तो यही सलाह दूँगा कि छोटी-छोटी बात पर तलाक देना अच्छी बात नहीं है। तलाक के बाद भी तो आप शादी किसी और से करेंगी? फिर समझौता कर इस विवाह को ही सफल बनाने में क्या हर्ज है?'

युवती इतना सुनते ही भड़क गई। वह तल्ख़ आवाज़ में कहने लगी–'मैं बड़ी उम्मीद लेकर यहाँ आई हूँ और आप हैं कि समझौता करने की सलाह दे रहे हैं।'

युवती का उखड़ा-उखड़ा मूड देखकर साइकोलॉजिस्ट की समझ में इतनी बात तो आ ही गई कि मामला कुछ ज़्यादा गंभीर है। उसने विषय को बदलते हुए पूछा–'आपकी शादी लव मैरिज है या अभिभावकों की पसंद से हुई है?' यह पूछते ही युवती की आँखें भर आईं। वह अपने आँसुओं को छिपाने की असफल कोशिश करते हुए बोली–'सर, हमारी शादी लव मैरिज है। मम्मी-पापा के मना करने के बाद भी मैं नहीं मानी। मुझको आज अफ़सोस हो रहा है। लड़के से मेरा परिचय फ़ेसबुक के माध्यम से हुआ था। मात्र पन्द्रह-बीस दिन फ़ेसबुक पर मिले, फिर प्यार हो गया। इसके बाद

शादी भी हो गई।' युवती इतना कहते-कहते चुप हो गई। साइकोलॉजिस्ट ने कहा–'फ़ेसबुक पर प्यार, फिर शादी आजकल खूब हो रही है और यह आजकल फैशन में है। लेकिन मैं आपको बता दूँ कि जितनी जल्दी प्यार, फिर विवाह होता है न, उतनी ही तीव्रता से यह विवाह टूटता भी है। मैं आपको बता दूँ, न तो मात्र दो-तीन महीनों में मित्रता होती है, न ही प्यार होता है और न ही विवाह ही होता है। एक कहावत है कि 'सहज पके तो मीठा होय।' मित्रता, प्रेम और विवाह- ये तीनों ही संबंध बहुत ही जाँचने-परखने के बाद बनते हैं तभी लाभप्रद साबित होते हैं। अब आप बताएँ कि तलाक देने की मुख्य वजह क्या है?'

युवती बोली–'सर, वह युवक पहले से ही शादीशुदा है और दो बच्चों का पिता भी है। शादी के दो माह बाद इस सच का पता तब चला जब उसकी बीवी एक दिन बच्चों के साथ उससे मिलने बिना किसी सूचना के ही आ गई। उसको बताकर आती तो मैं यह जान नहीं पाती कि यह शादीशुदा है। सर, वह तलाक देने को राज़ी नहीं है। मैं क्या करूँ?'

साइकोलॉजिस्ट बोला–'यह तो क़ानून संबंधी मामला है, फिर भी मेरी सलाह है कि आप आज से ही मायके में रहना शुरू कर दें और उसकी पहली पत्नी को उसके साथ रहने का मौका दें। वैसे उसके साथ वह भी नहीं रहेगी। आगे आपको क़ानून की सहायता लेनी पड़ेगी।' साइकोलॉजिस्ट ने मानसिक रूप से युवती को मज़बूत कर दिया। मामले को तो वह शांत कर सकता नहीं था। आजकल फ़ेसबुक के अलावा अन्य सोशल मीडिया के माध्यम से परिचय युवती-युवक करते हैं, फिर प्यार करने लगते हैं और माता-पिता को पीछे कर विवाह कर लेते हैं। जब दोनों को आटा, दाल, चावल के भाव मालूम पड़ते हैं तब सारी हेकड़ी मिनटों में ही निकल जाती हैं। अब देखिए न, कैसे युवती का हिसाब-किताब गड़बड़ा गया।

फ़ेसबुक या अन्य सोशल मीडिया पर मित्रता करें, बात करें लेकिन वैवाहिक संबंधों को न बनाएँ। कौन कैसा है किसी के माथे पर नहीं लिखा होता है या कौन किस स्वभाव का है, केवल बात करने से पता नहीं चल सकता है। फ़ेसबुक वाली शादियाँ आजकल ख़ूब हो रही हैं और कपल्स

आत्महत्या भी ख़ूब कर रहे हैं। जब उनकी आपस में नहीं बनती है, तब, माता-पिता मदद नहीं करते हैं। वे उन्हें बिलकुल त्याग देते हैं तब अपराधबोध उन्हें फाँसी के फंदे तक लेकर चला जाता है। इस मामले में आज के युवाओं की हालत बड़ी ही ख़राब है।

उन्हें इस सच को कबूल करने की ज़रूरत है कि चन्द दिनों की दोस्ती और प्रेम के आधार पर विवाह करना ख़तरे से खाली नहीं है। जब तक स्वभाव के बारे में जानकारी न हो तब तक विवाह करने की ज़रूरत भी नहीं।

मैंने विषय से हटकर कोई बात नहीं की है क्योंकि कामकाजी दम्पति की समस्याओं को जानने-समझने के लिए विवाह को हर दृष्टिकोण से देखने की आवश्यकता है।

उपरोक्त घटनाओं से मैंने आप सबको यह बताने का प्रयास किया है कि आजकल लोग विवाह जितनी जल्दी करते हैं, उससे कहीं अधिक जल्दी तलाक की अर्जी पेश कर देते हैं। न जाने लोग एक-दूसरे के प्रति इतने कठोर और संवेदनहीन क्यों होते जा रहे हैं?

वर्किंग कपल्स की अनेक प्रकार की समस्याओं से संबंधित एक उदाहरण यहाँ प्रस्तुत है। मुझे उम्मीद है, आप इससे अवश्य ही लाभान्वित होंगे।

अंजु ने अब तक तीन नौकरानियाँ बदल दी थीं और अब चौथी नौकरानी रखने की उसमें हिम्मत नहीं थी। घर का सारा ख़र्च बिना पैसे के चल नहीं सकता था। इसलिए वह नौकरी छोड़ भी नहीं सकती थी। वह अपने दोनों अबोध बच्चों को यूँ अकेला छोड़ भी नहीं सकती थी। आज अंजु ने दफ़्तर से छुट्टी ले ली थी। नयन रात के आठ बजे घर आया तो अंजु उसको देखकर कहने लगी-'तुम्हारी क्या यही इच्छा है कि मैं बच्चों की वजह से अपना भविष्य और कॅरियर चौपट कर दूँ?'

नयन की भला इसमें ग़लती ही क्या थी। वह भी तो नौकरी छोड़ नहीं सकता था। उन दोनों के सामने यह बहुत बड़ी समस्या थी कि बच्चों की परवरिश कैसे होगी? वे नौकरी छोड़ेंगे तो धन का अभाव हो जाएगा और ज़रूरतें पूरी नहीं होंगी तो तरह-तरह की समस्याएँ उत्पन्न हो जाएँगी। नयन का स्वभाव बहुत ही शांत था। उसने अंजु को शांत कराते हुए कहा-'अंजु,

मैं तुम्हारे कॅरियर को और अधिक चमकाना चाहता हूँ। मैं भला ऐसा क्यों चाहूँगा? नौकरानियों से तुम्हारी बनती ही नहीं और उनके काम तुम्हें अच्छे लगते ही नहीं हैं। कहो, मैं इसमें क्या कर सकता हूँ?' नयन ने कहा।

'कह तो तुम ऐसे रहे हो जैसे तुम्हें कुछ मालूम ही नहीं। नौकरानी बच्चों की देखभाल के लिए मैंने जब भी रखी बच्चे गंभीर रूप से बीमार पड़ गए। नौकरानियों ने बच्चों की परवरिश पर कोई ध्यान ही नहीं दिया। नयन, बच्चे पहले हैं। फिर बाद में कुछ भी है। बच्चों की क़ीमत पर कोई भी समझौता मैं नहीं कर सकती हूँ।' अंजु ने कहा।

'दोनों बातें तो तुम्हीं कहती हो। कभी कहती हो कि बच्चों से बढ़कर कोई नहीं है और कभी कहती हो कि कॅरियर ही मेरा सबकुछ है। मेरी तो समझ में नहीं आ रहा है कि तुम्हारे लिए कौन सबसे अधिक महत्त्वपूर्ण है।' नयन ने इतना कहकर अंजू को कुछ समय के लिए चुप करा दिया।

अंजु चुपचाप नयन को देखने लगी। वास्तव में ही उसकी समझ में नहीं आ रहा था कि वह क्या निर्णय ले? नौकरी उसकी ज़रूरत थी तो बच्चे भी तो उसकी ज़िन्दगी थे। नयन ने कहा–'कॅरियर से कहीं कम महत्त्वपूर्ण बच्चे भी नहीं हैं। उनकी परवरिश करना हमारी ज़िम्मेदारी भी तो है। हम बच्चों को नज़रअंदाज़ नहीं कर सकते हैं।'

नयन ने सही ही कहा था। माता-पिता के लिए पहले संतान होती है, फिर कॅरियर होता है। यह ठीक है कि कॅरियर भी ज़रूरी है।

नयन ने अंजु को समझाया–'देखो अंजु, बच्चे अभी छोटे हैं। उनको हमारी ज़रूरत है और कल को हमें उनकी ज़रूरत पड़ेगी। तुम्हारी पूरी सैलरी नौकरानी का वेतन देने और बच्चों के इलाज कराने में ही स्वाहा हो जाती है। फिर क्यों न तुम तब तक नौकरी छोड़कर बच्चों की देखभाल करो और उनको अपनी निगरानी में रखो जब तक वे स्कूल न जाने लगें। माँ से बढ़कर बच्चों का भला सोचने और चाहने वाला संसार में अन्य कोई नहीं होता है।' नयन एक साँस में ही बोल गया।

अंजु अपनी ख़ामोशी तोड़ते हुए बोली–'ठीक है, मैं तैयार हूँ। देखो न, इतना ख़र्च करने के बाद भी बच्चे कितने कमज़ोर हैं। तुम ठीक कह रहे

हो। जब तक बच्चे बड़े नहीं हो जाएँगे, मैं घर पर ही रहूँगी।' अंजु इतना बोलते-बोलते बच्चों को देखने लगी, बच्चे भी अपलक उसको ही देख रहे थे।

नयन ने अंजु को ध्यान से देखा तो उसकी समझ में यह बात आसानी से आ गई कि अंजु को नौकरी छोड़ने का दुःख है। वह नौकरी छोड़ना नहीं चाहती है। नयन अंजु के क़रीब आकर बोला-'मुझको मालूम है, तुम्हें अपने कॅरियर से बेहद ही प्यार है। प्यार होना भी चाहिए, यह व्यक्ति की ज़रूरतों को पूरा करता है, लेकिन तुमने बच्चों के लिए समझौता किया है। मैं तुमसे बहुत प्रसन्न हूँ। देखो, तुम्हारी इंग्लिश और साइंस बहुत ही अच्छी है। तुम खाली समय में बच्चों को पढ़ा सकती हो। नीचे का हॉल कोचिंग सेंटर के लिए बेहतर रहेगा। तुम चाहो तो कॅरियर के रूप में इसे डेवलप भी कर सकती हो। तुमने कभी मुझसे कहा भी था कि अध्यापन कार्य में मेरी काफ़ी रुचि है तो लो अब वह समय आ गया है, अब तुम अपनी रुचि को पूरा कर सकती हो। अध्यापन कार्य तुम्हें सूट भी करेगा। बच्चों की परवरिश भी होती रहेगी और अध्यापन कार्य भी होता रहेगा।'

अंजु को नयन की बात भा गई। वह सहसा ही मुस्करा पड़ी और वह कहने लगी-'हाँ नयन, तुमने अच्छी सलाह दी। मैंने तो कभी इस दिशा में सोचा ही नहीं। ऐसे कार्य को तो मैं बचपन से ही पसंद करती हूँ। बच्चों पर भी पूरी नज़र रख पाऊँगी और अध्यापन कार्य भी करती रहूँगी। आइडिया बुरा नहीं है। तुमने पहले क्यों नहीं बताया।' इतना कहते-कहते अंजु काफ़ी सामान्य हो गई।

बात चलती है तो कहीं-से-कहीं पहुँच जाती है और ख़त्म किसी और जगह पर जाकर होती है। ऐसी परिस्थिति अधिकतर परिवारों में उत्पन्न हो जाती है जब कामकाजी दम्पति अकेले होते हैं और उनके बीच एक बच्चा आ जाता है। फिर बच्चे की देखभाल को लेकर कई तरह की चिंताएँ उनके दिमाग़ में घर कर जाती हैं। उनके आपस का प्रेम कम हो जाता है और हर घड़ी वे बच्चे की परवरिश को लेकर ही बातचीत करते रहते हैं। एक औरत जो सुशिक्षित है और कॅरियर को बनाने में पूरी शक्ति लगा दी हो, फिर वह यह नहीं चाहती कि बच्चे की परवरिश के लिए नौकरी छोड़ दे, जबकि

यह सोच पूर्णतः ठीक नहीं है। यह सच है कि आदमी बदलाव को जल्दी स्वीकार नहीं करता है लेकिन बदलाव को स्वीकार करने के अतिरिक्त अन्य कोई रास्ता भी तो नहीं है। व्यक्ति में सबसे बड़ी कमी यह होती है कि सारे रास्ते बंद होने के बाद वह आर-पार की लड़ाई लड़ता है। शुरुआत में ही यह लड़ाई वह लड़ ले तो दिक्कत ही नहीं होने वाली।

अंजु ने दो-दो नौकरानियाँ बदल दीं। उन्हें अच्छे वेतन दिए। फिर भी उन्होंने बच्चों के स्वास्थ्य के साथ बच्चों के खान-पान पर कोई ध्यान नहीं दिया। भला एक नौकरानी एक माँ जैसा प्यार, दुलार और मातृत्व बच्चे को कैसे दे सकती है! बच्चे किसी नौकरानी के भरोसे पाले नहीं जाते हैं। माँ को समझौता करना ही पड़ता है। बच्चे खाना खिला देने भर से ही नहीं पलते हैं। उन्हें मातृत्व की गरमी की भी ज़रूरत पड़ती है, जो उनकी माँ ही दे सकती है। फिर छोटे बच्चों को माँ के दूध की आवश्यकता होती है। बाहर के दूध या भोजन से उनका पेट भले ही भर जाए, लेकिन उनका पोषण नहीं हो पाता है। अंजु के बच्चों के साथ यही तो हुआ। अंजु सुबह की निकली रात को घर लौटती तो बच्चों का कभी पेट ख़राब होने की ख़बर मिलती तो कभी उल्टी होने की बात सुनने को मिलती। बीमार और शक्तिहीन बच्चे अंजु के दूध भी नहीं पी पाते।

स्त्री के लिए संतान की परवरिश करना आज एक बहुत बड़ी चुनौती बन गया है क्योंकि ज़रूरतों और महँगाई के बढ़ने के कारण उनके लिए भी जॉब करना आवश्यक हो गया है। जिन परिवारों में सास, ननद या अन्य सदस्य होते हैं, वहाँ तो बच्चों की परवरिश अच्छी तरह से हो जाती है, लेकिन जहाँ परिवार के नाम पर केवल पति और पत्नी ही होते हैं और दोनों ही नौकरी करते हैं तो मामला गड़बड़ा ही जाता है। उनके सामने बच्चों के पालने-पोसने की समस्या यक्ष प्रश्न बनकर खड़ी हो जाती है। पति जॉब छोड़कर बच्चों की देखभाल करने की बात कहता है और पत्नी जॉब नहीं छोड़ना चाहती है। यह कोई छोटी-मोटी समस्या नहीं है और जॉब छोड़ना कोई सहज और आसान काम भी नहीं है।

पत्नी से स्पष्ट शब्दों में यह कहना कि जॉब छोड़ दो, उसके मुँह पर अचानक चाटा मारने की तरह ही है। वह आवेशित हो जाती है, तनाव में आ

जाती है और ऐसा लगने लगता है जैसे उसका वजूद ही ख़त्म होने वाला है। कॅरियर से औरत का वजूद है, इसमें कोई शक नहीं है क्योंकि उसके बल पर ही वह स्वयं को स्थापित करती है, आर्थिक स्वतंत्रता की अनुभूति करती है और अपनी एक अलग से पहचान बनाती है। नयन ने अंतु को कितनी समझदारी से समझाया कि बच्चा बड़ा हो जाए तो तुम जॉब कर लेना या खाली समय में ट्यूशन देना शुरू कर दो और चाहो तो इसे ही अपना कॅरियर बना लो।

जॉब या कोई अन्य विकल्प देकर बात करना इस मामले में सबसे अच्छा हो सकता है। अचानक जॉब छोड़ने की बात कहना ग़लत है। पहले पत्नी को उसका बच्चे से क्या रिश्ता है और बच्चे के जीवन में माँ का क्या महत्त्व है और पिता से कई गुना ज़्यादा माँ का स्थान ऊँचा और बड़ा है, यह अहसास कराना निहायत ही आवश्यक है। पत्नी को यह विश्वास दिलाना भी ज़रूरी है कि वह उसके इस त्याग में उसके साथ ही है और किसी भी तरह से वह आर्थिक समस्या उत्पन्न नहीं होने देगा। किन्तु जहाँ पति की आमदनी पर्याप्त नहीं होती है और पत्नी की सैलरी की भी ज़रूरत पड़ती है, वहाँ परेशानियाँ काफ़ी बढ़ जाती हैं। साठ से सत्तर प्रतिशत दम्पति आज की तारीख़ में इस तरह की समस्या से जूझ रहे हैं। पत्नी चाहकर भी नौकरी नहीं छोड़ पाती है और शिशु को समय-असमय अकेले होने की समस्याओं से जूझना पड़ता है। ऐसे दम्पतियों के लिए ज़रूरी है कि उनका आपस में बहुत बेहतर तालमेल हो। उनके बीच जितनी ही अच्छी समझ होगी और उनकी आपस की ट्यूनिंग जितनी परिपक्व होगी, वे संतान की देखभाल में एक-दूसरे को उतना ही सहयोग दे सकेंगे। कभी पति ने छुट्टी ले ली या घर जल्दी आ गया या परवरिश संबंधी कार्यों का आपस में बँटवारा कर लिया। ऐसे दम्पति अपने मम्मी-पापा को अपने साथ रखें और संतान की परवरिश में उनकी सहायता लें तो इससे अच्छा विकल्प दूसरा कोई हो ही नहीं सकता है क्योंकि आपस में कितनी भी अच्छी समझ हो बिना घर पर रहे संतान की देखभाल ठीक से नहीं हो पाती है।

महँगाई है, ज़रूरतें बढ़ गई हैं, पैसा सबको ही चाहिए और सबसे बड़ी सच्चाई यह है कि हर व्यक्ति के लिए आज के जमाने में काम करना

आवश्यक है। स्त्री पढ़ी-लिखी है, समझदार है, हर विषय की जानकारी रखती है तो वह जॉब करने के साथ-साथ घर-परिवार को भी ढंग से चलाती है और बच्चों पर पैनी नज़र भी रखने में निपुण होती है। आप कामकाजी महिला हैं तो घर पर ही रहकर कोई ऐसा काम ढूँढ़ निकालें, जिससे आपको आर्थिक मदद भी मिलती रहे और बच्चों की परवरिश भी होती रहे। आजकल ऐसे कार्यों का कोई अभाव नहीं है। शिशु की परवरिश की ज़िम्मेदारी मम्मी-पापा दोनों की है। आपकी ज़िम्मेदारी पति से ज़्यादा इसलिए है क्योंकि ईश्वर ने माँ को सहनशक्ति दी है और मातृत्व का गुण भी दिया है, जो बच्चे के हर नखरे को सहजता से बरदाश्त कर लेती है। पति को ईश्वर ने ऐसी कोई भी क्षमता नहीं दी है, इसलिए आप माँ हैं, संतान की परवरिश के लिए आपको ही समय निकालना पड़ेगा। आप पति से कहीं ज़्यादा बेहतर ढंग से संतान की देखभाल कर सकती हैं। प्रकृति प्रदत्त आपमें यह गुण जन्म से ही है।

एक-दो माह के बच्चे की माँ साइकोलॉजिस्ट से मिली। उस माँ की उम्र यही कोई बाइस साल की थी। वह पहली बार माँ बनी थी। मैं आपको बता दूँ कि वह माँ काफ़ी पढ़ी-लिखी थी और एक कंपनी में अच्छी पोस्ट पर कार्यरत थी।

साइकोलॉजिस्ट ने पूछा–'आप अपनी समस्या बताएँ?'

वह माँ बोली–'सर, मैं अपनी नौकरी छोड़ना नहीं चाहती। मैं जानती हूँ, उस नौकरी को पाने के लिए कितने पापड़ मुझे बेलने पड़े थे। वह नौकरी मेरी पहचान है, मेरा वजूद है और उस नौकरी के कारण ही मुझको आर्थिक आज़ादी मिली हुई है और दस पैसा मेरे पास है। उस नौकरी के कारण ही आज मेरी शान ज़िंदा है।'

साइकोलॉजिस्ट ने पूछा–'इतने आवेश में आना ठीक नहीं। आपकी सेहत ख़राब हो जाएगी। कौन आप पर नौकरी छोड़ने के लिए दबाव डाल रहा है?

माँ ने कहा–'दबाव तो कोई नहीं डाल रहा है। हाँ, मेरी सास, ससुर और पति की इच्छा है कि मैं नौकरी छोड़कर घर-गृहस्थी में व्यस्त हो जाऊँ।'

साइकोलॉजिस्ट ने उसको समझाया–'आपका बच्चा जब तक चार महीने का नहीं होता है तब तक आप छुट्टी लेते रहें और बच्चे को स्तनपान का सुख

देती रहें। यह शिशु का अधिकार भी है। माँ और शिशु दोनों के बेहतर स्वास्थ्य के लिए स्तनपान कराना ज़रूरी भी है। आप सास को यह समझाने का प्रयास करें कि आप नौकरी परिवार की आर्थिक उन्नति के लिए कर रही हैं। सब लोग किचन के काम में ही व्यस्त रहेंगे तो किचन में राशन लाकर रखने के लिए दाम भी तो चाहिए। आप सासू माँ को समझाने में सफल हो जाएँगी तो फिर वह आपके पति, अपने पति तथा अन्य परिजनों को भी समझा देंगी कि घर का काम खाना बनाना, बरतन माँजना तथा पोंछा लगाना ही तो है। बहू अच्छी सैलरी वाली नौकरी करती हैं। इतने से काम के लिए उसको घर में बैठाना क्या उचित रहेगा? आप सास को अपने आईने में उतारकर देखें, आपकी सारी समस्याएँ हल हो जाएँगी।' साइकोलॉजिस्ट ने समस्या को हल करने का सूत्र दे दिया।

वास्तव में ही यदि आप इस तरह की समस्या में फँस जाएँ तो कठोर बनने की बजाए बिलकुल ही कोमल बन जाएँ और घर के बड़े लोगों को विश्वास में लेकर लाभ और हानि को इंगित करते हुए अपनी बात व्यक्त करें। बहू कामकाजी हैं। उसकी सैलरी पन्द्रह-बीस हज़ार रुपए है और बच्चे की परवरिश करने या घरेलू काम करने के लिए घर वाले नौकरी छोड़ने की बात कर रहे हों तो आप साइकोलॉजिस्ट वाले फॉमूले को लागू करें। जब घर में आप केवल पति और पत्नी ही हैं तो आप समझौता करें। जब बच्चा कुछ बड़ा हो जाए तो पुनः जॉब करने के बारे में सोचें।

आपको मैं यह बता दूँ कि आप नौकरी छोड़कर अपने बच्चे की परवरिश कुछ महीने या सालभर तक करती हैं तो इससे आपके कॅरियर पर कोई आँच नहीं आती है। बच्चा जब स्कूल जाने लगता है तो आप पुनः नौकरी करने लगती हैं। मैं कई ऐसी महिलाओं को जानता हूँ, जिन्होंने विवाह के बाद घर-गृहस्थी को समझने के लिए जॉब छोड़ दिया और जब घर-गृहस्थी को सँभाल लिया और बच्चों की भी देखभाल कर ली तो पुनः नौकरी करने लगीं। ऐसा तो कुछ भी नहीं है कि नौकरी छूटने के बाद नौकरी नहीं मिलेगी। हाँ, वह नौकरी नहीं मिलेगी लेकिन दूसरी नौकरी तो अवश्य ही मिल जाएगी।

आज की आधुनिक नारी की सोच बहुत ही उम्दा हो गई है। वह शिक्षा को ग्रहण करने में पुरुषों से कहीं आगे है। वह इस सच को जान गई है

कि शिक्षा ही उसको हर तरह की परतंत्रता से मुक्ति दिला सकती है। सत्य भी यही है कि विद्या धन को सबसे बड़ा धन माना गया है। न तो चोर चुरा सकता है, न ही कोई बाँट सकता है और न ही कोई हथिया सकता है। ख़र्च करने पर धन समाप्त होता है, लेकिन विद्या धन ख़र्च करने पर दिन-प्रतिदिन बढ़ता ही है। ऐसे धन को भला आधुनिक नारी क्यों नहीं पाना चाहेगी।

एक लड़की को देखने के लिए लड़के वाले आए। लड़की सुशिक्षित, होशियार, बोलने में निपुण और एक कंपनी में बढ़िया सैलरी वाली नौकरी भी कर रही थी।

लड़की को जब सास ने पसंद कर लिया तो लड़के से पूछा–'बेटा, लड़की तो मुझको पसंद है, लेकिन यह नौकरी करती है। शादी के बाद भी यह नौकरी करना चाहेगी।'

लड़के ने कहा–'हाँ तो क्या हो गया? माँ, उसने पढ़ाई की है घर में बैठकर चौका-बरतन करने के लिए थोड़े ही। वह नौकरी करेगी और घर में पैसा लाएगी तो उससे परिवार की आर्थिक उन्नति ही तो होगी।'

माँ आश्चर्य करते हुए बोली–'बेटे, जो लड़कियाँ पढ़ी-लिखी होती हैं और नौकरी करती हैं, वे घर के काम नहीं करती हैं।'

लड़के ने समझाया–'मम्मी, ऐसा कुछ भी नहीं है। जो लड़कियाँ घर के काम में रुचि नहीं लेती हैं ज़रूरी नहीं कि वे पढ़ी-लिखी ही होती हैं। अनपढ़ लड़कियाँ भी घर के काम में रुचि नहीं लेती हैं और नाक से चने चबवा देती हैं। माँ, लड़की मुझको तो पसंद है। आधुनिक ज़माना है, शिक्षित लड़कियाँ ही इस ज़माने के साथ क़दम-से-क़दम मिलाकर चल सकती हैं।' लड़के ने लड़की को पसंद कर लिया।

यह कहना ग़लत न होगा कि आज का जो दौर है, पढ़ी-लिखी, कामकाजी और हर गुण में माहिर महिलाओं का दौर है। यदि आप स्वयं को ज़माने के अनुसार नहीं बनाएँगी तो फिर आप अपने वजूद को बचाकर नहीं रख पाएँगी।

❑

# 14. मैरिड लाइफ़ ( समझौता )

इस संसार में आने के बाद व्यक्ति को जगह-जगह पर समझौता करना पड़ता है। समझौता का दूसरा नाम ज़िन्दगी है। जो लोग परिस्थितियों से समझौता नहीं कर पाते हैं, वे जीवनभर दुखी रहते हैं। कभी स्वयं से नाराज़ रहते हैं तो कभी अपनों से तो कभी परायों से नाराज़ रहते हैं। उनकी नाराज़गी चलती ही रहती है।

जो लोग ज़िन्दगी से समझौता नहीं करते हैं, उनका स्वास्थ्य भी ठीक नहीं रहता है और वे मानसिक रोगी भी बन जाते हैं। ऐसे स्त्री-पुरुष अकारण असंतुष्ट तथा रूठे-रूठे से रहते हैं और हताशा तथा निराशा के गर्त में बेवजह ही डूबे रहते हैं। किसी व्यक्ति की शादी ऐसी लड़की या लड़के से हो जाती है, जो हमेशा हताशा, निराशा से घिरा रहता है फिर वैवाहिक जीवन नरक ही बन जाता है। ऐसे लोग समझौता करना नहीं जानते हैं।

**उदाहरण यहाँ प्रस्तुत है-**

एक पति अपनी पत्नी को साइकोलॉजिस्ट के क्लीनिक में लेकर आया। पत्नी काफ़ी निराश, हताश, उदास और बेचैन थी। साइकोलॉजिस्ट ने कहा-'इनको क्या तकलीफ़ है?'

*पति ने कहा-'यह बेवजह ही मुझसे असंतुष्ट रहती है। कभी अचानक ही गुमसुम हो जाती है तो कभी अचानक ही नाराज़ हो जाती है। बच्चों की तरह ज़िद करती है और सुनती किसी की भी नहीं है।'* पति के इतना *कहने के बाद साइकोलॉजिस्ट ने पत्नी से पूछा-*'क्या आपके पति जो कह *रहे हैं, वह सच है?'*

पत्नी बोली–'सर, यह सच है कि मैं हालात से समझौता नहीं कर पाती हूँ और बहुत जल्दी ही हताशा और निराशा से घिरकर चुप्पी साध लेती हूँ। मैं अपने पति से अचानक ही असंतुष्ट हो जाती हूँ तो कभी-कभार यह भी मुझसे खफ़ा हो जाते हैं। मैं समझ नहीं पा रही कि मेरे साथ ऐसा क्यों हो रहा है? मेरा वैवाहिक जीवन नरक बनकर रह गया है।'

साइकोलॉजिस्ट ने समझाया–'जब तक आपमें समझौता करने की क्षमता विकसित नहीं होगी तब तक आपको हताशा और निराशा परेशान करती रहेगी। मैं जानना चाहता हूँ कि आप अचानक क्या ऐसा सोचती हैं या क्या ऐसा देखती हैं कि हताशा और निराशा से घिर जाती हैं, लेकिन उससे समझौता नहीं कर पाती हैं।'

पत्नी संकोच करते हुए बोली–'अचानक ही मुझको ऐसा लगने लगता है कि पति से मेरा तलाक होने वाला है। मैं कितना भी हाथ जोड़ रही हूँ, पैर पकड़ रही हूँ लेकिन मेरी कोई भी नहीं सुन रहा है। कभी मुझे अचानक ऐसा लगने लगता है कि मुझे कोई भयंकर रोग हो जाएगा और मैं असमय ही मर जाऊँगी। कभी मुझे लगता है कि पति का संबंध किसी दूसरी स्त्री से भी है। वह कभी भी मेरी सौतन बनकर आ सकती है। इसी तरह के नकारात्मक विचार मेरे मन में आते रहते हैं। मैं आपसे क्या-क्या बताऊँ।' पत्नी इतना कहते-कहते रो पड़ी। उसकी स्थिति बड़ी ही दयनीय थी।

साइकोलॉजिस्ट ने कहा–'आप नकारात्मक बातें सोचने की आदी हो गई हैं। इस तरह की समस्या से जो स्त्री और पुरुष घिर जाते हैं, वे हर चीज़ और हर रिश्ते को शक की नज़र से देखते हैं, जिससे वे किसी के भी साथ समझौता नहीं कर पाते हैं। आपको इस समस्या से बाहर आने के लिए अपनी सोच सकारात्मक करनी होगी। यह बहुत ही मुश्किल है लेकिन असंभव नहीं है। जब भी आपके मन में नकारात्मक विचार आने लगें आप सकारात्मक सोचना शुरू कर दें। जैसे आपके पति आपको बहुत प्यार करते हैं, आपकी सास आपका बहुत ध्यान रखती हैं और आपका वैवाहिक जीवन अत्यंत ही हसीन और सुखद है। आपके पति कभी भी आपके साथ छल नहीं कर सकते हैं, आदि इसी तरह के विचार मन में जब बनने लगेंगे तब नकारात्मक विचार स्वतः ही धूल में मिल जाएँगे।' साइकोलॉजिस्ट ने समझाया।

पति बहुत ही प्रसन्न हुआ कि पत्नी यदि ऐसा सोचने लगेगी तो इसको नकारात्मकता से मुक्ति मिल जाएगी। वैवाहिक जीवन जो नरक बना हुआ है, वह जन्नत बन जाएगा। वे दोनों ही वहाँ से सीधे घर आ गए।

आज का जो दौर है, उसमें ऐसे लोगों की संख्या ज़्यादा है, जो बीमार हैं। ख़राब और गुणहीन लाइफ़ पार्टनर से व्यक्ति कोई-न-कोई बहाना कर पीछा छुड़ा लेते हैं लेकिन यह पति तो अपनी पत्नी को मानसिक रूप से ठीक होने का इंतज़ार कर रहा है और उसका उपचार भी करवा रहा है। आजकल ऐसी सोच वाले व्यक्ति देखने को मिल रहे हैं, जो समझौता न कर उस चीज़ या उस रिश्ते से ही नाता तोड़ लेते हैं। उन्हें नाता तोड़ना सहज लगता है और समझौता करना कठिन लगता है। समय किसी के पास नहीं है कि बिगड़ैल जीवनसाथी को सुधारने का काम करे।

वकील के दफ़्तर में चालीस वर्षीय दम्पति तलाक लेने की इच्छा से आए तो वकील ने कहा–'इस उम्र में तलाक बड़ा ही ख़तरनाक साबित होता है। बेचारे बच्चे एक तरह से बिलकुल ही अनाथ हो जाते हैं। चालीस की अवस्था में जो स्त्री और पुरुष तलाक लेते हैं, उनका शेष जीवन तन्हा ही बीतता है क्योंकि इस उम्र में दोबारा शादी हो नहीं पाती है। फिर ऐसे में बाक़ी का जीवन घुट-घुटकर जीना पड़ता है, फिर पछताना पड़ता है। मेरा क्या मैं तो फ़ीस लूँगा और तलाकनामा तैयार कर दूँगा। मेरे पास रोज़ ही ऐसे केस आते हैं और पहले मैं अवश्य ही उन्हें समझाने का प्रयास करता हूँ। कुछ समझ कर तलाक देने का विचार छोड़ देते हैं तो कुछ अपनी ही बात पर अड़े रहते हैं। क्या आप दोनों बता सकते हैं कि तलाक की स्थिति क्यों उत्पन्न हुई है?'

पति ने स्पष्ट शब्दों में कहा–'सर, आपसे क्या छिपाना, आप तो वकील हैं। इनके साथ यौन-संबंध बनाए लगभग दो साल हो गए हैं, लेकिन शरीर पर हाथ रखने नहीं दिया। तलाक का कारण यही है।'

वकील पति की बात सुनकर काफ़ी परेशान हो गया कि क्या तलाक की वजह यौन-संबंध बनाने में आनाकानी करना भी हो सकता है? वकील के मन में यह प्रश्न बनने-बिगड़ने लगा और हथौड़े की तरह उसके सिर पर पड़ने लगा। वकील पत्नी की तरफ देखते हुए बोला–'क्या आपके पति की शिकायत

सही है?' पत्नी ने कहा–'मैं प्रतिदिन मंदिर जाती हूँ। पूजा-अर्चना करती हूँ। ईश्वर की भक्ति में मेरा मन रम गया है। सर, मैं पति के यौन-आमंत्रण को कबूल नहीं कर सकती। यह अब मेरे लिए पाप है।' पत्नी ने स्पष्ट शब्दों में कहा।

वकील ने पूछा–'आपकी उम्र कितनी है?'

पत्नी बोली–'मैं अभी पैंत्तालिस की हूँ। दो बच्चे हैं और अब उनकी भी शादी होने वाली है। यह कोई उम्र शारीरिक संबंध बनाने की है कि मैं इनकी यौनेच्छाओं की पूर्ति करती रहूँ।'

वकील ने पूछा–'तो क्या आप पति से संबंध-विच्छेद करना चाहती हैं? क्या यह आपके और आपके बच्चों के लिए ठीक रहेगा? मैडम, मेरी भी उम्र पचास की होने वाली है। मेरी पत्नी की भी उम्र पैंतालिस की है। रोज़ तो नहीं, लेकिन हफ़्ते में एक या दो बार यौन-संबंध हम बना ही लेते हैं। यह स्वास्थ्य की दृष्टि से भी ठीक है। इससे आपस का प्रेम भी बना रहता है। यौन संबंध बनते रहने से एक-दूसरे की परवाह पति और पत्नी करते रहते हैं, आपस की नजदीकियाँ बनी रहती हैं और एक-दूसरे का साथ अच्छा लगता है। हमसफ़र, हमनवाँ, हमराही आदि नाम जीवनसाथी को क्यों दिए गए हैं, इसीलिए न कि वे ताउम्र साथ-साथ जीवन के हर क्षेत्र में चलते रहते हैं।' वकील अभी और बोलता तभी पत्नी बीच में ही बोल पड़ी–'सर, मैंने कहा नहीं कि मेरा मन धर्म-कर्म में रम गया है। मेरी यौनेच्छाएँ मर गई हैं। मेरा ध्यान इधर से हटकर भगवान की भक्ति में लग गया है। अब यौन जीवन के प्रति मेरी कोई रुचि नहीं रह गई है।'

'तो क्या आप मात्र इसलिए अपने पति के साथ संबंध-विच्छेद कर लेंगी कि आपका मन धर्म-कर्म में रम गया है और आपने संन्यास ले लिया है? मैडम, पति और पत्नी दोनों के लिए ही यह बात है कि एक-दूसरे की इच्छाओं को पूरा करना ही पति और पत्नी दोनों का प्रथम धर्म-कर्म है। आप ज़रा गहराई से सोचें। शास्त्रों ने पति के साथ यौन-संबंध बनाने की इजाज़त हर उम्र में दी है।' वकील ने पत्नी को समझाया।

पत्नी ने ठंडे मन से सोचा तो उसे यह स्वीकार करना ही पड़ा कि इस अवस्था में तलाक होगा तो बड़ी बदनामी होगी। बच्चे अनाथ हो जाएँगे, फिर वे हमारे बारे में कितना ग़लत सोचेंगे। समझौता करने में ही सबका भला है। पति मेरा इतना ध्यान रखते हैं। मेरे सुख-दुःख में साथ रहते हैं। धर्म वास्तव में यह नहीं कहता कि आप अपना कर्तव्य ही करना छोड़ दें। मैं कोई संन्यासिनी नहीं, मैं तो एक विवाहित स्त्री हूँ। गृहस्थ आश्रम में हूँ। पति मेरी इच्छाओं और ज़रूरतों को पूरा करते रहते हैं तो क्या उनकी इच्छाओं को पूरा करना मेरा कर्तव्य नहीं बनता है?'

पत्नी इतना सोचने के बाद वकील से बोली-'सर, आप तो हमारे लिए किसी भगवान से कम नहीं हैं। आपने मुझको समझाया नहीं होता तो मैं तो धर्म-कर्म के नाम पर ग़लत ही करने जा रही थी। पति से ही तो मेरे सारे धर्म-कर्म शुरू होते हैं और इनके पास आकर ही ख़त्म हो जाते हैं। मेरा पहला धर्म है कि मैं इनकी इच्छा को पूरा करूँ। मैं तलाक अब नहीं चाहती हूँ।' इतना कहकर पत्नी उठी और पति से क्षमा माँगते हुए बोली-'जानूँ, मैं बहक गई थी। धर्म का असली स्वरूप क्या है, मैंने यहाँ आकर जाना। मैं पत्नी-धर्म और स्त्री-धर्म को एक तरफ कर ढकोसले रिवाजों में उलझ गई थी। चलो घर चलते हैं।'

पति बोला-'जानूँ, तुम पूजा करो, ईश्वर की भक्ति करो, मंदिर जाओ और भागवत की कथा सुनो मेरी तरफ से कोई रोक नहीं है, बल्कि पूरी छूट है। लेकिन इन सबके साथ ही इस बात का भी तो ध्यान रखो कि पति के प्रति भी पत्नी का कुछ कर्तव्य बनता है।'

पत्नी ने मुस्कराकर देखा, फिर पति का हाथ पकड़कर वकील के दफ़्तर से बाहर हो गई।

वकील बहुत ही ख़ुश था कि चलो मैंने अपने हाथ से एक अच्छा और सकारात्मक कार्य भी किया।

भारतीय दम्पतियों में यह एक अत्यंत ही ख़राब बात है कि वे यौन-जीवन को विवाह के पचीस-तीस वर्षों के बाद ही नकार देते हैं। कुछ दम्पति तो दो बच्चों के माता-पिता बनते ही यौन-संबंधों के प्रति लापरवाह हो जाते हैं

और कुछ दम्पति बच्चों के बड़े होते ही शारीरिक मिलन में रुचि लेना कम कर देते हैं। यह कड़वा सच है कि विवाह का मुख्य आकर्षण सेक्स ही है। यदि सेक्स न हो तो फिर विवाह अपना आकर्षण बिलकुल ही खो देगा और स्त्री तथा पुरुष विवाह को लेकर इतना उत्साहित भी नहीं रहेंगे।

एक मनोचिकित्सक के क्लीनिक में तीस वर्षीय महिला आई और वह काफ़ी घबराई हुई थी। मनोचिकित्सक ने पूछा–'आपको क्या परेशानी है? आप काफ़ी घबराई हुई हैं।' उसके इतना पूछने पर वह महिला बोली–'डॉक्टर, मेरे पति मुझको बहुत ही परेशान करते हैं।'

मनोचिकित्सक ने पूछा–'किस तरह से परेशान करते हैं?'

वह महिला बोली–'मैं व्रत करती हूँ तब भी वह यौन-संबंध बनाना चाहते हैं। मैं मना करती हूँ तो झगड़ा करने लगते हैं।'

मनोचिकित्सक ने कहा–'इसमें मैं क्या कर सकता हूँ? यह तो आपका व्यक्तिगत मामला है। आप महीने में या हफ़्ते में कितने व्रत करती हैं?'

वह महिला बोली–'मैं हफ़्ते में सोमवार, रविवार और वीरवार का व्रत रखती हूँ।' महिला के इतना कहने पर मनोचिकित्सक ने कहा–'हफ़्ते में तीन दिन आप व्रत करती हैं। आपकी उम्र तीस के लगभग है। आपके पति की उम्र भी इसी के आस-पास होगी। आपको शायद मालूम नहीं, तीस की उम्र पूर्ण युवावस्था की उम्र होती है। इस उम्र के दम्पति रोज़ ही यौन संबंध बनाना पसंद करते हैं और यह शरीर तथा मन दोनों की ही माँग होती है। आप शरीर की इस स्वाभाविक ज़रूरत को व्रत के नाम पर दबा रही हैं। यह सरासर ग़लत है। आप हफ़्ते में तीन दिन व्रत रखती हैं तो फिर रह ही क्या गया? यदि आपने अपने-आपको बदला नहीं तो पति के साथ आपके संबंध आगे चलकर ख़राब हो जाएँगे। आप ही ज़रा सोचें, तीस-बत्तीस साल का जवान पति कितना समझौता करे? समझौता करने की भी हद होती है। आप निश्चित रूप से मानसिक रोगी बन गई हैं। आप व्रत करें लेकिन पति की इच्छा का भी सम्मान करें। मैं तो यही सलाह दूँगा क्योंकि व्रत सुख-शांति के लिए किए जाते हैं और जिस व्रत से विवाह ही संकट में पड़ जाए और पति से संबंध ही ख़राब हो जाए तो फिर ऐसे व्रत का क्या लाभ? आप मेरी बात समझ रही हैं न?' मनोचिकित्सक ने समझाया।

वह महिला समझ गई कि वह ग़लत है। हफ़्ते में तीन दिन व्रत रखना और पति से दूरी बनाकर रहना विवाह को कमज़ोर बनाने वाला है। मैं देख रही हूँ, मेरे पति मुझसे कटते जा रहे हैं। कहीं उनका संबंध किसी अन्य महिला के साथ न बन जाए। नहीं, नहीं, मैं अब कोई व्रत नहीं रखूँगी। बस ईश्वर की पूजा करने तक ही सीमित रहूँगी।' वह महिला इतना सोचते-सोचते अचानक ही मुस्करा पड़ी, फिर मनोचिकित्सक को धन्यवाद देकर क्लीनिक से बाहर हो गई।

आपको शायद मेरी बातें कड़वी लगें या फिर आपकी समझ में न आएँ लेकिन मनोवैज्ञानिक दृष्टि से देखा जाए तो यह स्पष्ट हो जाता है कि जो लोग धर्म-कर्म से जुड़ने के बाद यौन जीवन को अछूत और अपवित्र मानने लगते हैं, वे वास्तव में मनोरोगी होते हैं। भला सेक्स अछूत और अपवित्र कैसे हो सकता है, जब इससे ही जीव की उत्पत्ति होती है? इसके बिना तो इनसान का क्या, समस्त सृष्टि का भला नहीं है। आपको इसमें रुचि नहीं है, आप पूजा-पाठ में रम गए हैं तो कोई बात नहीं है लेकिन आप सेक्स को अछूत और अपवित्र नहीं कह सकते हैं। यह ग़लत है। विवाह का पहला उद्देश्य संतानोत्पत्ति ही होता है। नवरात्र के अवसर पर महिलाएँ नौ दिन पति से दूरी बनाकर रहती हैं। कार्तिक स्नान करने वाली महिलाएँ पूरे एक माह पति से दूरी बनाकर रहती हैं। यदि पति की भी इसमें सहमति है तो ठीक है और यदि पति रोज़ ही इसके लिए कलह करता है तो यह संबंध-विच्छेद का कारण बन सकता है। विवाह को बचाकर रखना भी आवश्यक है।

एक सर्वे की रिपोर्ट बताती है कि दुनिया में जितने भी तलाक होते हैं, उनमें से पचास प्रतिशत महिलाओं के धर्म-कर्म में हद से ज़्यादा रुचि लेने के कारण होते हैं। वे पतियों को इस हद तक नाराज़ कर देती हैं कि वे संबंध-विच्छेद करने पर मज़बूर हो जाते हैं। पति शराबी होता है और घर पर आकर मारपीट करता है तो ऐसी स्थिति में भी तलाक होते हैं। बात-बात पर एक-दूसरे के स्वाभिमान को चोट पहुँचाने के कारण भी संबंध-विच्छेद हो जाते हैं। कहने का आशय है कि एक-दूसरे के प्रति सहयोग की भावना होनी चाहिए। घरेलू कार्य हो या कोई बीमारी हो या कोई बात हो, सहयोग की भावना में कोई कमी या रुकावट उत्पन्न नहीं होनी चाहिए। पति और पत्नी

को दो जिस्म एक जान माना गया है। दोनों एक-दूसरे की इच्छाओं का मान रखते हैं तभी उनके बीच चुम्बकीय आकर्षण बना रह सकता है।

बहुत-सी स्त्रियाँ यह सोचती हैं कि वे सज-धजकर रहेंगी तो पति उनके आगे-पीछे डोलता फिरेगा, उनका ऐसा सोचना ग़लत है क्योंकि पति उस स्त्री को सबसे ज़्यादा पसंद करता है, जो उसकी इच्छाओं का ध्यान रखती है, उसको समझती है, उसके मान-सम्मान का ख़याल रखती है। इधर स्त्री भी उस पुरुष को सर्वाधिक पसंद करती है, जो उसके हर काम में उसकी मदद करता है, उसके स्वाभिमान की रक्षा करता है, उसके दर्द को समझता है, उसको प्रेम करता है और उसके कोमल मन को कभी कुम्हलाने नहीं देता है।

पत्नी बढ़ती उम्र के साथ क्यों धर्म-कर्म की तरफ चलती चली जाती है? क्या आपने जानने या समझने का प्रयास किया है? पति जब पत्नी की इच्छाओं का ध्यान नहीं रखता है, उसके स्वाभिमान को ठेस पहुँचाने लगता है, बच्चों के सामने या अन्य किसी के सामने लताड़ने लगता है तो पत्नी स्वाभाविक रूप से पति में रुचि लेना बन्द कर देती है। इस सच को झुठलाया नहीं जा सकता है कि एक उम्र में आकर पति, पत्नी को बूढ़ी कहकर नकार देता है। क्या यह ठीक है? फिर उसको दूसरे की पत्नियाँ अच्छी दिखने लगती हैं। मैं यहाँ स्पष्ट कर दूँ कि जब पति पत्नी के सामने यह कहने लगता है तुममें पहले वाली बात नहीं रही और तुमसे अच्छी और जवाँ तो फलाँकी पत्नी है तो फिर पत्नी का पूरा वजूद ही हिल जाता है। वह भी पति को मानसिक रूप से नकार देती है।

स्त्री का मन बहुत ही कोमल होता है और यह भी सच है कि स्त्री जितना समझौता पुरुष कभी भी कर पाता नहीं है। स्त्री अपने माता-पिता का घर छोड़कर आती है तो पग-पग पर उसको समझौता ही करना पड़ता है लेकिन बहुत कम ही पुरुष समझौता करते हैं। मैं पुरुष हूँ, भला समझौता क्यों करूँ? मैं पति हूँ भला मैं तुम्हारी हर बात क्यों मानूँ? इस तरह के प्रश्न पति के मन में जब उठने लगते हैं तो फिर पत्नी का मन आहत होने लगता है। वह टूटने लगती है और पति की तरफ से उसका मन धीरे-धीरे उचटने लगता है।

एक उदाहरण प्रस्तुत है, जो आपको निश्चित रूप से समझौतावादी बनने के लिए प्रेरित करेगा।

अर्चना किचन से निकलकर बेडरूम में आई तो हरेश खर्राटे भर रहा था। अर्चना ड्रेसिंग टेबल के सामने खड़ी होकर बाल ठीक करने लगी और इसके साथ ही सोचने भी लगी–'कमाल है, जनाब बड़ी जल्दी सो गए। मेरा इंतज़ार भी नहीं किया। इतने प्यार से मैंने जो खाना बनाया है, उसे कौन खाएगा?' यह प्रश्न मन में आते ही अर्चना ने हरेश को आवाज़ दिया–'हरेश, उठिए। खाना खाकर सोइए।'

हरेश आँखें मलते हुए बिस्तर पर उठ बैठा–'कमाल है, न जाने आँख कैसे लग गई। क्या बनाया है?'

'वही रोटी-सब्जी।'

'फिर मुझे जगाया क्यों? कल भी रोटी-सब्जी और आज भी रोटी-सब्जी। कभी कोई दूसरी चीज़ भी बना लिया करो। तुम्हें बदलकर खाना बनाना अच्छा नहीं लगता।' हरेश एक साँस में बोलकर फिर लेट गया।

'तुम कितना कमाते हो कभी यह भी तो सोच लिया करो। खाना में बदलाव और विविधता पैसे से आती है।' अर्चना के यह कहते ही हरेश गुस्सा हो गया–'मैं इतना भी कम नहीं कमाता कि ढंग से खाना भी न खा सकूँ।' यह कहकर हरेश बिस्तर से उठा और सीधे किचन में आकर बोलने लगा–'दाल, चावल सबकुछ ही तो किचन में है। तुम्हें तो जो सुविधाजनक लगता है, वही बनाती हो। मेरी पसंद से तुम्हें कोई मतलब ही नहीं होता है।'

'अच्छा, आज खाना खा लो। कल से दाल-चावल ही बना करेगा।' अर्चना ने तेज़ आवाज़ में जैसे ही कहा सासू माँ आ गईं और वह कहने लगीं–'क्या बहस हो रही है?'

'देखिए न हरेश खाना नहीं खा रहे हैं।' अर्चना ने कहा।

सास अर्चना को देखते हुए बोली–'बहू, मैं हरेश की माँ हूँ। यह बचपन से ही खाने-पीने के मामले में बड़ा ही चूज़ी है। हरेश की पसंद का तुम्हें पूरा ध्यान रखना चाहिए।' सासू माँ इतना बोलकर चली गईं।

अर्चना बड़बड़ा पड़ी–'इस बुढ़िया को तो बस बोलने ही आता है। बेटे को जाने क्या बनाकर खिलाया है कि मेरे हाथ का खाना अच्छा लगता ही नहीं।' अर्चना यह बोल ही रही थी तभी ससुर दरवाज़े में आकर बोल पड़े–'बहू,

किसको बुढ़िया कह रही हो, अपनी सास को? तुम्हें बोलने की तमीज़ भी नहीं है। अपना खाना तो हम ख़ुद ही बना लेते हैं और तुम एक हरेश के लिए भी ढंग से खाना नहीं बना पाती हो? और टोकने पर बुढ़िया कहती हो? तुम ऐसा करो। अभी यह मकान खाली कर दो।'

अर्चना यह सुनते ही खीझ गई और तल्ख़ आवाज़ में कहने लगी–'ऐसे कैसे खाली कर दूँ, इसमें हमारा क्या हिस्सा नहीं बनता?'

ससुर हरेश की ओर देखते हुए बोले–'बहू, तुम तो पढ़ी-लिखी हो। यह पैतृक मकान नहीं है। इसे मैंने अपनी ख़ुद की कमाई से बनवाया है। मैं जिसे देना चाहूँगा उसे ही यह मिलेगा।'

हरेश पहले से ही गुस्सा था। तनाव के कारण परेशान भी था। वह अर्चना पर चीखते हुए बोला–'पापा सही कह रहे हैं, वह नहीं चाहेंगे तो यह मकान मेरा नहीं हो सकेगा।'

'देखो बेटा, हमें शांति चाहिए। बहू रोज़ अशांति करती है और तुम भी खाने-पीने को लेकर नाटक करते रहते हो। अपने लिए किराए का मकान देख लो।' इतना कहकर ससुर चले गए।

हरेश चुपचाप लेट गया।

अर्चना बोली–'बुड्ढा बुढ़िया से इस उम्र में भी कितना प्यार करता है। ज़रा-सा बुढ़िया क्या कह दिया घर से ही निकालने लगा और एक तुम हो कि मुझे इतना उन्होंने सुना दिया और तुमने चूँ तक भी नहीं किया।'

हरेश बोला–'उम्र से प्यार का कोई संबंध नहीं होता है। मम्मी, पापा का बहुत ध्यान रखती हैं। मैं बचपन से देखता आ रहा हूँ और एक तुम हो जो कुछ भी करती हो मेरी पसंद के खिलाफ़ ही करती हो। फिर हममें प्यार का अंकुरण कैसे होगा? कभी मम्मी को बुढ़िया कहती हो, कभी पापा को बुड्ढा कहती हो। उनका काम भी नहीं करती हो और ऊपर से अपशब्द भी निकालती रहती हो।' हरेश गुस्से में था। भला अर्चना की तरफ से कैसे बोलता। अर्चना आँखों में आँसू लिए जाकर लेट गई।

सुबह हुई तो सास बोली–'जाकर किराए के मकान में रहो। मुझे बुढ़िया कहना ही भूल जाओगी।

अर्चना ने हाथ उठाकर हिलाते हुए कहा–'हाँ–हाँ, मैं जा रही हूँ।' हरेश ने भी सुर में सुर मिलाया–'हाँ मम्मी, हमलोग शाम तक चले जाएँगे।' इतना कहकर हरेश दफ़्तर चला गया।

अभी दो रोज़ ही किराए के मकान में हुए थे कि अर्चना परेशान हो गई। पानी नौ बजे तक भर लो। वॉशिंग मशीन से कपड़े मत धोओ। पानी ज़्यादा लगता है। पति से रात को ऊँची आवाज़ में बात न करो। हम डिस्टर्ब होते हैं आदि बातें सुनाकर मकान मालकिन चली गई।

अर्चना ने शाम को हरेश से कहा–'मकान मालकिन तो बहुत ही चंट है। न जाने कितनी ही बंदिशें लगा गई। यहाँ आकर तो मेरा सुख चैन ही लुट गया।'

हरेश धीरे से मुस्कराया, लेकिन कहा कुछ नहीं। माता–पिता से अलग होने का तनाव उसके चेहरे पर थोड़ा–सा भी नहीं था।

इसके दूसरे दिन मकान मालकिन आकर बड़बड़ाने लगी–'जीना कौन साफ़ करेगा? टॉयलेट इतना गंदा पड़ा है। इसे साफ़ कर दो।'

*अर्चना ने तल्ख़ आवाज़ में कहा–'कर दूँगी न, आप तो पीछे ही पड़ गईं।'*

*'कर दूँगी नहीं, अभी करो। तुम कामचोर हो, तभी तो सास–ससुर ने तुमको घर से निकाल दिया है। ऐसी नकचढ़ी बहू को भला कोई क्यों बरदाश्त करेगा। पति को ढंग से खाना क्यों नहीं बनाकर खिलाती? प्रतिदिन ही रात को खाने के लिए बहस करता है। मेरी बहू से कुछ सीखो। मुझे कुछ भी करने नहीं देती है। उसे पूरे घर की मालकिन बना रखा है।' इतना कहकर मकान मालकिन चली गई।*

अर्चना सारा दिन मानसिक रूप से परेशान रही। किचन में जाकर पति की पसंद का खाना बनाया। शाम को हरेश ने बड़े चाव से खाना खाया। अर्चना उनसे बोली–'माँ जी और पापा जी से बात करो न। मैं अब बिलकुल ही बदल गई हूँ।' यह कहकर अर्चना सुबक पड़ी। उसको हक़ीक़त का ज्ञान हो गया था।

हरेश ने उसका माथा पकड़कर उठाते हुए कहा–'मैं बात करूँगा। मैं भी देख रहा हूँ तुम बदल गई हो।' यह कहकर हरेश हँस पड़ा। वह अर्चना में आए इस बदलाव को देखकर बहुत ही ख़ुश था।

इसके अगले दिन ही अर्चना हरेश के साथ सास और ससुर से मिली। अर्चना की आँखों में आँसू थे। वह थकी-हारी सी सास के क़रीब पहुँची तो सासू माँ उसे अपने अंक में समेटते हुए बोली-'यह घर तुम्हारा ही है, तुम हमें अपना नहीं मान रही थी, इसका हमें दुःख था। हरेश को अपना नहीं समझ रही थी। इसीलिए हमने तुम्हें बाहर का रास्ता दिखाया ताकि तुम बाहर की दुनिया का मज़ा ले सको और तुम्हें आत्म ज्ञान हो सके।' सासू माँ इतना बोलते-बोलते काफ़ी भावुक हो गईं।

ससुर ने कहा-'व्यक्ति को अपने बड़े बूढ़ों की संपत्ति से ही नहीं बल्कि उनसे भी प्यार करना चाहिए, और जो काम अपने ज़िम्मे हो, उसको करने में आलस नहीं करना चाहिए। बहू, यह तुम्हारे आलस का ही परिणाम था कि हरेश खाने को लेकर हमेशा तुमसे झगड़ता रहता था। किराए के मकान में रहकर तुमने ज़िन्दगी को जीना सीख लिया।' ससुर इतना कहकर बेडरूम में चले गए।

आदमी परिस्थितियों से, ज़िन्दगी से और आस-पास के माहौल से समझौता करना तब सीखता है, जब चारों तरफ से मज़बूर हो जाता है। आदमी भी बहुत ही टेढ़ी चीज़ है। वह जल्दी समझौता करना नहीं चाहता है क्योंकि घमंड उसको झुकने या समझौता करने की इजाज़त नहीं देता है। अर्चना ने इगो की वजह से ही तो समझौता नहीं किया। जब बाहर की दुनिया को उसने देखा तो हालात ने उसको समझौता करना सीखा दिया।

आप किसी को यदि समझौता करने को कहेंगे तो वह नहीं करेगा और जब चारों तरफ से मुसीबतों से घिर जाएगा तो वही व्यक्ति बड़ी सहजता से समझौता करने के लिए तैयार हो जाएगा। स्वाभाविक रूप से समझौता करने की आदत जिन लोगों में होती है, उनका दाम्पत्य जीवन अत्यंत ही सुलझा हुआ और सम्पन्न होता है।

आजकल के जो युवा हैं, वे स्वयं को बिलकुल परफ़ेक्ट मानते हैं और अपनी ग़लती को ग़लती नहीं मानते हैं। वे स्पष्ट शब्दों में कहते हैं कि हमने जो कह दिया, वही सही है। हम कभी ग़लत हो ही नहीं सकते। आप ही बताएँ, जो व्यक्ति ऐसा सोचेगा, भला वह कभी समझौता करने के बारे में सोचेगा?

हठी, अपनी बात को ऊपर रखने वाले, अपना लाभ सोचने वाले, स्वार्थी आदि इसी स्वभाव वाले व्यक्तियों में समझौता करने के गुण नहीं होते हैं।

ज़्यादातर विवाह सलाहकारों का कहना है कि तलाक एक नहीं अनेक कारणों से होता है और तलाक के महत्त्वपूर्ण तथा मुख्य कारणों में से समझौता न करना तथा मारपीट, गाली-गलौज और एक-दूसरे की भावनाओं को न समझना है या समझकर भी अनजान बने रहना है।

विवाह को बचाना है, दीर्घायु बनाना है तो समझौता करने की आदत डालें।

❑

# 15. मैरिड लाइफ़ (प्यार)

दाम्पत्य जीवन यानी मैरिड लाइफ़ में प्यार का अत्यंत ही महत्त्व है और इसकी जगह-जगह पर ज़रूरत भी पड़ती रहती है। प्यार के अभाव में दाम्पत्य जीवन वैसे ही सूखकर अस्तित्वहीन हो जाता है जैसे धूप के अभाव में समस्त जीव-जंतु और पेड़-पौधे बीमार पड़ जाते हैं।

प्यार के भी रूप एक नहीं, अनेक हैं। यह व्यक्ति विशेष पर निर्भर करता है कि वह प्यार के किस रूप का इस्तेमाल अपने दाम्पत्य जीवन में कर रहा है।

एक नव विवाहित युवक अपनी पत्नी को ख़ुश नहीं रख पाया तो विवाह सलाहकार से मिला। विवाह सलाहकार ने कहा–'हाँ तो, आपकी समस्या क्या है? वैसे तो आप अविवाहित लग रहे हैं। भला मैं आपकी क्या मदद कर सकता हूँ? मैं तो विवाहित लोगों की समस्याओं को हल करता हूँ।' विवाह सलाहकार की बातें सुनकर युवक को हँसी आ गई। वह बोला–'सर, मेरी शादी हाल ही में हुई है। मेरी शादी को यही कोई दो माह हुए हैं।'

'अच्छा....!' विवाह सलाहकार आश्चर्य से आँखें नचाकर बोला–'विवाह के मात्र दो माह ही हुए हैं और आपके दाम्पत्य जीवन में समस्या आ गई! यह कैसा ज़माना आ गया है?' विवाह सलाहकार आगे बोला–'हाँ तो, आप बताएँ क्या प्रॉब्लम है?'

युवक बोला–'मैं अपनी पत्नी को बहुत प्यार करता हूँ। लेकिन वह संतुष्ट और प्रसन्न नहीं है। मैं उसको पूरी तरह से संतुष्ट और प्रसन्न देखना चाहता

हूँ।' विवाह सलाहकार ने समझाया–'कुछ ऐसी भी युवतियाँ या महिलाएँ होती हैं, जो शारीरिक स्पर्श या शारीरिक मिलन से अधिक सेक्सी शब्दों और सेक्सी इशारों को पसंद करती हैं। आप शब्दों से भी प्यार जताएँ। शब्दों से जो प्यार व्यक्त किया जाता है, वह मानसिक ख़ुशी और संतुष्टि प्रदान करता है।'

विवाह सलाहकार ने प्यार के एक अद्‌भुत और नायाब रूप की व्याख्या कर युवक को संतुष्ट कर दिया।

प्यार को अलग-अलग तरीकों से लोग व्यक्त करते हैं और उसका आनंद भी लेते हैं और जो खिलंदड़ होते हैं, वे अपने दाम्पत्य जीवन में कभी भी नीरसता फैलने नहीं देते हैं। नीरसता दाम्पत्य जीवन में तभी फैलती है जब ख़ामोशी की मात्रा जीवन में बढ़ जाती है।

एक हफ़्ते के बाद उस युवक ने विवाह सलाहकार को फ़ोन किया। उसने फ़ोन पर बताया–'सर, आपने ठीक ही कहा था कि शारीरिक स्पर्श से अधिक प्रभावशाली सेक्सी शब्दों का आदान-प्रदान होता है। मेरी पत्नी अब पूर्णतः संतुष्ट और ख़ुश है।'

विवाह सलाहकार ने युवक को एक और सलाह देकर ख़ुश कर दिया–'एक बात का हमेशा ध्यान रखिएगा, प्यार करने के रूप में बदलाव होते रहना चाहिए। नयापन और बदलाव ही जीवन को सरस और विविधता लिए हुए बनाता हैं।'

विवाह सलाहकार का कहने का मतलब है कि नयापन और बदलाव जीवन से निकल जाते हैं तो फिर जीवन में कुछ भी नहीं बचता है। बहुत से ऐसे लोग हैं, जो न तो बदलाव को पसंद करते हैं और न ही नयापन को ही अपने जीवन में आने देते हैं।

एक साइकोलॉजिस्ट के क्लीनिक में चौबीस साल की युवती पहुँची। उसने कहा–'सर, मेरे पति मुझको चाहते नहीं हैं।'

साइकोलॉजिस्ट ने कहा–'मैडम, आपके पति आपको चाहते न होते तो आपको अपने साथ रखते ही नहीं। आप यह कहें कि आपके पति आपको प्यार नहीं करते हैं। मैं आज आपको बता दूँ कि प्यार और चाहत में फ़र्क़

होता है। पत्नी से प्यार हो या न हो उसके प्रति चाहत तो मन में रहती ही रहती है क्योंकि पत्नी और पति दोनों ही एक-दूसरे की ज़िम्मेदारी होते हैं। प्यार हो या न हो दोनों को एक-दूसरे को चाहना ही होगा। आपकी शिकायत यह है कि पति आपको प्यार नहीं करते हैं। यही आप कहना चाहती हैं न?'

साइकोलॉजिस्ट ने पूछा तो उस युवती ने कहा-'हाँ, आपने सही पहचाना। मेरा कहने का मतलब यही है।'

साइकोलॉजिस्ट ने अगला सवाल कर दिया-'क्या आपके पति आपके साथ शारीरिक संबंध नहीं बनाते हैं?'

'बनाते हैं, लेकिन प्यार नहीं करते हैं न।' युवती के इतना कहने पर साइकोलॉजिस्ट आश्चर्य से उसका मुँह ताकने लगा, फिर उसने पूछा-'आप कहना क्या चाहती हैं? पति आपके साथ आख़िर क्या व्यवहार करें कि आप यह मानेंगी कि वह आपको प्यार करते हैं?' साइकोलॉजिस्ट ने जवाब देने के बदले सवाल कर दिया।

वह युवती बोली-'सर, मैं शारीरिक मिलन को प्यार न मानकर शरीर की ज़रूरत मानती हूँ और यह सच्चाई भी है। प्यार तो वह हो सकता है कि पति पल-पल ध्यान रखे, ख़ुश करने के लिए कहीं ख़ास जगह घुमाने ले जाए। कोई स्वादिष्ट और लज़ीज़ रेसिपी खिलाए और साथ-साथ खाना खाए, हर विषय पर बात करे और कहीं से भी घर आए तो हालचाल पूछे।'

साइकोलॉजिस्ट ने कहा-'पति के प्रति क्या पत्नी का कोई कर्तव्य नहीं बनता है? केवल पति ही इतना करें, पत्नी नहीं? पति को कैसे प्यार व्यक्त करना चाहिए आपने जब यह बता दिया, तो लगे हाथ यह भी बता दें कि पत्नी को कैसे अपना प्यार व्यक्त करना चाहिए?'

वह युवती साइकोलॉजिस्ट का मुँह ताकने लगी, फिर सिर हिलाते हुए बोली-'इस बारे में मुझको कुछ भी मालूम नहीं है।'

साइकोलॉजिस्ट बोला-'तभी तो आपके पति शरीर की ज़रूरत को पूरा कर अपने काम में व्यस्त हो जाते हैं। देखिए मैडम, आप जो देंगी वही तो पाएँगी। आप भी पति का ध्यान रखतीं, उनकी पसंद-नापसंद को ध्यान में रखकर खाना बनातीं, शाम को घर आने पर उनका ब्रीफकेश उनके हाथ

से ले लेती, चाय-पानी बिना माँगे ही देती, आज का दिन कैसा रहा पूछतीं और उनकी बातें मन लगाकर सुनतीं तो क्या वह आपके भी साथ ऐसा ही व्यवहार नहीं करते? मैडम, आप दूसरे से अपने लिए जैसा व्यवहार चाहती हैं, दूसरा भी तो आपसे ऐसा ही व्यवहार चाहता है, आप क्यों नहीं सोचतीं?' साइकोलॉजिस्ट ने जब इतना कुछ कहा तो वह युवती आश्चर्य से उसका चेहरा देखने लगी, फिर बोली-'मुझको तो किसी ने इस तरह से समझाया नहीं।'

साइकोलॉजिस्ट ने कहा-'मैं जो कह रहा हूँ। आपने अगर उसका आधा भी कर दिया तो आपको पति का भरपूर प्यार मिलने लगेगा, इसमें रत्तीभर भी शक की गुंजाइश नहीं है। मेरी सलाह बस इतनी-सी ही है कि पहले आप स्वयं प्यार करें, फिर प्यार पाने की उम्मीद करें।' साइकोलॉजिस्ट ने समझाया।

कहने का आशय है कि प्यार पाने के लिए प्यार करना पड़ता है। सबसे बड़ी समस्या यह है कि स्त्री और पुरुष दोनों ही एक-दूसरे से प्यार पाने की उम्मीद तो करते हैं लेकिन उनमें से कोई भी पहले पहल नहीं करता है। बस शिकायत करते रहते हैं। शिकायत करने से संबंध और ख़राब होते हैं, बनते नहीं हैं। शिकायत करने से मतभेद पैदा होते हैं, झगड़े होते हैं और फ़िज़ूल की बहस होती है।

प्यार को व्यक्त करने के लिए किसी बहाने या किसी माध्यम की ज़रूरत नहीं होती है, आपको सज-सँवरकर मोहक बनने की भी ज़रूरत नहीं होती है, बस दिल से सामने वाले की इ़ज़्ज़त करनी पड़ती है, उसकी ज़रूरतों का ध्यान रखना पड़ता है और उसकी भावनाओं को बख़ूबी समझना पड़ता है।

सुन्दर, मोहक और चुम्बकीय आकर्षण से समृद्ध बहू बहुत ही उदास अपने बेडरूम में बैठी थी। सास शिक्षित, सभ्य, सुशील और सौम्य विचारों वाली महिला थीं। वह पिछले कई दिनों से उदास और खोई हुई सी दिखाई दे रही थी। सास बहू के नज़दीक आकर खड़ी हो गईं। और बोलीं-'क्या बात है बहू? तुम कई दिनों से उदास और खोई-खोई सी नज़र आ रही हो। कोई समस्या हो तो बताओ। मैं तुम्हारी शायद मदद कर सकूँ।'

सास के पूछने पर बहू ने कहा–'माँ जी, आपसे क्या छिपाना। वीरेन मुझमें रुचि लेते ही नहीं हैं। जबकि मैं उनके लिए रोज़ ही नये-नये अंदाज़ में सजती-सँवरती हूँ। उनकी पसंद की ड्रेस पहनती हूँ। उनसे प्रेम करती हूँ।'

सास ने कहा–'लेकिन तुम वीरेन के लिए जीती नहीं हो न, बहूँ यह तुम्हारी ग़लतफ़हमी है कि सजने-सँवरने और अपनी ख़ूबसूरती को निखारने से वीरेन तुम्हें दिलोजान से चाहने लगेगा। बहू, वीरेन तुम्हारा पति है, प्रेमी नहीं है कि अपना सुन्दर व्यक्तित्व दिखाकर उसको अपने वश में कर लोगी। प्रेमी या आशिक को प्रेमिका की ख़ूबसूरती से मतलब होता है लेकिन पत्नी पति के लिए कितना जीती है, कितनी उसकी परवाह करती है और उसकी ज़रूरत की चीज़ों को कितना सँभाल कर रखती है, पति को इससे मतलब होता है। बहू, तुम वीरेन की प्रेमिका होने के साथ-साथ पत्नी भी बनने की कोशिश करो। फिर देखना, वीरेन तुम्हारे जीवन में कैसे चाँद बनकर उतर जाता है।' सास ने समझाया।

बहू को सास की बातें काफ़ी अच्छी लगीं। उसने मन-ही-मन निर्णय ले लिया कि अब वह प्रेमिका के साथ-साथ पत्नी भी बनकर वीरेन को दिखाएगी।

सास की सलाह रंग लाई। बहू पत्नी बनकर जीने लगी तो वीरेन भी पति बन गया।

यही हक़ीक़त है। रूप हर जगह काम नहीं करता है। रूप की क़ीमत होती है, इसको नकारा नहीं जा सकता है। लेकिन यह भी तो सच है कि किसी के लिए हर ज़रूरत की चीज़ उपलब्ध कराना भी कहीं कम आकर्षक और मोहक नहीं होता है। वैवाहिक जीवन में पति और पत्नी दोनों को ही इस बात का ध्यान रखना चाहिए।

रूप का क्या, वह तो कभी भी ढल सकता है, लेकिन मन में किसी के प्रति जो समर्पण होता है, वह कभी भी ढलता नहीं है, बाक़ी समय के साथ और बढ़ता ही है। इसीलिए मेरी सलाह है कि अपने वैवाहिक जीवन से कभी भी मदद करने, देखभाल करने और परवाह करने की भावना को विदा न होने दें।

उदाहरण प्रस्तुत है, जिसे पढ़ने के बाद आपको इस बात का ज्ञान हो जाएगा कि शब्दों से अपना प्यार कैसे जताया जा सकता है।

'आज का दिन कैसा रहा, डियर? आज तो बहुत ही सेक्सी लग रही हो।' इतना बोलते हुए जय ने अर्चना का हाथ पकड़कर चूम लिया। अर्चना का रोम-रोम पुलकित हो उठा। उसका अंग-अंग खिल गया।

अर्चना ने मुस्कराते हुए पूछा-'क्या कल सेक्सी नहीं लग रही थी?' अर्चना ने जानना चाहा क्योंकि जय ने 'आज' शब्द का इस्तेमाल कर उसके मन में प्रश्न खड़ा कर दिया कि कल वह सेक्सी नहीं लग रही थी?

स्त्री पति की या अन्य की नज़र में भी हर पल सेक्सी दिखना चाहती है। 'आज वह सेक्सी लग रही है' ऐसे शब्द उसे तभी ख़ुशी देते हैं, जब उसे यह मालूम होता है कि कल भी वह सेक्सी दिख रही थी।

जय हँसते हुए बोला-'सेक्सी तो तुम हर पल, हर दिन और हर घड़ी लगती हो। वैसे आज कुछ ज़्यादा ही तुम्हारी आँखों में सेक्स अपील है।' यह कहकर जय ने अर्चना के तन-मन को भावनाओं से भिगो दिया।

रात का भोजन करने के बाद अर्चना बच्चों के साथ लेट गई। जय को भी नींद आ गई। दिनभर का वह थका-हारा जो था। वह धीरे से अर्चना के नज़दीक आया और उसकी छाती पर हाथ रखते हुए बोला-'क्या इरादा है?'

'मुझे तुम्हारी चिंता है। ये सारे ऐशो-आराम के सामान तुम्हारी मेहनत के कारण ही हमें मिले हैं। मैं देख रही हूँ' तुम काफ़ी थके हो। सो जाओ, हममें इतना प्यार है, इतनी अच्छी समझ है, तन न भी मिलें तो कोई बात नहीं, मन तो मिले हुए हैं न।'

जय के प्रति इतनी उदारता दिखाई अर्चना ने कि वह तृप्त हो गया और जाकर बेड पर लेट गया। यह कहना ग़लत न होगा कि ढंग से शब्दों को सजाकर बोला जाए तो फिर व्यक्ति को किसी भी चीज़ की ज़रूरत नहीं पड़ती है।

यह भी एक प्यार का रूप ही है, जो हर दम्पति में नहीं होता है। अर्चना ने अपनी थकी होने की बात को कितनी सहजता से छिपा लिया और पति के प्रति अपनी हमदर्दी जताकर उसका दिल भी जीत लिया। जैसे-जैसे उम्र बढ़ती जाती है, काम का दबाव तन और मन पर बढ़ता जाता है, वैसे-वैसे यौनेच्छा में भी कमी आती जाती है। अर्चना और जय, यौनेच्छा में आई इस कमी को बड़ी ख़ूबसूरती से छुपाना जानते हैं। शारीरिक मिलन की स्थिति

हमेशा एक जैसी नहीं होती है और जब शरीर में उत्तेजना का अभाव हो जाता है तब मानसिक उत्तेजना भी स्वतः ही कम हो जाती है। यही कारण है कि एक अवस्था में आकर यौन जीवन को लेकर पति और पत्नी के बीच मनमुटाव जैसी स्थिति बन जाती है।

जो दम्पति चतुर और बुद्धिमान होते हैं, वे यौन-क्षमता में आई इस कमी की पूर्ति प्यार के माध्यम से करते हैं। जय घर आते ही सबसे पहले अर्चना का हालचाल पूछता है, फिर स्नेहयुक्त शब्दों से उसके दिल में उतर जाता है। औरत बहुत ही संवेदनशील होती है, भावुक होती है और उसका मन बहुत ही नाज़ुक होता है, इसलिए शारीरिक मिलन से अधिक मानसिक मिलन को महत्त्व देती है। यदि ऐसा न होता फिर दुनिया की महिलाएँ यह हरगिज़ न कहतीं कि मेरे 'वो' केवल मेरे शरीर से प्यार करते हैं। प्यार तो वास्तव में वह मुझसे करते ही नहीं। महिलाएँ शरीर से अधिक मन से पति के प्यार को पाना अच्छा मानती हैं।

ज़्यादातर मामलों में यह देखा गया है कि यौन-जीवन संतुष्टिदायक होने के बावजूद पति और पत्नी में कोई तालमेल नहीं है। पति और पत्नी के जीवन में बेहतर तालमेल के लिए केवल प्यार ही नहीं बल्कि प्यार को जताना भी आवश्यक है। जय को प्यार जताना आता है। 'कैसी हो डार्लिंग, आज बहुत ही सेक्सी दिख रही हो? बिजली गिरा रही हो आदि इस तरह के शब्द सेक्स की कमी की पूर्ति करते रहते हैं क्योंकि सेक्स शरीर से ही नहीं बल्कि शब्दों से भी किया जाता है। प्यार के रूप अनेक हैं और उनमें सबसे अधिक प्रभावशाली शब्दों से प्यार करना है। जिन दम्पतियों के जीवन में शब्द रूपी प्यार नहीं होता वहाँ सेक्स तो होता है, लेकिन उसकी कोई भी महत्ता नहीं होती। अर्चना को जय से कोई शिकायत नहीं है जबकि वह उससे दैहिक संबंध बहुत कम ही बना पाता है लेकिन अफ़सोस है कि अधिकतर पुरुष औरत की इस भावना की कद्र नहीं कर पाते हैं। वे रोज़ ही यौन-संबंध बनाते हैं, फिर भी अतृप्त ही रहते हैं क्योंकि उनके जीवन में सेक्स तो होता है, लेकिन स्नेहिल शब्द नहीं होते हैं। अर्चना और जय हफ़्ते-दो हफ़्ते तक पास नहीं आते, फिर भी उन्हें एक-दूसरे से कोई शिकायत नहीं होती है और शिकायत होगी भी कैसे? उनका आपस में इतना प्यार जो है।

एक-दूसरे उदाहरण से इस बात को समझें, जीनत बहुत कम ही यौन-संबंध गौरव के साथ बना पाती है, फिर भी गौरव उससे ख़ुश है क्योंकि जीनत हर पल उसके लिए ही जीती है। वह हर शाम पूछती है कि खाने में आज क्या बनाऊँ। तुम कब तक घर आओगे? मुझे तुम्हारी हमेशा फ़िक्र लगी रहती है।

गौरव इन शब्दों को सुनकर गदगद हो जाता है कि जीनत को उसकी कितनी परवाह है। हर पल उसकी ही सुविधाओं को एकत्रित करने में लगी रहती है।

कहने का आशय है कि दाम्पत्य जीवन में तब सेक्स की महत्ता कम हो जाती है, जब जीवनसाथी विनम्र, सुशील और स्नेही प्रवृत्ति का होता है और देखा जाए तो यह भी एक तरह का सेक्स ही है। मान लें पत्नी आपकी परवाह ही न करे। आपके आने-जाने की उसे कोई चिन्ता न हो। आपके खाने-पीने के बारे में कोई ध्यान ही न हो तो क्या अकेला यौन जीवन ख़ुश रख सकेगा?

यौन जीवन को ज़रूरत है हर दृष्टिकोण से देखने की, समझने की और जानने की, तभी आप दाम्पत्य जीवन में खुशियाँ भर सकते हैं। सेक्स तो एक तरह की अनुभूति है, जो दम्पति के मन में अवश्य ही होनी चाहिए। शारीरिक-संबंध बनाया और मुँह फेर लिया। यह सही हो सकता है या यौन-संबंध बनाने के बाद भी मीठी छेड़छाड़ जारी रहे यह ठीक है? जवाब एकदम स्पष्ट है। वही यौन जीवन आनंददायक हो सकता है, जिसमें स्नेहसिक्त अहसास हो। अर्चना और जय शारीरिक मिलन से कहीं अधिक प्यार भरे शब्दों को महत्त्व देते हैं क्योंकि उन्हें पता है कि केवल सेक्स, जीवन को बेरस और बेमज़ा बनाता है। यह तो महसूस करने की चीज है। कभी-कभार शारीरिक स्पर्श से अधिक अच्छा सेक्सी शब्दों का आदान-प्रदान लगता है। हम यहाँ बस यही कहना चाहते हैं कि पति और पत्नी के जीवन में जो कुछ भी अच्छा घटता है, उसमें सेक्स होता है। उसे महसूस करने के लिए दिमाग़ की ज़रूरत है। अच्छे शब्दों को करीने से क्रमबद्ध रखने की आवश्यकता है। जो दम्पति यह समझ नहीं पाते हैं, वे यौन-जीवन को जीने के बाद भी अतृप्त और असंतुष्ट ही रहते हैं।

कहीं आप भी असंतुष्ट और अतृप्त अपने दाम्पत्य जीवन से तो नहीं हैं? यदि हैं तो अपने आपको चार्ज करें। अब आप पूछेंगे कि चार्ज करने के लिए क्या करना चाहिए?

अपने आपको चार्ज करने के लिए सबसे पहले प्रेम को अपने दिल में पैदा करें। प्रेम के अभाव में ही दाम्पत्य जीवन की ख़ूबसूरती धूमिल पड़ जाती है। यौन-जीवन दाम्पत्य जीवन की हक़ीक़त है तो प्रेम उसका शृंगार है। इसलिए आप प्यार को अपने जीवन में उतारें। आजकल हर व्यक्ति के दाम्पत्य जीवन में प्यार नहीं है। प्यार के न होने के कारण दाम्पत्य जीवन में कड़वाहट है। कड़वाहट ईर्ष्या और क्रोध को बढ़ावा देती है। इसलिए कड़वाहट को जड़ से मिटाने के लिए आप प्रेम को अपने जीवन में महत्त्व दें। अब सवाल यह उठता है कि लोगों के दिल में प्रेम क्यों नहीं है? लोगों के दिल में प्रेम इसलिए नहीं है क्योंकि उनका जीवन बहुत ही कठिन हो गया है और उनका जीवन बहुत ही ज़्यादा संघर्षों वाला हो गया है। उन्हें कोई भी चीज़ आसानी से नहीं मिलती है, क्योंकि उनके पास धन का अभाव होता है। धन का अभाव इसलिए होता है क्योंकि काम के हिसाब से उन्हें पैसा नहीं मिलता है। यदि काम के हिसाब से उन्हें पैसा मिले तो फिर बुनियादी ज़रूरतें समय-समय पर पूरी होती रहेंगी और जब ज़रूरतें पूरी होती रहेंगी तो फिर मन शांत और प्रसन्न तो रहना ही है।

एक विवाह सलाहकार के दफ़्तर में पति पहुँचा और उसने उसको बताया-'सर, मेरा वैवाहिक जीवन बहुत ही कष्ट में है।'

'क्यों कष्ट में है? क्या पत्नी कलही है? क्या वह आपसे प्रेम नहीं करती है? क्या वह आपका कहना नहीं मानती है? क्या वह आपके अनुकूल या आपकी रुचि और पसंद के अनुकूल भोजन नहीं बनाती है?' विवाह सलाहकार ने प्रश्नों की झड़ी लगा दी।

पति सकपका गया, क्योंकि उसने कभी इतने सारे सवालों का सामना नहीं किया था। फिर भी हिम्मत जुटाकर बोला-'सर, पत्नी कलही नहीं है लेकिन झगड़ा अकसर ही करती है। जब रोज़ ही झगड़ा करती है तो फिर हमारे बीच प्रेम कैसे हो सकता है? जब हमारे बीच प्रेम नहीं है तो पत्नी मेरा कहना क्यों मानेंगी। जब कहना ही नहीं मानती है तो फिर मेरी पसंद-नापसंद का वह ध्यान क्यों रखेगी और मेरी रुचि को ध्यान में रखकर भोजन क्यों बनाएगी?' पति ने प्रश्नों के जवाब कुछ इस तरह से दिए कि विवाह सलाहकार चक्कर खा गया। वह अपना सिर खुजलाते हुए बोला-'क्या आपकी आर्थिक स्थिति

मज़बूत है? आप पत्नी की बुनियादी ज़रूरतें पूरी करते रहते हैं?' विवाह सलाहकार के इतना पूछने पर पति बोला–'सर, आर्थिक स्थिति ही तो ठीक नहीं है। पत्नी जो भी चीज़ माँगती है, मैं धनाभाव की वजह से उसे नज़रअंदाज़ कर जाता हूँ। जब वह पूछती है कि फलाँ चीज़ माँगी थी, क्या लाए हो? तो मैं यह कहकर उसे ख़ामोश कर देता हूँ कि याद नहीं रहा। कल याद दिला देना, ला दूँगा।' पति इतना बोलते-बोलते चुप हो गया।

विवाह सलाहकार को उनके बीच रोज़ होने वाले झगड़े के कारण का पता चल गया। उसने कहा–'जनाब, आप अपनी आर्थिक स्थिति ठीक करें, इसके लिए अपने कार्य पर ध्यान केंद्रित करें और आमदनी बढ़ाने के बारे में विचार-मंथन करें। आमदनी का वर्तमान स्रोत कमज़ोर है तो अन्य स्रोत की तलाश करें। फिर आप पत्नी की बुनियादी ज़रूरतों को पूरा करें। आपकी पत्नी का यौन व्यवहार भी आपके प्रति सहज, सुलभ और आनंददायक हो जाएगा।' पति को विवाह सलाहकार के सुझाव काफ़ी अच्छे लगे।

कहने का आशय है कि जब घर में धन का अभाव हो जाता है और पत्नी की ज़रूरतें कभी पूरी ही नहीं हो पाती हैं तो वह मानसिक रूप से डिस्टर्ब रहने लगती है और आपको तो पता ही है कि जब पत्नी मानसिक या शारीरिक रूप से डिस्टर्ब होती है तो पति पर ही सारा गुस्सा निकालती है। ऐसी क्रोधित पत्नी के मन में पति के प्रति भला अनुराग या प्रेम कैसे उत्पन्न हो सकता है? यदि उत्पन्न होगा भी तो कितनी देर तक अपने मूल स्वरूप में रह सकता है, कुछ भी कहना मुश्किल ही है।

विशेषज्ञों की रिपोर्ट भी बताती है कि आमदनी से अधिक ख़र्च होने लगता है तो वैवाहिक जीवन की शांति स्वाभाविक रूप से भंग होने लगती है, आपस का यौनाचरण ख़त्म हो जाता है, प्रेम और सहानुभूति नाम की चीज़ नहीं रहती है, और पति तथा पत्नी दोनों ही एक-दूसरे के प्रति अत्यंत ही कठोर तथा संवेदनहीन हो जाते हैं।

❑

# 16. मैरिड लाइफ़ (इच्छाएँ)

अधिकतर व्यक्ति यह कहते नहीं थकते हैं कि बीबी-बच्चों की बुनियादी ज़रूरतें पूरी न होने के कारण वैवाहिक जीवन का आनंद ही नहीं मिला। यह हक़ीक़त है कि धन का अभाव होने पर आपस का प्रेम भाव स्वाभाविक रूप से कम होता चला जाता है। यह भी सबको पता है कि ज़्यादातर इच्छाओं की पूर्ति व्यक्ति धन की मदद से ही करता है।

मैंने अनेक लोगों को यह कहते हुए सुना है कि पैसा तो हाथ का मैल है लेकिन मैं इस वाक्य से सहमत नहीं हूँ क्योंकि पैसा हाथ का मैल कैसे हो सकता है? यह तो हाथ की ताकत है, व्यक्ति की ज़रूरत है और सबको तथा स्वयं को ख़ुश करने का एकमात्र साधन है।

कहीं भी जाने से पहले पैसा चाहिए, कोई भी काम शुरू करने से पहले पैसा चाहिए, कोई भी धर्म-कर्म करने से पहले पैसा चाहिए, तो फिर पैसा हाथ का मैल कैसे हो सकता है। पैसा तो हाथ की ताकत है।

जो काम सालभर दौड़भाग करने के बाद पूरा नहीं होता है, वह काम पैसा ख़र्च करने पर मात्र दो-तीन रोज़ में ही वह भी बिना भागदौड़ के ही हो जाता है। भगवान की कृपा भी पैसे से ही प्राप्त होती है। जितना महँगा और ज़्यादा चढ़ावा व्यक्ति मंदिर में लेकर जाता है, उतनी ही जल्दी भगवान का दर्शन हो जाता है तो फिर आप पैसे की तुलना मैल से क्यों कर रहे हैं? क्या आपको इतनी-सी बात समझ में नहीं आती कि पैसा न होने पर व्यक्ति की मानसिक स्थिति कितनी दयनीय और कितनी सोचनीय हो जाती है।

भगवान की पूजा करने के लिए भी पैसा चाहिए। आजकल धर्म-कर्म में भी काफ़ी धन ख़र्च होता है। दान देना सबसे बड़ा पुण्य कर्म माना गया है लेकिन दान का पुण्य लाभ उसको ही तो मिल सकता है, जो पैसे वाला होगा? आपके पास स्वयं की ज़रूरतों के लिए पैसा नहीं है तो आप दान कहाँ से करेंगे। अन्न दान, वस्त्र दान, धातु दान, ज़मीन दान आदि चीज़ों का दान पैसे वाला ही तो कर सकता है।

यहाँ तो नब्बे प्रतिशत लोग मानते हैं कि वैवाहिक जीवन की खुशियाँ धन के अभाव में खुलकर प्रकट नहीं हो पाती हैं जिससे पति और पत्नी का पूरा जीवन आपस में लड़ते-झगड़ते ही गुज़र जाता है। विशेष रूप से पत्नी की इच्छाएँ पूरी नहीं होती हैं तो घर कलहखाना बनकर रह जाता है। पति शाम को घर में घुसने से पहले सौ बार सोचता है कि पता नहीं आज पत्नी कौन-सा महाभारत रचेगी? यह कहना ग़लत न होगा कि जिसकी जेब में पैसा नहीं होता है या गिनकर ही होता है तो वह यह सोचकर डरा-डरा सा रहता है कि कहीं कोई बात हो गई या ज़रूरत पड़ गई, तब क्या होगा? लोग यही कहेंगे न कि दिनभर मेहनत करने के बाद फ़कीरचंद जैसी हालत है तो भागदौड़ करने से क्या लाभ?

उदाहरण प्रस्तुत है, जिसे पढ़ने के बाद आपको सहज ही रूप में मालूम हो जाएगा कि इच्छाओं के अभाव में किस तरह से वैवाहिक जीवन की खुशियाँ तहस-नहस हो जाती हैं।

वृंदा आज दोपहर से ही काफ़ी दुखी और परेशान थी। डॉक्टर ने पेट का अल्ट्रासाउण्ड कराने को कहा था ताकि पता चल सके कि पेट में लगातार हलका-हलका दर्द क्यों रहता है। वृंदा ने आज एक नहीं कई बार विजय का नम्बर डायल किया था लेकिन फोन हर बार बिजी ही जा रहा था। इस वजह से विजय से बात नहीं हो सकी।

शाम को विजय जैसे ही घर आया, वृंदा गुस्से से भरी ऊँची आवाज़ में बोल पड़ी–'तुमको हो क्या गया है? न तो तुम इलाज के लिए पैसे देने को राज़ी हो, न साथ चलने को राज़ी हो और न ही मुझको ही कहीं बाहर निकलकर काम करने दे रहे हो। तुम चाहते क्या हो? तुम्हारे साथ विवाह

करके तो मैं बहुत पछता रही हूँ। न तो ढंग के कपड़े मिलते हैं, न खाना मन मुआफ़िक़ मिलता है और न ही पैसा ही मेरे पास होता है कि मनपसंद कोई भी चीज़ खरीद सकूँ। मुझको अपना इलाज करवाना है, पैसा चाहिए। पैसे का काम पैसे से ही होगा।' वृंदा के इतना कहते ही विजय का माथा ठनक गया। वह आज रोज़ की अपेक्षा अधिक थका था। वह वृंदा पर अगले ही पल गुस्सा हो गया और तल्ख़ आवाज़ में ज़ोर-ज़ोर से बोलने लगा–'तुम्हारी न तो इच्छाओं का कोई अंत है और न ही माँगों का ही अंत है। बैठे-बैठे ही तुम्हें रोग भी होते रहते हैं। पेट दर्द ही है न, कुछ उलटा-पुलटा खा लिया होगा। दो-तीन दिन हलकी चीज़ें खा लो दर्द में आराम पड़ जाएगा।'

वृंदा का मूड आज कुछ ज़्यादा ही ख़राब था। वह आज समझौता करने के मूड में नहीं थी। वह बोली–'मैं आज तुम्हारी कोई भी बात सुनने वाली नहीं। तुम्हारे यहाँ आने के बाद मैं तो बिलकुल ही गुलामों वाला जीवन जीने लगी हूँ। यहाँ तो मेरी कोई भी इच्छा पूरी नहीं हो रही है। मैं जब भी कोई चीज़ माँगती हूँ या जब भी किसी चीज़ के लिए इच्छा व्यक्त करती हूँ तो तुम्हारे पास पैसा ही नहीं होता है। पैसा होता भी है तो तुम टाल जाते हो या कोई बहाना कर बच निकलते हो।'

वृंदा अभी बोल ही रही थी, तभी बीच में ही विजय बोल पड़ा–'मैं तो ऐसा ही हूँ। कभी मेरे पास पैसा होता है, और कभी होता है तो किसी ज़रूरी काम के लिए होता है।'

वृंदा खीझ गई–'तुम ऐसे ही हो न, तो ठीक है। मैं तुम्हारे साथ अब और नहीं रहूँगी। मैं आज ही पापा को फोन करके मायके के लिए निकल जाऊँगी। मैंने तुमको हर तरह से देख लिया। तुम्हें मेरी इच्छाओं की कोई परवाह ही नहीं है। तुम अपना देखो और मैं अपना देखूँगी।'

वृंदा ने जैसे ही इतना कहा, सास दौड़ती हुई आ गई और वह अचानक ही बोल पड़ी–'बहू, क्या कह रही हो, विजय तुम्हारा पति है। पति से ऐसी बातें थोड़े ही की जाती हैं?'

वृंदा बोली–'माँ जी, पति के साथ कैसे बात की जाती है, मुझको मालूम है। उस पति का ही क्या करना, जो पत्नी की इच्छाओं को पूरा ही न कर

सके। माँ जी, मैं कल मायके चली जाऊँगी।' सास काफ़ी घबरा गई। वह मानसिक रूप से काफ़ी डिस्टर्ब हो गई। फिर उसने वृंदा के नज़दीक आकर कहा–'बहू, तुम पढ़ी-लिखी हो। तुम नौकरी कर सकती हो। आर्थिक रूप से तुम आत्मनिर्भर हो जाओगी, तब तुम्हारी कोई भी इच्छा अधूरी नहीं रहेगी। बहू, हर समस्या का हल पलायन करना ही नहीं होता है। तुम मायके चली जाओगी तो समस्या और बढ़ जाएगी। मेरी बात मानो।'

वृंदा विजय की ओर देखते हुए बोली–'आपकी क्या बात मानूँ। आपकी चलती कहाँ है? विजय की चलती है। मैंने आर्थिक स्थिति को कमज़ोर देखकर ही कई बार जॉब करने के लिए कहा। कई बार मैंने इसके लिए आपसे और विजय से सिफ़ारिश की, लेकिन विजय ने इसकी इजाजत नहीं दी और आज भी कौन-सा तैयार है।' वृंदा ने ऊँची आवाज़ में कहा।

सास ने विजय की तरफ देखते हुए कहा–'आज मैं इसकी नहीं सुनूँगी। बहू, मैं उस ग़लती को आज नहीं दोहराने वाली। कितना अच्छा होता, मैंने उस समय तुम्हारी इच्छाओं का समर्थन किया होता। मैंने विजय की बात नहीं मानी होती तो आज तुम ऐसा न बोलती। तुम दोनों में पैसों को लेकर इतनी बहस भी नहीं होती। यह पैसा जोड़ता भी है और अलग भी करता है। विजय तुम्हारी इच्छाओं का सम्मान पैसे के अभाव में नहीं कर पा रहा है।' इतना कहकर सास विजय के पास आ गई, फिर कड़क आवाज़ में बोली–'बहू नौकरी करेगी, तुम कुछ नहीं बोलोगे। यह मेरा फैसला है। बहू पढ़ी-लिखी है। इसकी भी कुछ इच्छाएँ हैं, कुछ सपने हैं, जो पैसे से ही पूरी की जा सकती हैं। तुम्हारे पास इतने पैसे नहीं हैं तो बहू को भी जॉब करने दो। बहू नौकरी करेगी तो इसकी सारी शिकायतें स्वतः ही दूर हो जाएँगी।'

विजय ने कोई जवाब नहीं दिया। उसकी ख़ामोशी बता रही थी कि वह अपनी माँ के निर्णय से पूरी तरह से सहमत है। वृंदा भी ख़ुश थी क्योंकि वह नौकरी करना चाहती थी, अधिक-से-अधिक पैसा कमाकर अपने शौक और अतृप्त इच्छाएँ पूरी कर ज़िन्दगी का आ़नंद लेना चाहती थी।

विशेषज्ञ भी मानते हैं कि इच्छाओं का पूरा होना अति आवश्यक है। जिस किसी भी व्यक्ति की इच्छाएँ अधूरी रहने लगती हैं तो फिर वह मानसिक

रूप से बीमार रहने लगता है, उसके स्वभाव में चिड़चिड़ापन शामिल हो जाता है और वह किसी के भी साथ सामान्य व्यवहार नहीं कर पाता है। इसलिए वैवाहिक जीवन को सुखद, ख़ुशहाल और आनंददायक बनाने के लिए आवश्यक है कि आप एक-दूसरे की इच्छाओं और सपनों का ध्यान रखें। सपने टूटते हैं तो मानसिक संतुलन भी बिगड़ जाता है और मानसिक संतुलन जब बिगड़ जाता है तब ऐसे में ही तलाक की बात होने लगती है। गाली-गलौज होने लगता है और एक-दूसरे को नीचा दिखाने की कोशिश होने लगती है। फिर विवाह इतना कमज़ोर और शक्तिहीन हो जाता है कि ज़रा-सी ठेस लगते ही ख़त्म हो जाता है। आपने कई लोगों को यह कहते हुए सुना भी होगा कि उनके आपस के संबंध इतने ख़राब हो गए थे कि ज़रा-सी बात को लेकर तलाक हो गया।

मैं आपको बता दूँ कि तलाक अचानक नहीं होता है। वृंदा और विजय के बीच सास न आती और वृंदा को न समझाती तथा उसको नौकरी करने की इजाज़त न देती, तो फिर मामला बिगड़ने ही वाला था। इसीलिए मेरी सलाह है कि आपके सामने जब भी ऐसी समस्या उत्पन्न हो जाए तो आप वृंदा की सास की तरह निर्णय लें। जब पति की सैलरी पर्याप्त नहीं है, घर की आर्थिक स्थिति बहुत ही नाज़ुक है तो ऐसे में पत्नी पढ़ी-लिखी है और वह नौकरी करना चाहती है तो उसको इजाज़त देने के साथ-साथ प्रोत्साहित भी करें, ताकि वह दोगुने उत्साह के साथ जॉब कर सके और घर की आर्थिक मदद करने के साथ-साथ अपने सपनों को भी पूरा कर सकें।

आज की स्त्री पढ़ी-लिखी है, वह स्वयं के प्रति और अपने सपनों तथा इच्छाओं के प्रति अत्यंत ही संवेदनशील तथा सजग है। वह उस व्यक्ति को जीवनसाथी के रूप में पसंद करती है, जो उसको बराबरी का दर्जा देने के साथ-साथ उसके सपनों और उसकी इच्छाओं को पूरा कर सकें। पति के रूप में उसको बात-बात पर प्रताड़ित करने वाला, सरेआम अपमानित करने वाला, उसको दबाकर रखने वाला और उस पर एकाधिकार जमाने वाला पुरुष नहीं चाहिए। उसको तो पति के रूप में दोस्त चाहिए, जिसे वह हमनवाँ, हमसफ़र, हमराही और जानूँ भी बेधड़क कह सके। उसके साथ बैठकर बात कर सके, खिल-खिलाकर हँस सके, उससे मन की बात कर सके ऐसा पति आज की

स्त्री को चाहिए। इसके विपरीत गुणों वाला पति नहीं चाहिए और यदि ऐसा पति मिल जाता है तो एक पल भी नहीं निभने वाला है।

उदाहरण प्रस्तुत है, जो आपका मार्गदर्शन करेगा।

जयंती को लड़के वाले देखने के लिए आने वाले थे। जयंती सुबह से ही सजने-सँवरने में मशगूल थी। वह इस बात को लेकर सबसे अधिक परेशान थी कि पता नहीं लड़का और उसके घर वाले उसके बारे में क्या सोच रहे होंगे? मैं आपकी जानकारी के लिए बता दूँ कि जयंती एक अत्यंत ही स्मार्ट, मोहक तथा हरफनमौला लड़की थी। वाचाल और होशियार लड़की भी थी।

लड़के वाले जैसे ही जयंती के घर पर आए। घर में चहल-पहल शुरू हो गई। उनका भव्य स्वागत हुआ। फिर जयंती को लड़के के साथ ड्रॉइंग रूम में बातचीत करने के लिए छोड़ दिया गया।

लड़के ने पूछा–'आप घर में रहकर घर के कामकाज करेंगी या फिर घर से बाहर निकलकर मनपसंद कोई जॉब करना पसंद करेंगी?'

जयंती बोली–'मैं तो जॉब करूँगी।' जयंती के इतना कहते ही लड़का अजीब-सा मुँह बनाते हुए बोला–'फिर घर के काम कौन करेगा? खाना कौन बनाएगा?'

जयंती ने बहुत ही सौम्य भाषा में कहा–'पति और पत्नी एक ही गाड़ी के दो पहिए होते हैं, एक ही रास्ते के दो राही होते हैं और उनकी मंज़िल भी एक ही होती है। हम दोनों ही जॉब करेंगे क्योंकि 'दाम्पत्य जीवन को सुखी, हसीन और आनंददायक रखने के लिए यह ज़रूरी है कि हम अच्छी सैलरी वाली नौकरी करें। सैलरी अच्छी नहीं होगी तो फिर बात नहीं बनेगी।' जयंती अभी बोल ही रही थी, तभी बीच में ही लड़का बोल पड़ा–'आपने मेरे सवाल का जवाब नहीं दिया। क्या आपका नौकरी करना ज़रूरी है?'

जयंती बोली–'हाँ, ज़रूरी है न, क्या आपकी सैलरी इतनी है कि आप घर की ज़रूरतों को पूरा करने के साथ-साथ मेरी ज़रूरतों और सपनों को भी पूरा कर सकेंगे? आज का समय बहुत ही ख़र्चीला और महँगाई वाला है। पत्नी के लिए नौकरी करना ज़रूरी हो गया है। जहाँ तक खाना बनाने का सवाल है तो हम दोनों ही मिल-जुलकर खाना बनाएँगे।' जयंती के इतना

कहते ही लड़का काफ़ी घबरा गया। वह बोला–'मैं दफ़्तर से आने के बाद घर के काम नहीं करूँगा। आपको ब्याह कर ले जाने का क्या मतलब जब मुझे ही घर के काम करने पड़ेंगे? घर के काम तो आपको ही करने पड़ेंगे।'

जयंती बोली–'ठीक है घर के काम मैं ही करूँगी। आप नहीं करेंगे लेकिन मैं जॉब अवश्य ही करूँगी क्योंकि मेरी तमाम इच्छाएँ और सपने पसंदीदा जॉब करने पर ही पूरे हो सकते हैं।' जयंती ने बिना किसी लाग-लपेट के कहा तो लड़के को गुस्सा आ गया। वह ऊँची और तल्ख़ आवाज़ में बोला–'आप नौकरी नहीं करेंगी। एक लड़की का सपना ब्याह कर ससुराल में जाना होता है और बच्चों की माँ बनकर पति की सेवा करना उसकी अंतिम इच्छा होती है।' लड़के के इतना कहते ही जयंती को गुस्सा आ गया। वह बोली–'मैं आपको मेहमान समझकर बहुत देर से बरदाश्त कर रही हूँ तो इसका मतलब यह नहीं कि आप अपनी हद पार कर जाएँ। वह हमसफ़र कैसा जो पत्नी की इच्छाओं को पूरा न कर सके और उसके सपनों को साकार न कर सके। आप किसी के भी पति बनने के लायक नहीं हैं क्योंकि आपमें पति बनने के गुण ही नहीं हैं। आप पत्नी नहीं बल्कि नौकरानी पत्नी के रूप में चाहते हैं। आप जा सकते हैं। मैं आपसे विवाह नहीं कर सकती।' जयंती ने दो टूक शब्दों में मना कर दिया।

आधुनिक सोच रखने वाली पढ़ी-लिखी युवतियाँ आज किसी से भी नहीं डरतीं, और यह ठीक भी है। जयंती को लड़का न नौकरी करने की अनुमति दे रहा है और न ही घर-गृहस्थी के कार्यों में उसकी सहायता करने के लिए ही तैयार है। जयंती नौकरी करने के साथ-साथ घर-गृहस्थी के काम भी करने के लिए राजी है तो भी लड़के ने नौकरी करने से मना कर दिया। यह क्या है? पुरुषों द्वारा महिलाओं पर खुलेआम अत्याचार नहीं है?

पत्नी की इच्छाओं और सपनों की परवाह यदि पति नहीं करता है तो वास्तव में वह पति नहीं है, वह तो एक भौंरे के समान है, जो फूलों के रस चूसने के बाद धीरे से उड़ जाता है। इसके बाद लौटकर यह जानने के लिए नहीं आता है कि फूल कैसे हैं?

पत्नी आजीवन साथ-साथ चलती है, इसलिए उसको हमराही कहा गया है। उसके मान, सम्मान, अस्मिता, इच्छा, सपना आदि को पूरा कराने में पति उसकी मदद नहीं करेगा तो कौन करेगा।

जब पत्नी दफ़्तर से आने के बाद घरेलू काम भी कर सकती है तो पति उसकी इच्छाओं को पूरा क्यों नहीं कर सकता है। जब पत्नी पल-पल पति के लिए जी सकती है तो पति क्यों नहीं जी सकता है? इन सवालों के जवाब आप जब ढूँढ़ने लगेंगे तो निश्चित रूप से आप पत्नी के सच्चे हमसफ़र बन जाएँगे। जब आपके बीमार होने पर पत्नी आपकी देखभाल कर सकती है तो उसके बीमार होने पर आप उसकी देखभाल क्यों नहीं कर सकते हैं? आप पुरुष हैं, पति हैं, इस झूठे अहम का त्याग कर एक इनसान बन जाएँ फिर दाम्पत्य जीवन हसीन हो जाएगा और पत्नी का भरपूर प्यार भी मिलने लगेगा।

एक साइकोलॉजिस्ट के क्लीनिक में पति अपना रूआँसा-सा चेहरा लेकर पहुँचा। साइकोलॉजिस्ट एक महिला थी। पति वापस जाने लगा तो महिला साइकोलॉजिस्ट ने उसको रोकते हुए कहा–'आप एक पुरुष हैं और आप अपनी समस्या मुझको कैसे बता सकते हैं, यही सोचकर न आप वापस जा रहे हैं?' पति वापस आकर बोला–'आप तो वास्तव में ही एक सफल और अनुभवी साइकोलॉजिस्ट हैं। आपने पलक झपकते ही मेरे मन की बात जान ली।'

महिला साइकोलॉजिस्ट ने मुस्कराते हुए कहा–'आपको मैं बता दूँ कि जब किसी समस्या को सुलझाने की बात आती है तो मैं वह महिला और यह पुरुष है, ऐसा सोचकर पक्षपात बिलकुल नहीं करती हूँ। जो सही होता है, उसी का समर्थन करती हूँ। आप पति हैं, तो जाहिर है आप अपनी पत्नी की शिकायत लेकर यहाँ आए हैं। आप निःसंकोच भाव से अपनी समस्या व्यक्त करें। मैं आपको बिलकुल ही सही सलाह दूँगी।'

पति ने कहा–'मुझको आपसे ऐसी ही उम्मीद है। मैडम, मेरी पत्नी बहुत ही अच्छी सोच की है। वह मेरा ध्यान भी रखती है। घर में धन का कोई अभाव नहीं है। इसके बावजूद मेरी पत्नी की यह शिकायत रहती है कि मैं उससे प्यार नहीं करता या उसका ध्यान नहीं रखता। मैडम, मैं अपनी पत्नी को इतना ख़ुश और संतुष्ट कर देना चाहता हूँ कि उसके मन में कोई शिकायत ही न हो।'

साइकोलॉजिस्ट बोली–'आपको जानकर यह आश्चर्य होगा कि दुनिया की नब्बे प्रतिशत महिलाएँ यह चाहती हैं कि उनके पति उनकी इच्छाओं, पसंद-नापसंद तथा सपनों के प्रति जागरूक और उत्साहित रहने के साथ-साथ

उनको पूरा करने में उनकी मदद भी करें। क्या आप ऐसा करते हैं? क्या आपकी पत्नी कभी आपसे शिकायत करती है कि आप मेरी पसंद, नापसंद और इच्छा को देखकर कोई भी चीज़ घर पर नहीं लाते हैं?'

'हाँ, ऐसी शिकायत अकसर ही करती है और मैं उसकी इस तरह की शिकायतों पर कोई ध्यान ही नहीं देता हूँ।' पति के इतना कहने पर साइकोलॉजिस्ट बोली–'आपकी पत्नी क्या चीज़ खाना पसंद करती है। कैसी ड्रेस पहनना चाहती है, किस तरह की लाइफ़ स्टाइल पसंद करती है और आपसे क्या उम्मीद करती है, आप जानने का प्रयास करें और वह चीज़ और जीवन उसे उपलब्ध कराने का प्रयास करें। मुझे उम्मीद है आपकी पत्नी आपको अपना भगवान मानने लगेगी। पति और पत्नी दोनों ही यहीं पर तो चूक जाते हैं और विवाह का पर्याप्त सुख और आनंद आजीवन ले नहीं पाते हैं।' साइकोलॉजिस्ट ने अच्छी तरह से समझा दिया।

पति क्लीनिक से बाहर निकला तो उसको अचानक ही याद आ गई कि पत्नी की पहली पसंद मिठाइयों में गरम-गरम जलेबी है। क्यों न जलेबी आधा किलो लेते चलूँ।' इतना सोचते ही पति ने आधा किलो जलेबी ख़रीद लिया। पति घर पहुँचा और पत्नी को जलेबी से भरा पोलीथीन थमाया तो वह अचानक ही पूछ बैठी–'इस पोलीथीन में क्या है?'

'खोलकर देखो तो सही।' पति के इतना कहने पर उसने पोलीथीन को खोलकर देखा तो ख़ुशी का ठिकाना न रहा और पति को बाँहों में भरकर अगले पल ही उसको चूम लिया।

पति ख़ुश भी था और आश्चर्यचकित भी था। विवाह को पन्द्रह वर्ष हो गए थे लेकिन पत्नी ने कभी इतनी गर्मजोशी के साथ कभी न तो बाँहों में लिया था और न ही चुम्बन ही होंठों पर जड़ा था। आज पहली बार पति ने महसूस किया था कि इच्छाओं की व्यक्ति के जीवन में कितनी अहमियत होती है और उनके पूरा होने पर व्यक्ति को कितना अच्छा लगता है।

फिर क्या था। पति ने पत्नी की एक-एक इच्छा को परखना शुरू कर दिया और उनको पूरा करने का भी प्रयास करने लगा। मैं आपको यहाँ यह भी बता दूँ कि इच्छाएँ केवल पत्नी की ही नहीं, बल्कि पति की भी होती हैं। पत्नी को चाहिए कि वह पति की इच्छाओं को पूरा कर विवाह के आनंद को दोगुना कर दें।

कभी-कभी छोटी-छोटी इच्छाओं के पूरा न होने की वजह से भी पति और पत्नी के मन में अंतर आ जाता है और धीरे-धीरे इतना अंतर आ जाता है कि वे अलग-अलग रहने लगते हैं। आपने देखा होगा। खाने-पीने संबंधी इच्छा का दमन जब होने लगता है तब घर में महाभारत जैसी स्थिति बनते देर नहीं लगती है। विशेषज्ञों का भी कहना है कि आदमी जो भी काम करता है, पेट के लिए करता है। अगर पत्नी स्वादिष्ट, पौष्टिक और ताज़े भोजन पति के आगे परोसती है तो वह पत्नी को दिल से चाहने लगता है। फिर वह यह नहीं देखता है कि पत्नी किन कपड़ों में है, श्रृंगार किया है या नहीं। पत्नी उसको हर पल और हर स्थिति में अच्छी ही लगती है। इसी तरह से पत्नी की खाने-पीने, पहनने-ओढ़ने और घूमने-फिरने की इच्छाओं का सम्मान पति करता है तो पत्नी को वह बहुत ही प्यारा लगता है और पत्नी हर पल यही चाहती है कि पति उसके साथ रहे और वह भी उसकी इच्छाओं को पूरा करती रहे।

पत्नी की यह इच्छा भी होती है कि पति उससे हर बात शेयर करें। पति पत्नी के साथ अपनी हर बात तभी शेयर करता है जब पत्नी के सोच-विचार स्तरीय होते हैं और दुनिया में क्या हो रहा है, इसका भी ज्ञान वह रखती है। यह उदाहरण आप पढ़ेंगे तो आपको मेरी बात समझ में अवश्य ही आएगी।

प्रेम ने ऑफ़िस से आते ही चाय माँगी–'स्नेहा, आज बहुत काम था। थककर चूर हो गया हूँ। एक कप चाय बढ़िया-सी बना दो। आज तो गरदन सीधी करने का भी टाइम नहीं मिला। बहुत थक गया हूँ।' प्रेम इतना कहते-कहते धम्म से सोफ़े पर बैठ गया।

'जनाब, तुम्हारे साथ मैं भी तो हूँ। कभी-कभार मेरी हेल्प भी ले लिया करो।' स्नेहा इतना कहते-कहते हँस पड़ी।

'तुम मेरी मदद करोगी? तुमको कुछ मालूम भी है? तुम्हारी बात मैं मानने लगा तब तो हो गया काम।' प्रेम इतना कहकर हँसने लगा। स्नेहा उसके मुँह से ये शब्द सुनकर स्तब्ध रह गई। प्रेम के मुँह से ये शब्द स्वाभाविक रूप से निकल गए थे।

स्नेहा को ठीक तो नहीं लगा, लेकिन वह मुस्कराती हुई किचन में चली गई और मन-ही-मन सोचने लगी–'प्रेम की बातें मेरे दिल को छेद गईं, लेकिन

उसने ग़लत भी तो नहीं कहा, मैं केवल ग्रेजुएट हूँ। पढ़ाई को छोड़े पूरे पाँच साल हो गए हैं। इन पाँच सालों में सबकुछ ही तो बदल गया है। बाहर की दुनिया का तो मुझे कोई ज्ञान ही नहीं है। प्रेम को मैं भला किसी मुद्दे पर क्या राय दे सकती हूँ।' वह अभी और सोचती यदि चाय उबल कर गिरती नहीं।

स्नेहा ने चाय कप में डाली और प्रेम को चाय देकर ड्रॉइंग रूम में आ गई और पुनः सोचने लगी–'मुझे अपने आप को साबित करना होगा। प्रेम भी तो मेरे जितना ही पढ़ा-लिखा है। पढ़ाई छोड़ने के बाद वह जॉब करने लगा और मैं घर-गृहस्थी के कार्यों में बिज़ी हो गई। मेरी दुनिया घर में ही सिमटकर रह गई और प्रेम की दुनिया असीमित हो गई। मुझे भी अब अपनी सोचों का दायरा बढ़ाना होगा। अख़बार पढ़ना होगा और न्यूज़ की जानकारी रखनी होगी। अपना सोचने का नज़रिया प्रेम की तरह बढ़ाना होगा, तभी प्रेम मेरी सलाह को महत्त्व देगा और जो मैं कहूँगी, उसमें दम भी होगा।' स्नेहा जाने कब तक सोचती रहती अगर प्रेम ने उसके कंधों पर हाथ न रखा होता–'जानेमन, मेरी बातों से चोट तो नहीं पहुँच गई? मैंने कुछ ग़लत भी तो नहीं कहा। मैं मानता हूँ कि तुम ग्रेजुएट हो लेकिन दुनिया में क्या हो रहा है और क्या नहीं हो रहा है, इसकी खोज ख़बर नहीं रखती हो न?'

प्रेम के इतना कहने पर स्नेहा बोली–'नहीं तो, मैं नाराज़ नहीं हूँ। तुमने ठीक ही तो कहा। मैं भले ही ग्रेजुएट हूँ लेकिन मेरी सोच तो उस ऊँचाई पर नहीं है। थैंक्स, तुमने तो मेरा सोचने का नज़रिया ही बदल दिया। अब मैं स्वयं को इतना काबिल बनाऊँगी कि तुम भूल से भी न कह सकोगे कि तुम्हें कुछ पता भी है।'

'तुम तो वास्तव में ही बुरा मान गई। मेरा कहने का यह मतलब नहीं था। मेरे जॉब के बारे में तुम्हें कुछ भी तो मालूम नहीं है। तुम पढ़ी-लिखी तो हो लेकिन इसके सम्पर्क में नहीं हो, क्योंकि तुम घर-गृहस्थी के कार्यों में बिज़ी हो।' प्रेम ने बड़ी मुश्किल से उसे समझाया, लेकिन स्नेहा तो पूरी दृढ़ता के साथ निश्चय कर चुकी थी। स्नेहा ख़ुद से जुड़े 'तुम कुछ नहीं जानती हो' शब्दों को मिटाना चाहती थी और अपने आपको एक स्मार्ट पत्नी के रूप में स्थापित करना चाहती थी।

आजकल अधिकतर महिलाएँ नौकरी करती हैं, फिर भी उनकी संख्या नौकरी न करने वाली महिलाओं की संख्या से बहुत ही कम है। पढ़ी-लिखी महिलाओं का एक बड़ा वर्ग आज भी घर के कार्यों तक ही सीमित है, जिन्हें समय-समय पर पति की झिड़की सहनी ही पड़ जाती है कि तुम्हें कुछ पता भी है कि तुम्हारे साथ कोई बात या कोई समस्या शेयर करूँ? तुम्हें कुछ आता भी है कि बीच में ही टपक पड़ती हो? कुछ पता न हो तो बीच में बोला न करो।

पति का यह कहना स्वाभाविक और सही होता है, लेकिन चोट तो पढ़ी-लिखी पत्नी को लगती ही है। यह भी सच है कि हर पति की यह विशेष रूप से इच्छा होती है कि उसकी पत्नी इतनी ख़ूबसूरत, इतनी स्मार्ट और इतनी जानकारी रखने वाली हो कि उसपर वह नाज़ कर सके।

जो पत्नी नासमझ होती है, वह झगड़ पड़ती है, बातचीत करना बंद कर देती है, और पति से नफ़रत करने लगती है लेकिन जो पत्नी विवेकशील और दूरदर्शी होती है, वह झगड़ने या नाराज़ होने की बजाए आत्म-मंथन करना शुरू कर देती है कि पति ने इतने कड़वे शब्द कुछ तो सोचकर ही निकाले। जो सच है, उसे कबूल करना और स्वयं को काबिल बनाना सकारात्मक दृष्टिकोण है। सच को नकारना स्वयं को उसी हालत में रखना है।

स्नेहा की सोच सकारात्मक है। प्रेम ने जब कहा कि तुम्हें कुछ मालूम भी है कि तुमसे सलाह लूँ तो स्नेहा को एक बार तो बुरा लगा, लेकिन अगले पल ही वह सँभल गई। उसने बड़ी ही सहजता से यह कबूल कर लिया कि वह केवल ग्रेजुएट है। उसको किताबी ज्ञान है, लेकिन देश-दुनिया में क्या हो रहा है, उसका ज्ञान नहीं है। ग्रेजुएट की तरह उसका नज़रिया भी फ़िलहाल नहीं है क्योंकि डिग्री लेने के बाद वह घर की चारदीवारी में सिमटकर रह गई और प्रेम ने उस डिग्री का इस्तेमाल कर अपनी सोच को दिन-पर-दिन बढ़ाया। उसे भी अख़बारों के न्यूज़, ज्ञानवर्द्धक किताबें आदि पढ़कर स्वयं के ज्ञान में और वृद्धि करनी है ताकि स्वयं को प्रेम के काबिल बनाया जा सके।

स्नेहा की तरह सोचना सीखें। कोई आपकी कमी की तरफ इशारा करता है तो उसका बुरा न मानकर स्वयं को पहचानें। जो कमी है, उसे दूर करें। आप सच को स्वीकार करने की बजाए कुंठित हो जाएँगी या हीन भावना की शिकार होकर जलना, झगड़ना आरंभ कर देंगी तो आप पति की नज़रों से तो

गिर ही जाएँगी। आपका वजूद भी मिट जाएगा। डिग्री हासिल करना आसान है लेकिन उस डिग्री के वजूद को बनाए रखना कठिन है, क्योंकि इसके लिए आपको फर्म में रहना ज़रूरी है। आज बहुत सी महिलाएँ हैं, जिनकी डिग्रियाँ ब्रीफकेश में पड़ी हैं और आज उनके पास उस डिग्री के अनुरूप योग्यता नहीं है क्योंकि उन्होंने पढ़ाई छोड़ने के बाद कभी किताब, अख़बार, मैगज़ीन्स को हाथ लगाया ही नहीं, बस घर के कामों में स्वयं को एक बार झोंक दिया तो झोंक दिया। ख़ुद के वजूद का नामो-निशान ही मिटा दिया। फिर ऐसे में तो पति के कमेंट्स सुनने ही पड़ेंगे। आपको पति कुछ समझे, आपसे राय ले या आप उसकी मददगार साबित हो सकें, ऐसा आप चाहती हैं तो लिखना-पढ़ना न छोड़ें। यह मन से निकाल दें कि शिक्षा सिर्फ़ नौकरी या व्यवसाय के लिए ही होती है। यह कोई ज़रूरी नहीं कि पढ़ी-लिखी हर महिला नौकरी ही करे। पढ़ाई-लिखाई की ज़रूरत जीवन के हर क्षेत्र में है। बच्चों की परवरिश एक सुशिक्षित महिला ही बेहतर ढंग से कर सकती है, इसमें कोई शक नहीं है। पति की हर गतिविधि का बोध एक सुशिक्षित महिला को ही होता है। मुश्किलों में पति का संबल, सहारा, मार्गदर्शिका आप एक पढ़ी-लिखी महिला होने पर ही बन सकती हैं और उसकी समस्याओं का कोई अच्छा-सा हल ढूँढ़ सकती हैं। लेकिन इसके लिए ज़रूरी है फर्म में रहना। ख़ुद को हर पल सिर्फ़ घरेलू कार्यों में ही नहीं, बल्कि अपने ज्ञान की वृद्धि में भी बिज़ी रखना आवश्यक है।

अफ़सोस कि अधिकतर महिलाएँ हाउस वाइफ़ बनते ही पढ़ाई से नाता तोड़ लेती हैं, सिर्फ़ और सिर्फ़ बच्चों, पति और किचन तक ही सीमित रह जाती हैं। वे अपने ज्ञान में वृद्धि करना भूल जाती हैं। आपको अपने दृष्टिकोण में बदलाव लाने की ज़रूरत है और स्नेहा की तरह ख़ुद के ज्ञान में वृद्धि करने की ज़रूरत है ताकि आप पति की एक अच्छी सलाहकार बन सकें। हर बात वह आपसे शेयर कर सके और आप सही सुझाव देकर पत्नी होने का कर्तव्य का पालन कर सकें। पत्नी, पति की हमसफर होती है और यह सच तभी हो सकता है जब वह शैक्षणिक रूप से पूरी तरह से उसकी मदद कर सके।

❑❑❑